统计学

——基于Excel（第2版）

贾俊平　编著

Statistics with Excel

(Second Edition)

中国人民大学出版社
· 北京 ·

图书在版编目（CIP）数据

统计学：基于 Excel/贾俊平编著. —2 版. —北京：中国人民大学出版社，2020.1
21 世纪统计学系列教材
ISBN 978-7-300-27657-1

Ⅰ.①统… Ⅱ.①贾… Ⅲ.①表处理软件-应用-统计学-高等学校-教材 Ⅳ.①C819-39

中国版本图书馆 CIP 数据核字（2019）第 259290 号

21 世纪统计学系列教材
统计学——基于 Excel（第 2 版）
贾俊平　编著
Tongjixue——Jiyu Excel

出版发行	中国人民大学出版社		
社　　址	北京中关村大街 31 号	**邮政编码**	100080
电　　话	010－62511242（总编室）		010－62511770（质管部）
	010－82501766（邮购部）		010－62514148（门市部）
	010－62515195（发行公司）		010－62515275（盗版举报）
网　　址	http://www.crup.com.cn		
经　　销	新华书店		
印　　刷	天津鑫丰华印务有限公司	**版　　次**	2017 年 4 月第 1 版
规　　格	185 mm×260 mm　16 开本		2020 年 1 月第 2 版
印　　张	11.5 插页 1	**印　　次**	2021 年 11 月第 4 次印刷
字　　数	248 000	**定　　价**	35.00 元

前　言

● 本书概要

本书是一本统计学基础教材，共 9 章。第 1 章主要介绍变量、数据及其分类以及数据的来源。第 2 章介绍数据的预处理和频数分布表的制作。第 3 章和第 4 章介绍数据的描述性分析方法，包括图表的使用和常用统计量的计算与分析方法。第 5～第 7 章介绍统计推断的基本原理和方法，包括统计量的概率分布及参数估计和假设检验。第 8 章介绍实际中广泛应用的相关与回归分析方法。第 9 章介绍时间序列分析和预测。

● 本书特色

◇全部使用 Excel 实现计算与分析。本书所有例题的计算和分析全部使用 Excel 2019 版实现。每种方法均以文本框的形式给出了详细操作步骤。考虑到读者对象的特点，Excel 能够实现的一些方法并没有写进书中，如方差分析、双样本正态检验和 t 检验、双样本方差比 F 检验等。此外，在本书末的附录里给出了书中用到的Excel函数的列表，以及用 Excel 生成常用概率分布表的方法。

◇注重统计方法应用。每章开头均以问题与思考的形式引出本章的内容。对方法的介绍侧重于原理和思想，完全避免数学推导，并把繁杂的计算交给 Excel 来完成。读完本书后你会发现统计学并不那么难学，而且比你想象的有趣和有用。

◇方便教学和学习。每章都配有详细的 PPT，并配有书中例题和练习题的电子版数据，方便教师教学和学生学习。这些资源放在中国人民大学出版社网站（www. crup. com. cn）上，读者可自行下载。

● 第 2 版的变化

第 2 版所有例题的计算和分析均使用 Excel 2019 版实现。重新绘制了第 3 章中的直方图，并增加了用 Excel 绘制箱形图的实现方法和例题。本版对书中部分内容做了修订。

● 读者对象

本书适用的读者包括：普通高等院校非统计学专业的本科生；中等职业教育或继续教育的本科生和大专生；实际工作者及各领域的管理人员；对统计学知识感兴趣的其他读者。

贾俊平

于中国人民大学统计学院

目　录

第 1 章　数据及其来源 …… 1
1.1　统计学与数据 …… 1
1.1.1　什么是统计学 …… 2
1.1.2　变量、数据及其分类 …… 2
1.2　数据的来源 …… 4
1.2.1　数据的间接来源 …… 4
1.2.2　数据的直接来源 …… 4
1.3　用 Excel 产生随机数 …… 8
1.3.1　Excel【数据分析】工具的安装 …… 8
1.3.2　用 Excel 产生随机数 …… 9
习题 …… 12

第 2 章　数据处理与频数分布 …… 14
2.1　数据的预处理 …… 14
2.1.1　数据审核与验证 …… 14
2.1.2　数据排序与筛选 …… 16
2.2　类别数据的频数分布 …… 21
2.2.1　简单频数分布表 …… 21
2.2.2　二维列联表 …… 23
2.2.3　类别数据的简单分析 …… 23
2.3　数值数据的类别化 …… 24
2.3.1　数据分组 …… 25
2.3.2　用 Excel 制作频数分布表 …… 26
习题 …… 27

第3章　数据的可视化 …… 30
3.1　类别数据的可视化 …… 30
3.1.1　条形图 …… 31
3.1.2　饼图和环形图 …… 34
3.2　数值数据的可视化 …… 35
3.2.1　直方图和箱形图 …… 36
3.2.2　散点图和气泡图 …… 41
3.2.3　雷达图和轮廓图 …… 45
3.3　合理使用图表 …… 48
习题 …… 48

第4章　数据的描述统计量 …… 51
4.1　描述水平的统计量 …… 51
4.1.1　平均数 …… 52
4.1.2　分位数 …… 53
4.1.3　众数 …… 57
4.2　描述差异的统计量 …… 58
4.2.1　全距和四分位距 …… 59
4.2.2　方差和标准差 …… 59
4.2.3　离散系数 …… 61
4.2.4　标准分数 …… 62
4.3　描述分布形状的统计量 …… 64
4.3.1　偏度系数 …… 64
4.3.2　峰度系数 …… 65
4.4　Excel【数据分析】工具的应用 …… 66
习题 …… 67

第5章　统计量及其概率分布 …… 70
5.1　概率与随机变量 …… 71
5.1.1　什么是概率 …… 71
5.1.2　随机变量及其概括性度量 …… 72
5.2　随机变量的概率分布 …… 73
5.2.1　二项分布 …… 74
5.2.2　正态分布 …… 75
5.2.3　χ^2分布、t分布和F分布 …… 80
5.3　样本统计量的概率分布 …… 84
5.3.1　统计量及其分布 …… 84

5.3.2　样本均值的分布 …… 85
5.3.3　其他统计量的分布 …… 87
5.3.4　统计量的标准误 …… 88
习题 …… 89

第 6 章　参数估计 …… 90
6.1　参数估计的原理 …… 91
6.1.1　点估计与区间估计 …… 91
6.1.2　评价估计量的标准 …… 94
6.2　总体均值的区间估计 …… 96
6.2.1　大样本的估计 …… 96
6.2.2　小样本的估计 …… 97
6.3　总体比例的区间估计 …… 99
6.4　总体方差的区间估计 …… 99
6.5　样本量的确定 …… 101
6.5.1　估计总体均值时样本量的确定 …… 101
6.5.2　估计总体比例时样本量的确定 …… 102
习题 …… 102

第 7 章　假设检验 …… 104
7.1　假设检验的步骤 …… 104
7.1.1　提出假设 …… 105
7.1.2　确定显著性水平 …… 106
7.1.3　做出决策 …… 107
7.1.4　表述结果 …… 110
7.2　总体均值的检验 …… 111
7.2.1　大样本的检验 …… 111
7.2.2　小样本的检验 …… 114
7.3　总体比例的检验 …… 116
7.4　总体方差的检验 …… 117
习题 …… 118

第 8 章　相关与回归分析 …… 120
8.1　变量间关系的度量 …… 120
8.1.1　变量间的关系 …… 121
8.1.2　相关关系的描述 …… 121
8.1.3　相关关系的度量 …… 124

8.2 回归模型及其参数估计 …… 126
8.2.1 一元线性回归模型与回归方程 …… 126
8.2.2 参数的最小平方估计 …… 127
8.3 模型评估和检验 …… 131
8.3.1 模型评估 …… 131
8.3.2 显著性检验 …… 133
8.4 利用回归方程进行预测 …… 135
8.4.1 平均值的置信区间 …… 135
8.4.2 个别值的预测区间 …… 135
8.5 残差分析 …… 137
8.5.1 残差与标准化残差 …… 138
8.5.2 残差图及其解读 …… 139
习题 …… 140

第 9 章 时间序列分析和预测 …… 143
9.1 增长率分析 …… 144
9.1.1 增长率与平均增长率 …… 144
9.1.2 年化增长率 …… 146
9.2 时间序列的成分和预测方法 …… 147
9.2.1 时间序列的成分 …… 147
9.2.2 预测方法的选择与评估 …… 149
9.3 平滑法预测 …… 151
9.3.1 移动平均预测 …… 151
9.3.2 简单指数平滑预测 …… 151
9.4 趋势预测 …… 155
9.4.1 线性趋势预测 …… 155
9.4.2 非线性趋势预测 …… 157
9.5 分解法预测 …… 162
习题 …… 167

附录 1 Excel 中的统计函数 …… 169
附录 2 用 Excel 生成概率分布表 …… 172

参考文献 …… 177

第1章 数据及其来源

Chapter 1

思考一下

- ➢ 在你的印象中，统计学是什么？
- ➢ 你日常生活和工作中接触过哪些数据？
- ➢ 调查一批人的性别、职业、月收入等，这里涉及哪些变量？
- ➢ 如果让你在全校大学生中做一次调查，你会调查所有的学生还是抽取部分学生做调查？假定让你从全校10 000名学生中随机抽取200人，你会怎么做？
- ➢ 你使用过哪些软件，Excel，SPSS，R还是其他？
- ➢ 你认为不使用软件能做统计分析吗？

在日常工作和生活中，经常会接触各类数据，比如，空气质量（PM 2.5）数据、全国的GDP（国内生产总值）数据、CPI（居民消费价格指数）数据、股票交易数据、某品牌手机的市场占有率，等等。这些数据如果不加以分析，将仅仅是数据，给你提供的信息十分有限。那么，如何分析这些数据？用什么方法分析？这就是统计学要解决的问题。

1.1 统计学与数据

如果有了数据不去分析，那么数据就没有太多价值。这就涉及两个问题：一是到哪里去找所需要的数据；二是用什么方法分析这些数据。本节首先介绍统计学的含义，然后介绍数据及其分类。

1.1.1 什么是统计学

统计学（statistics）是一门分析数据的科学，它提供的是收集数据、处理数据和分析数据的一套方法和技术，通过对数据的分析得出结论。

收集数据就是获得所需要的数据。处理数据是对所获得的数据进行加工和处理，包括数据的计算机录入、筛选、分类和汇总等，以符合进一步分析的需要。数据分析是利用统计方法对数据进行分析。数据分析所用的方法大体上可分为**描述统计**（descriptive statistics）和**推断统计**（inferential statistics）两大类。描述统计主要是利用图表形式对数据进行汇总和展示，计算一些简单的统计量（诸如比例、比率、平均数、标准差等）进行分析。推断统计主要是根据样本信息来推断总体的特征，内容包括参数估计和假设检验两大类。参数估计是利用样本信息推断所关心的总体特征，假设检验则是利用样本信息判断对总体的某个假设是否成立。比如，从一批电池中随机抽取少数几块电池作为样本，测出它们的使用寿命，然后根据样本电池的平均使用寿命估计这批电池的平均使用寿命，或者检验这批电池的使用寿命是否等于某个假定值，这就是推断统计要解决的问题。

概括地讲，统计学是一门关于数据的科学，它研究的是来自各领域的数据，提供的是一套通用于所有学科领域的获取数据、分析数据并从数据中得出结论的原则和方法。这些方法通用于所有学科领域，不是为某个特定的问题领域而构造的。统计方法不是一成不变的，使用者在特定的情况下必须根据所掌握的专门知识作出选择，而且如果需要，还要进行必要的修正。

在人类社会进入大数据时代的今天，数据分析越来越引起人们的重视，统计学在各领域也发挥越来越大的作用。可以说，统计学提供适用于所有学科领域的通用数据分析方法，是一种通用的数据分析语言，只要有数据的地方就会用到统计方法。

1.1.2 变量、数据及其分类

观察一个企业的销售额，这个月与上个月可能不同；观察一只股票的价格，今天与昨天不一样；观察每个人的月收入，一个人和另一个人不一样；投掷一枚色子观察其出现的点数，这次投掷的结果和下一次也不一样。这里的“企业销售额”“股票价格”“月收入”“投掷一枚色子出现的点数”等就是**变量**（variable）。简言之，变量是描述所观察对象某种特征的概念，其特点是从一次观察到下一次观察可能会出现不同的结果。变量的观测结果就是**数据**（data）。

根据观测结果的特征，变量可以分为类别变量和数值变量两大类。

类别变量（categorical variable）是取值为事物属性或类别以及区间值的变量，也称**定性变量**（qualitative variable）。比如，观察人的性别、上市公司所属的行业、用户对商品满意度的评价，得到的结果就不是数字，而是事物的属性。比如，观测性别的结果是“男”或“女”，上市公司所属的行业为“金融业”“地产业”“旅游业”等；用户对商品满意度的评价为“很满意”“满意”“一般”“不满意”“很不满意”。人的性别、上市公司所属的行业、用户对商品满意度的评价等，其结果就不是数值，而是事物的属性或类别。此外，将从业人员的月收入分为 5 000 元以下、5 000～10 000 元、10 000～15 000 元、15 000～20 000 元、20 000 元以上 5 档，这里的“月收入档次”的取值也不是普通的数值，而是数值区间，这实际上是将数值转化成了类别。人的性别、上市公司所属的行业、用户对商品满意度的评价、月收入的档次都是类别变量。类别变量的观测结果称为**类别数据**（categorical data）或定性数据。

类别变量根据取值是否有序通常分为无序类别变量和有序类别变量两种。无序类别变量也称**名义**（nominal）值类别变量，其取值不可以排序。例如“上市公司所属的行业”这一变量取值为“金融业”“地产业”“旅游业”等，这些取值之间不存在顺序关系。再比如“商品的产地”这一变量的取值为“甲”“乙”“丙”“丁”，这些取值之间也不存在顺序关系。有序类别变量也称**顺序**（ordinal）值类别变量，其取值间可以排序。例如“对商品满意度的评价”这一变量的取值为“很满意”“满意”“一般”“不满意”“很不满意”，这 5 个值之间是有序的。

数值变量（metric variable）是取值为数字的变量，也称**定量变量**（quantitative variable）。例如“企业销售额”“股票价格”“月收入”“投掷一枚色子出现的点数”等变量的取值可以用数字来表示，都属于数值变量。数值变量的观察结果称为**数值数据**（metric data）或定量数据。

数值变量根据其取值的不同，可以分为**离散变量**（discrete variable）和**连续变量**（continuous variable）。离散变量是只能取有限个值的变量，而且其取值可以一一列举，如“上市公司家数”“一个社区的居民户数”等就是离散变量。连续变量是可以在一个或多个区间中取任何值的变量，它的取值是连续不断的，不能一一列举，如“年龄”“温度”“股票价格”等都是连续变量。当离散变量的取值很多时，也可以将离散变量当作连续变量来处理。

图 1-1 显示了变量的基本分类。

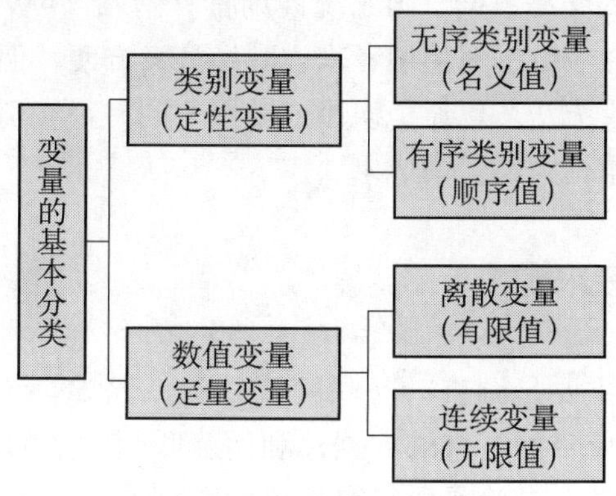

图 1-1　变量的基本分类

由于数据是变量的观测结果，因此数据的基本分类与图 1－1 所示的变量分类相同。此外，数据也可以从其他角度进行分类。比如，按照数据的收集方法可分为**观测数据**（observational data）和**试验数据**（experimental data）。观测数据是通过调查或观测收集到的数据，这类数据是在没有对事物人为控制的条件下得到的，有关社会经济现象的数据几乎都是观测数据。试验数据则是在试验中控制试验对象收集到的数据，比如，对一种新药疗效的试验数据，对一种新的农作物品种的试验数据。自然科学领域的大多数数据都是试验数据。按照描述的现象与时间的关系，可以将数据分为**截面数据**（cross-sectional data）和**时间序列数据**（time series data）。截面数据是在相同或近似相同的时间点上收集的数据，这类数据通常是在不同的空间获得的，用于描述现象在某一时刻的变化情况，比如，2019 年我国各地区的 GDP 数据就是截面数据。时间序列数据是在不同时间收集到的数据，这类数据是按时间顺序收集的，用于描述现象随时间变化而变化的状况，比如 2000—2019 年我国的 GDP 数据就是时间序列数据。

1.2 数据的来源

从使用者的角度看，数据主要来源于两种渠道：一是直接的调查、试验等，属于直接来源；二是他人的调查、试验等，属于间接来源。

1.2.1 数据的间接来源

对大多数使用者来说，亲自去做调查或试验往往不现实。他人调查或试验的数据，对使用者来说就是二手数据。

二手数据主要是公开出版或公开报道的数据，这类数据主要来自研究机构、国家和地方的统计部门、其他管理部门、专业的调查机构，广泛分布在报刊、图书、广播、电视传媒中。现在，随着计算机网络技术的发展，也可以在网络上获取所需的各种数据。比如，各种金融产品的交易数据、国家统计局官方网站（www. stats. gov. cn）的各种宏观经济数据等。利用二手数据对使用者来说既经济又方便，但使用时应注意统计数据的含义、计算口径和计算方法，以避免误用或滥用。同时，在引用二手数据时，一定要注明数据的来源，以尊重他人的劳动成果。

1.2.2 数据的直接来源

数据的直接来源主要是调查、互联网或试验。比如，统计部门调查取得的数据；其他部门或机构为特定目的的调查的数据；利用互联网收集的各类产品交易、生产和经营活动等产生的大数据。试验是取得自然科学数据的直接来源。

已有的数据不能满足需要时，可以亲自去调查或试验。比如，你想了解全校学生的生活费支出状况，可以从中抽出一个由 200 人组成的样本，通过对样本的调查获得数据。这里“全校所有学生生活费支出状况”是你所关心的**总体**（population），它是包含所研究的全部个体（数据）的集合。所抽取的 200 人就是一个**样本**（sample），它是从总体中抽取的一部分元素的集合。构成样本的元素的数目称为**样本量**（sample size），抽取 200 人组成一个样本，样本量就是 200。

怎样获得一个样本呢？要在全校学生中抽取 200 人组成一个样本，如果全校学生中每一个学生被抽中与否完全是随机的，而且每个学生被抽中的概率是已知的，这样的抽样方法称为**概率抽样**（probability sampling）。概率抽样方法有简单随机抽样、分层抽样、系统抽样、整群抽样等。

简单随机抽样（simple random sampling）是从含有 N 个元素的总体中，抽取 n 个元素组成一个样本，使得总体中的每一个元素都有相同的机会（概率）被抽中。采用简单随机抽样时，如果抽取一个个体记录下数据后，再把这个个体放回到原来的总体中参加下一次抽选，称为**有放回抽样**（sampling with replacement）；如果抽中的个体不再放回，从剩下的个体中再抽取第二个元素，直到抽取 n 个个体为止，这样的抽样方法称为**无放回抽样**（sampling without replacement）。当总体数量很大时，无放回抽样可以视为有放回抽样。由简单随机抽样得到的样本称为**简单随机样本**（simple random sample）。简单随机抽样是其他抽样方法的基础，多数统计推断也都是以简单随机样本为基础的。

分层抽样（stratified sampling）也称分类抽样，它是在抽样之前先将总体的元素划分为若干层（类），然后从各层中抽取一定数量的元素组成一个样本。比如，要研究学生的生活费支出，可先将学生按地区进行分类，然后从各地区抽取一定数量的学生组成一个样本。分层抽样的优点是可以使样本分布在各层，从而使样本在总体中的分布比较均匀，可以降低抽样误差。

系统抽样（systematic sampling）也称等距抽样，它是先将总体各元素按某种顺序排列，并按某种规则确定一个随机起点，然后每隔一定的间隔抽取一个元素，直至抽取 n 个元素组成一个样本。比如，要从全校学生中抽取一个样本，可以找到全校学生的花名册，按花名册中的学生顺序，用随机数找到一个随机起点，然后依次抽取得到一个样本。

整群抽样（cluster sampling）是先将总体划分成若干群，然后以群为抽样单元从中抽取部分群组成一个样本，再对抽中的每个群中包含的所有元素进行观察。比如，可以把每一个学生宿舍看作一个群，在全校学生宿舍中抽取一定数量的宿舍，然后对抽中的宿舍中每一个学生都进行调查。整群抽样的误差相对要大一些。

在实际应用中，抽取一个简单随机样本的过程可以由 Excel 来完成。下面通过一个例子说明用 Excel 的【数据分析】工具抽取随机样本的过程。

例 1－1

表 1－1 是 60 个房地产类上市公司的股票代码和股票名称，随机抽取 6 个上市公司组成一个样本。

表 1－1 60 个房地产类上市公司的股票代码和股票名称

序号	股票代码	股票名称	序号	股票代码	股票名称	序号	股票代码	股票名称
1	000558	莱茵置业	21	600791	京能置业	41	600067	冠城大通
2	600082	海泰发展	22	600895	张江高科	42	000931	中关村
3	600193	创兴置业	23	000042	深长城	43	000046	泛海建设
4	600322	天房发展	24	000514	渝开发	44	600638	新黄浦
5	600665	天地源	25	000005	世纪星源	45	000402	金融街
6	000006	深振业 A	26	000671	阳光城	46	600533	栖霞建设
7	600657	信达地产	27	000029	深深房 A	47	600240	华业地产
8	600745	中茵股份	28	600606	金丰投资	48	600159	大龙地产
9	000534	万泽股份	29	600185	格力地产	49	600663	陆家嘴
10	002305	南国置业	30	000511	银基发展	50	000011	深物业 A
11	600684	珠江实业	31	000517	荣安地产	51	000573	粤宏远
12	000711	天伦置业	32	600622	嘉宝集团	52	000002	万科
13	002285	世联地产	33	000718	苏宁环球	53	600734	实达集团
14	002133	广宇集团	34	600246	万通地产	54	600048	保利地产
15	000056	深国商	35	600773	西藏城投	55	000024	招商地产
16	000838	国兴地产	36	000150	宜华地产	56	600823	世茂股份
17	600743	华远地产	37	000616	亿城股份	57	600648	外高桥
18	600052	浙江广厦	38	000502	绿景地产	58	600383	金地集团
19	000036	华联控股	39	000031	中粮地产	59	600266	北京城建
20	600639	浦东金桥	40	000009	中国宝安	60	600675	中华企业

解： 首先将 60 个公司的股票代码和股票名称录入 Excel 工作表中的一列，并对每只股票进行编号，如 1，2，…，60，然后用 Excel【分析工具】中的【抽样】命令抽取随机样本（【数据分析】工具的安装见文本框 1－2）。操作步骤如文本框1－1所示。

文本框 1-1　　　　用 Excel 抽取随机样本

使用【数据分析】工具抽取样本

第 1 步：在工作表中点击【数据】→【数据分析】。

第 2 步：在弹出的对话框中选择【抽样】，界面如下图所示。

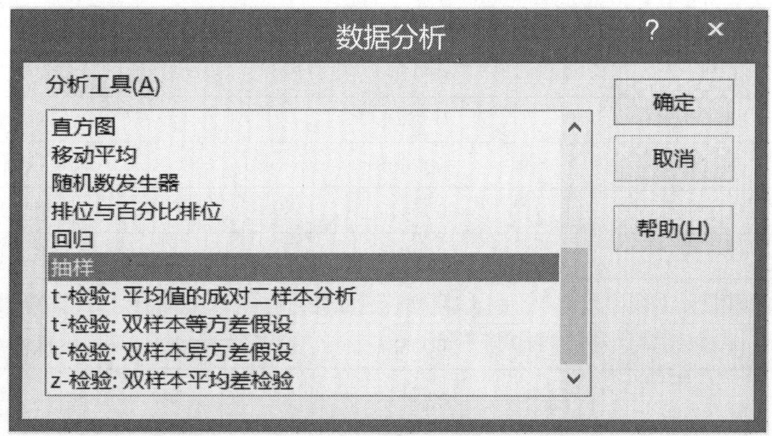

第 3 步：单击【确定】。在出现的对话框【输入区域】中输入代码区域（数值型数据直接输入数据区域）；在【抽样方法】中单击【随机】，在【样本数】中输入需要抽样的样本量；在【输出区域】中选择抽样结果放置的区域。出现的界面如下图所示。

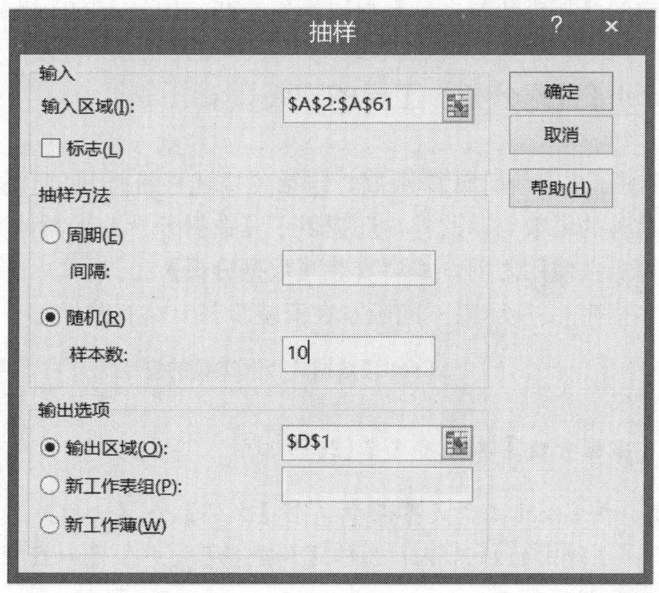

单击【确定】，即得到一个随机样本。

按上述步骤得到的随机样本如表 1-2 所示。

表 1-2　用【数据分析】工具抽取的例 1-1 的一个随机样本

样本序号	股票代码	股票名称
4	600322	天房发展
59	600266	北京城建
55	000024	招商地产
36	000150	宜华地产
10	002305	南国置业
5	600665	天地源
31	000517	荣安地产
47	600240	华业地产
51	000573	粤宏远
11	600684	珠江实业

1.3　用 Excel 产生随机数

有时需要生成各种分布的随机数做模拟分析。用 Excel 提供的统计函数或【数据分析】工具中的【随机数发生器】可以产生一些常用分布的随机数。

1.3.1　Excel【数据分析】工具的安装

Excel 提供了多个统计计算函数，包括各描述性统计量的计算函数、概率分布函数、估计和检验的函数等。此外，还提供了【数据分析】工具，其中包含多种基本统计方法的计算。在使用之前，需要安装【数据分析】工具。Office 2019 版本的具体安装步骤如文本框 1-2 所示（不同版本在安装步骤上略有差异）。

文本框 1-2　　Excel【数据分析】工具的安装

Excel【数据分析】工具的安装(2019 版)

第 1 步：在 Excel 工作表界面中点击【文件】→【选项】。

第 2 步：在弹出的对话框中选择【加载项】，并在【加载项】下选择【分析工具库】，界面如下图所示。

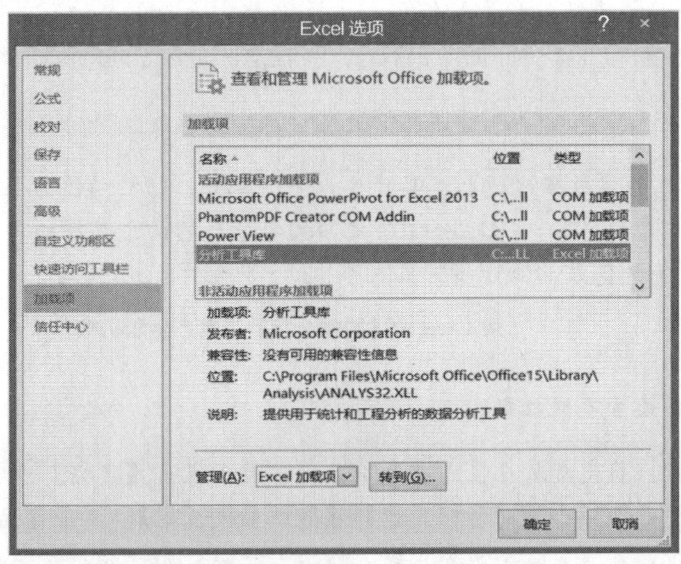

第 3 步：点击【转到】，出现的界面如下图所示。单击【确定】，即可完成安装。

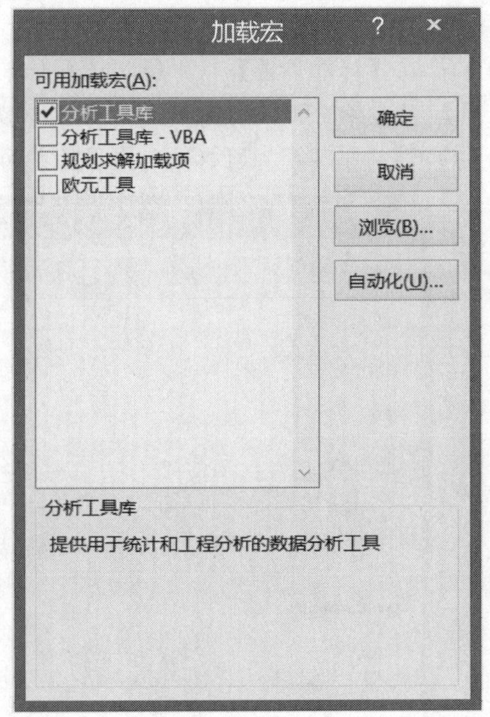

1.3.2　用 Excel 产生随机数

利用统计函数或【数据分析】工具可以产生多种随机数。比如，产生任意两个数之间均匀分布的随机数，产生均值为 μ、标准差为 σ 的正态分布的随机数，如果 $\mu=0$，$\sigma=1$，则产生标准正态分布的随机数，产生任意两个数之间的随机整数，等等。

 **例 1-2**

用 Excel 的【数据分析】工具产生以下随机数：(1) 均值为 50、标准差为 5 的正态分布的 10 个随机数；(2) 1～100 之间均匀分布的两个变量的各 15 个随机数。

解： 产生随机数的操作步骤如文本框 1-3 所示。

文本框 1-3　　用 Excel 的【数据分析】工具产生随机数

产生正态分布随机数

第 1 步：将光标放在任意空白单元格，然后点击【数据】→【数据分析】。

第 2 步：在弹出的对话框中选择【随机数发生器】，单击【确定】。

第 3 步：在【变量个数】中输入所要产生随机变量的个数，比如，输入 1 表示要产生一个变量的随机数，输入 2 表示要产生两个变量的随机数，等等。在【随机数个数】中输入所要产生随机数的个数，比如 10。在【分布】框中选择所要产生随机数的分布，比如“正态”。在【参数】下的【平均值】框中输入正态分布的均值（默认为 0），比如 50；在【标准偏差】框中输入正态分布的标准差（默认为 1），比如 5。在【输出选项】下选择输出随机数的放置位置（默认为新工作表组），比如 A1 单元格。单击【确定】，即可产生随机数。出现的界面如下图所示。

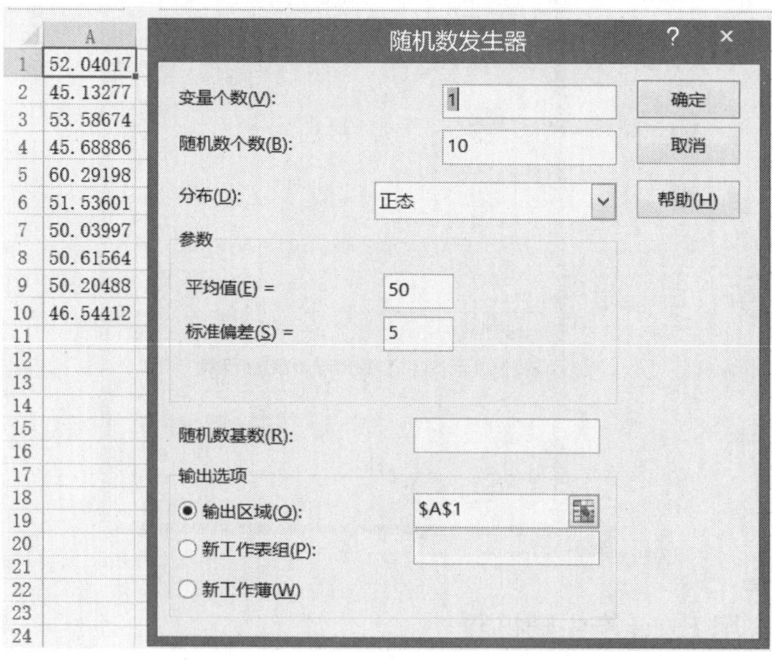

产生均匀分布随机数

在上面的第 3 步中，在【变量个数】中输入所要产生随机变量的个数，本例为 2。在【随机数个数】框中输入 15。在【分布】框中选择“均匀”。在【参数】下的【介于】框后输入 1 和 100（默认为 0～1）。在【输出选项】下选择输出随机数的放置位置（默认为新工作表组），比如 A1 单元格。单击【确定】，即可产生随机数。出现的界面如下图所示。

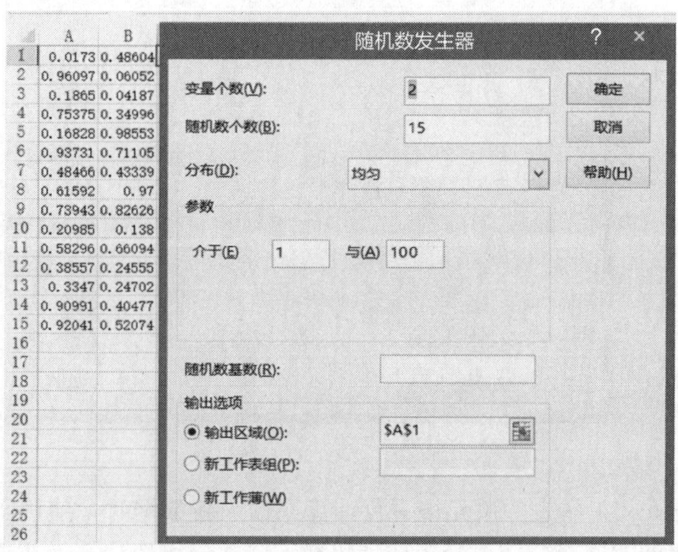

由于随机数是随机产生的，每次运行都会得到一组不同的随机数。

除了使用【随机数发生器】产生随机数外，使用 Excel 的【RAND】函数也可以产生 0～1 之间均匀分布的随机数，函数语法为：RAND()。该函数没有参数，直接在工作表的任意单元格输入 RAND() 即可产生一个随机数，要得到多个随机数，向工作表的右下方复制即可。

此外，使用 Excel 的【RANDBETWEEN】函数可以产生任意两个指定数之间的随机整数。比如，要在 60～100 之间产生 15 个随机整数，操作步骤如文本框 1－4 所示。

文本框 1－4　　用 Excel 的【RANDBETWEEN】产生随机数

使用【RANDBETWEEN】函数产生两个指定数之间的随机整数

第 1 步：将光标放在任意空白单元格，然后点击【公式】，点击插入函数【fx】。

第 2 步：在【选择类别】中选择【全部】，并在【选择函数】中点击【RANDBETWEEN】，单击【确定】。

第 3 步：在【Bottom】中输入指定的最小整数，比如 60；在【Top】中输入指定的最大整数，比如 100；单击【确定】即可得到一个随机数（要得到多个随机数，向下或向右复制即可）。界面如下图所示。

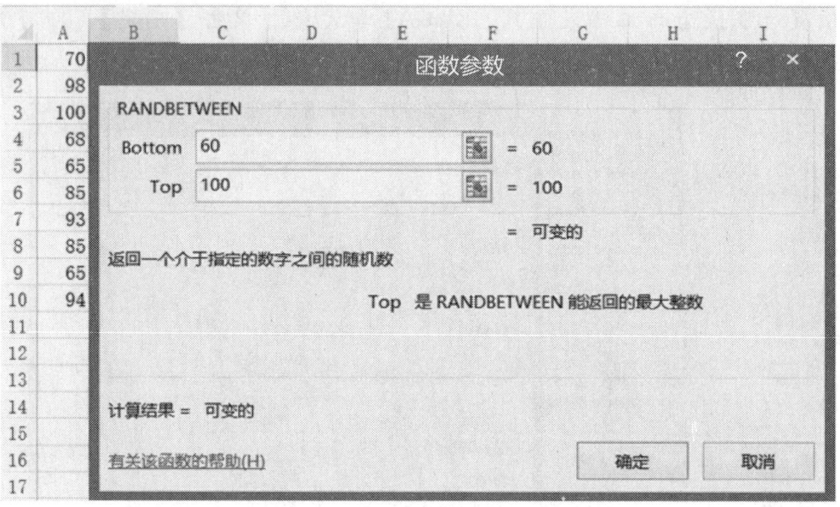

当对 Excel 工作表的单元格进行计算或输入新数据时，使用函数生成的随机数也会随单元格的改变而改变。为了使随机数不随单元格的计算而改变，可以在编辑栏中输入函数，比如“＝RAND()”，保持编辑状态，然后按 F9，即可将公式永久性地改为随机数。

□ 习题

1.1　指出下面的变量属于哪一类型。

(1) 年龄。

(2) 性别。

(3) 汽车产量。

(4) 员工对企业某项改革措施的态度（赞成、中立、反对）。

(5) 购买商品时的支付方式（现金、信用卡、移动支付）。

1.2　一家研究机构从 IT 从业者中随机抽取 1 000 人作为样本进行调查，其中 60%的人回答他们的月收入在 10 000 元以上，90%的人回答他们的消费支付方式是移动支付。

(1) 这一研究的总体是什么？样本是什么？样本量是多少？

(2)“月收入”是无序类别变量、有序类别变量还是数值变量?

(3)“消费支付方式”是无序类别变量、有序类别变量还是数值变量?

1.3　一项调查表明，消费者每月在网上购物的平均花费是 1 000 元，他们选择在网上购物的主要原因是“价格便宜”。

(1) 这一研究的总体是什么?

(2)“消费者在网上购物的原因”是无序类别变量、有序类别变量还是数值变量?

1.4　某大学的商学院为了解毕业生的就业倾向，分别在会计专业抽取 50 人、在市场营销专业抽取 30 人、在企业管理专业抽取 20 人进行调查。

(1) 这种抽样方式是分层抽样、系统抽样还是整群抽样?

(2) 样本量是多少?

1.5　从你所在的班级抽取 10 个学生组成一个随机样本。

1.6　使用 Excel 产生以下随机数:

(1) 均值为 0、标准差为 1 的 20 个标准正态分布的随机数。

(2) 均值为 100、标准差为 20 的 30 个正态分布的随机数。

(3) 1～1 000 之间的 200 个均匀分布的随机数。

(4) 在 1～100 之间产生 10 个随机整数。

第 2 章 Chapter 2 数据处理与频数分布

思考一下

- 你在生活或工作中接触过数据吗？如果接触过，都是些什么样的数据？这些数据对你有用吗？
- 如果将 2 000 个家庭的调查问卷交给你处理，你首先会做什么？
- 如何将 500 个学生的调查问卷数据汇总在一张表格里？
- 如果按收入的多少将家庭分成低收入家庭、中等收入家庭和高收入家庭，你会怎么做？

在分析数据之前，通常需要对数据做必要的清理工作，然后根据需要将原始数据制成所需的表格。本章主要介绍数据的预处理和频数分布表的制作方法。

2.1 数据的预处理

数据的预处理是数据分析之前所做的必要处理，内容包括数据的审核、录入计算机建立数据文件、数据筛选、排序等。

2.1.1 数据审核与验证

1. 数据审核与录入

数据审核就是检查数据中是否有错误。对于通过调查取得的**原始数据**（raw data），

主要从完整性和准确性两个方面去审核。完整性审核主要是检查应调查个体是否有遗漏，所有的调查项目是否填写齐全等。准确性审核主要是检查数据是否有错误，是否存在异常值等。对于异常值要仔细鉴别：如果异常值属于记录时的错误，在分析之前应予以纠正；如果异常值是一个正确的值，则应予以保留。

对于通过其他渠道取得的二手数据，应着重审核数据的适用性和时效性。二手数据可以来自多种渠道，有些数据可能是为特定目的通过专门调查取得的，或者是已经按特定目的做了加工整理。对于使用者来说，首先应弄清楚数据的来源、数据的口径以及有关的背景材料，以便确定这些数据是否符合自己分析研究的需要，不能盲目生搬硬套。此外，还要对数据的时效性进行审核，对于时效性较强的问题，如果所取得的数据过于滞后，就可能失去了研究的意义。

数据经初步审核后，需要录入计算机来建立数据文件，以便进行分析。为尽可能避免录入过程中产生新的错误，可以对数据做一些条件限定，这就是数据验证。

2. 数据验证

为避免录入数据时出现错误，可在 Excel 表中要录入数据的区域限定录入的条件。当录入的数据不符合限定条件时将出现错误提示信息，以便及时修改。

假定要在 Excel 工作表的单元格区域 A1：B5 录入取值范围在［0，100］之间的整数值，用 Excel 进行数据验证的步骤如文本框 2－1 所示。

文本框 2－1　　用 Excel 进行数据验证

数据验证的步骤

第 1 步：用鼠标在工作表中选定录入数据的单元格区域，如 A1：B10。

第 2 步：选择【数据】→【数据验证】。

第 3 步：在【验证条件】下的【允许】框中选择要录入的数据类型，比如“整数”。在【介于】框中选择验证条件，或者在【最小值】和【最大值】框中输入数据范围。比如，在【最小值】框中输入 0，在【最大值】框中输入 100。出现的界面如下图所示。

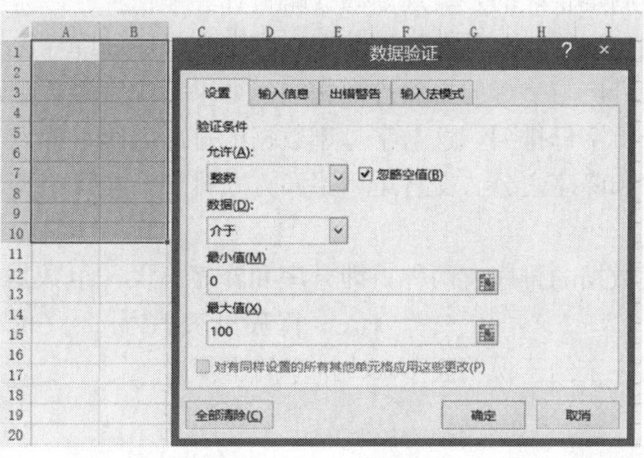

第 4 步：点击【出错警告】，在【式样】下选择“警告”，在【错误信息】下输入警告信息，比如“NA”。然后点击【确定】，即可完成设置。

完成上述设置后，在此区域中录入不符合验证条件的数据将会出现以下错误信息。比如，在 A1 单元格录入 1 000，显示的错误信息如下图所示。

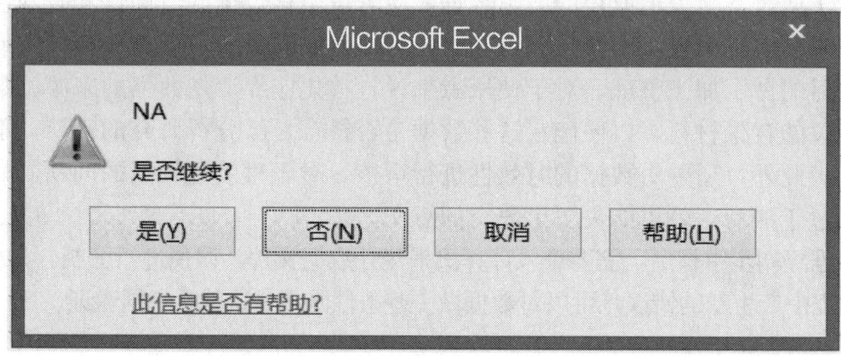

选择【是】，忽略此错误，选择【否】则返回单元格，重新录入。

2.1.2 数据排序与筛选

在分析过程中，有时需要对数据进行排序，或者根据需要选择符合特定条件的数据进行分析。

1. 数据排序

数据排序是按一定顺序将数据排列。通过排序不仅可以大概了解数据的特征，还有助于对数据检查纠错，以及为重新归类或分组等提供方便。在某些场合，排序本身就是分析的目的之一。比如，中国互联网企业三巨头、中国企业 500 强等信息有助于企业了解自己所处的位置，清楚自己的差距，还可以从一定侧面了解竞争对手的状况，从而有效制定企业的发展规划和战略目标。

对于类别数据，如果是字母型数据，排序有升序和降序之分，但习惯上更多地使用升序，因为升序与字母的自然排列相同；如果是汉字型数据，排序方式很多，比如按汉字的拼音首字母排列，这与字母型数据的排序完全一样，也可按笔画排序，按笔画多少有升序和降序之分。交替运用不同方式排序，在汉字型数据的检查纠错过程中十分有用。

对于数值数据的排序有两种，即升序和降序。设一组数据为x_1，x_2，…，x_n，升序可表示为：$x_{(1)} < x_{(2)} < \cdots < x_{(n)}$；降序可表示为：$x_{(n)} > x_{(n-1)} > \cdots > x_{(1)}$。

下面通过一个例子说明用 Excel 排序的步骤。

例 2-1

在某大学随机抽取 50 名学生进行调查，得到性别、家庭所在地、月生活费支出（元）和月网上购物支出（元）数据，如表 2-1 所示。对学生月生活费支出按升序排列。

表 2-1 50 名学生的调查数据

性别	家庭所在地	月生活费支出	月网上购物支出	性别	家庭所在地	月生活费支出	月网上购物支出
男	中小城市	1 526	247	女	大城市	1 622	109
女	乡镇地区	1 846	210	女	中小城市	1 490	183
男	中小城市	2 052	218	男	中小城市	1 355	161
女	乡镇地区	1 142	107	女	乡镇地区	1 471	180
男	中小城市	1 666	190	女	大城市	1 777	178
男	乡镇地区	1 223	253	女	大城市	1 569	303
男	大城市	1 325	169	女	乡镇地区	1 529	221
女	中小城市	1 584	182	男	大城市	1 422	155
女	大城市	2 089	212	女	中小城市	1 486	244
男	中小城市	2 086	250	女	中小城市	1 802	250
男	大城市	1 932	212	男	乡镇地区	1 485	161
女	乡镇地区	1 856	227	男	中小城市	726	140
男	乡镇地区	1 456	202	男	大城市	1 495	146
男	大城市	1 773	187	男	中小城市	1 104	291
女	乡镇地区	1 472	211	女	大城市	1 801	209
男	乡镇地区	1 633	162	女	乡镇地区	1 044	263
男	乡镇地区	1 318	177	男	乡镇地区	1 004	210
男	中小城市	1 811	185	女	中小城市	1 237	234
男	大城市	1 459	202	女	大城市	1 522	260
女	中小城市	851	183	女	大城市	1 169	214
男	大城市	1 450	239	女	大城市	1 556	243
女	大城市	1 365	316	女	中小城市	1 410	88
女	大城市	1 871	188	女	乡镇地区	933	240
女	中小城市	1 411	228	男	乡镇地区	1 562	108
男	中小城市	1 390	150	男	中小城市	1 543	176

解：排序的具体步骤如文本框 2-2 所示。

文本框 2-2 **用 Excel 进行数据排序**

数据排序步骤

第 1 步：将光标放在数据区域的任意单元格，然后点击【数据】→【排序】，出现的界面如下图所示。

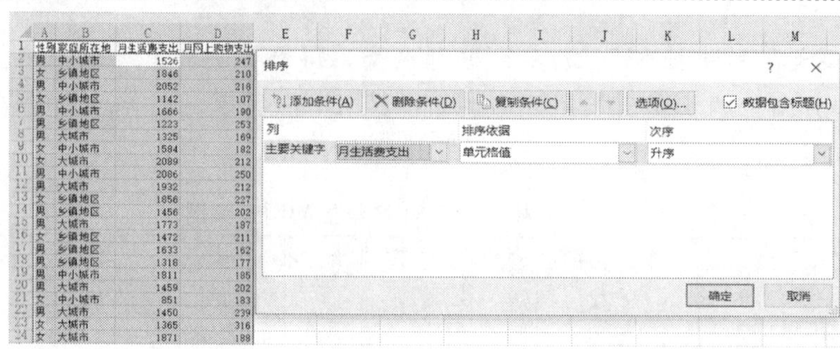

第 2 步：在【主要关键字】中选择要排序的变量，本例为“月生活费支出”，然后点击【确定】（如果要按家庭所在地排序，点击【选项】，在【方法】下选中“字母排序”或“笔画排序”）。结果如下图所示（部分）。

	A	B	C	D	E
1	性别	家庭所在地	月生活费支出	月网上购物支出	
2	男	中小城市	726	140	
3	女	中小城市	851	183	
4	女	乡镇地区	933	240	
5	男	乡镇地区	1004	210	
6	女	乡镇地区	1044	263	
7	男	中小城市	1104	291	
8	女	乡镇地区	1142	107	
9	女	大城市	1169	214	
10	男	乡镇地区	1223	253	
11	女	中小城市	1237	234	
12	男	乡镇地区	1318	177	
13	男	大城市	1325	169	
14	男	中小城市	1355	161	
15	女	大城市	1365	316	
16	…	…	…	…	
17					
18					

2. 数据筛选

数据筛选（data filter）是根据需要找出符合特定条件的某类数据。比如，找出每股盈利在 2 元以上的上市公司，找出考试成绩在 90 分以上的学生，等等。

下面通过一个简单的例子说明用 Excel 进行数据筛选的过程。

例 2-2

沿用例 2-1。筛选月生活费支出大于等于 2 000 元的学生；筛选性别为女、家庭所在地为大城市、月生活费支出大于 1 500 元、月网上购物支出大于 200 元的所有学生。

解：筛选的具体步骤如文本框 2-3 所示。

文本框 2-3　　用 Excel 进行数据筛选

数据筛选的步骤

#筛选出月生活费支出大于等于 2 000 元的学生

第 1 步：将光标放在数据区域的任意单元格，然后点击【数据】→【筛选】。这时会在每个变量名中出现下拉箭头。

第 2 步：点击要筛选的变量的下拉箭头即可对该变量进行筛选。比如，要筛选出月生活费支出大于等于 2 000 元的学生，点击月生活费支出变量的下拉箭头，出现的界面如下图所示。

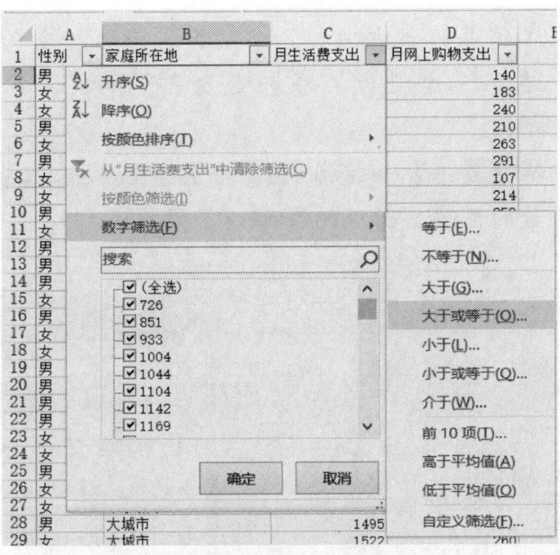

第 3 步：点击"大于或等于"，并在后面的框内输入 2 000，出现的界面如下图所示。

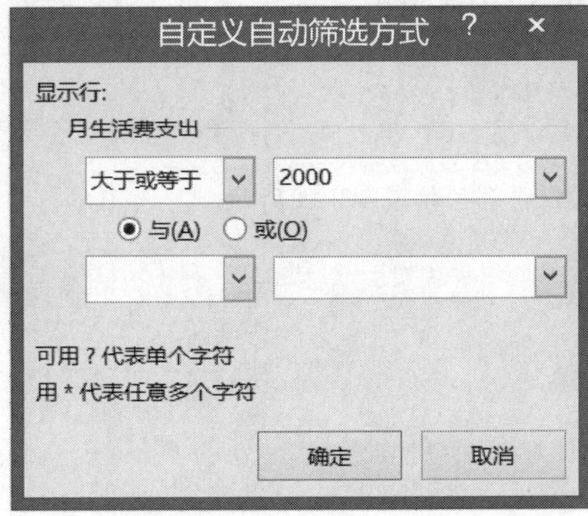

点击【确定】，得到的结果如下图所示。

	A	B	C	D	E
1	性别	家庭所在地	月生活费支出	月网上购物支	
4	男	中小城市	2052	218	
10	女	大城市	2089	212	
11	男	中小城市	2086	250	
52					
53					

#筛选出性别为女、家庭所在地为大城市、月生活费支出大于 1 500 元、月网上购物支出大于 200 元的所有学生

由于对每个变量都设定了不同的条件，所以需要使用【高级筛选】命令，具体步骤如下：

第 1 步：在工作表的上方插入 3 个空行，将数据表的第一行（变量名）复制到第 1 个空行；在第 2 个空行的每个变量名下依次输入筛选的条件：女、大城市、>1 500、>200。

第 2 步：选择【数据】→【高级】。在列表区域输入要筛选的数据区域；在条件区域输入要筛选的区域。出现的界面如下图所示。

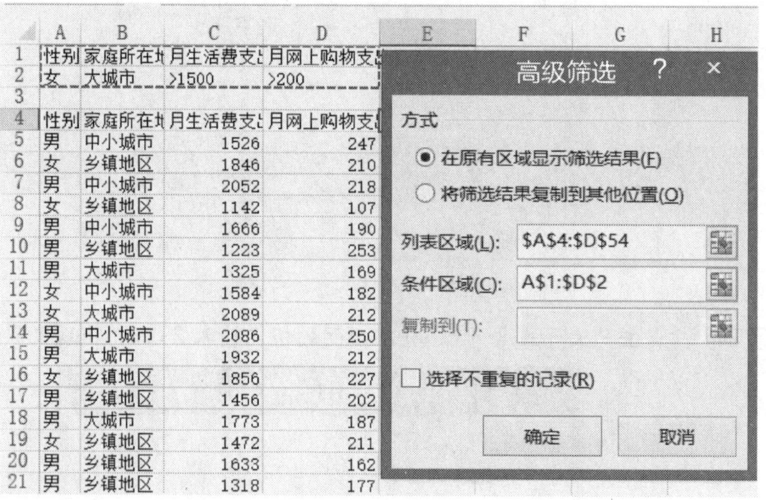

	A	B	C	D
1	性别	家庭所在地	月生活费支出	月网上购物支
2	女	大城市	>1500	>200
3				
4	性别	家庭所在地	月生活费支出	月网上购物支
5	男	中小城市	1526	247
6	女	乡镇地区	1846	210
7	男	中小城市	2052	218
8	女	乡镇地区	1142	107
9	男	中小城市	1666	190
10	男	乡镇地区	1223	253
11	男	大城市	1325	169
12	女	中小城市	1584	182
13	女	大城市	2089	212
14	男	中小城市	2086	250
15	男	大城市	1932	212
16	女	乡镇地区	1856	227
17	男	乡镇地区	1456	202
18	男	大城市	1773	187
19	女	乡镇地区	1472	211
20	男	乡镇地区	1633	162
21	男	乡镇地区	1318	177

单击【确定】，得到的结果如下图所示。

	A	B	C	D	E
1	性别	家庭所在地	月生活费支出	月网上购物支出	
2	女	大城市	>1500	>200	
3					
4	性别	家庭所在地	月生活费支出	月网上购物支出	
13	女	大城市	2089	212	
35	女	大城市	1569	303	
44	女	大城市	1801	209	
48	女	大城市	1522	260	
50	女	大城市	1556	243	
55					

2.2　类别数据的频数分布

除了对数据进行排序和筛选外，频数分布表也是观察数据特征的有效手段之一。**频数分布**（frequency distribution）是变量的取值及其相应的频数形成的分布。将变量的各个取值及其相应频数用表格的形式展示出来就是**频数分布表**（frequency distribution table）。由于类别数据本身就是对事物的一种分类，因此，只要先把所有的类别都列出来，然后计算出每一类别的频数，即可生成一张频数分布表。频数分布表中落在某一特定类别的数据个数称为**频数**（frequency）。根据观察变量的多少，可以生成简单频数分布表、二维列联表和多维列联表等。

2.2.1　简单频数分布表

只涉及一个类别变量时，这个变量的各类别（取值）可以放在频数分布表中"行"的位置，也可以放在"列"的位置，将该变量的各类别及其相应的频数列出来就是一个简单的频数分布表，也称一维列联表。用频数分布表可以观察不同类型数据的分布特征。比如，通过不同品牌产品销售量的分布可以了解其市场占有率；通过一所大学不同学院学生人数的分布可以了解该大学的学生构成；通过社会中不同收入阶层的人数分布可以了解收入的分布状况；等等。下面通过一个例子说明简单频数分布表的生成过程。

 例 2-3

沿用例 2-1。分别制作学生性别和家庭所在地的简单频数分布表。

解：这里涉及两个类别变量，即学生的性别和家庭所在地。对每个变量可以生成一个简单频数分布表，分别观察 50 名学生的性别和家庭所在地的分布状况。具体操作步骤如文本框 2-4 所示。

文本框 2-4　　用 Excel 的【数据透视表】命令生成类别数据的频数分布表

用【数据透视表】命令制作类别数据的频数分布表

第 1 步：选择【插入】→【数据透视表】。

第 2 步：在【表/区域】中选定数据区域（在操作前将光标放在任意数据单元格内，系统会自动选定数据区域）。选择放置数据透视表的位置。系统默认是新工作表，如果要将透视表放在现有工作表中，选择【现有工作表】，并在【位置】中点击工作表的任意单元格（不要覆盖数据）。点击【确定】，结果如下图所示。

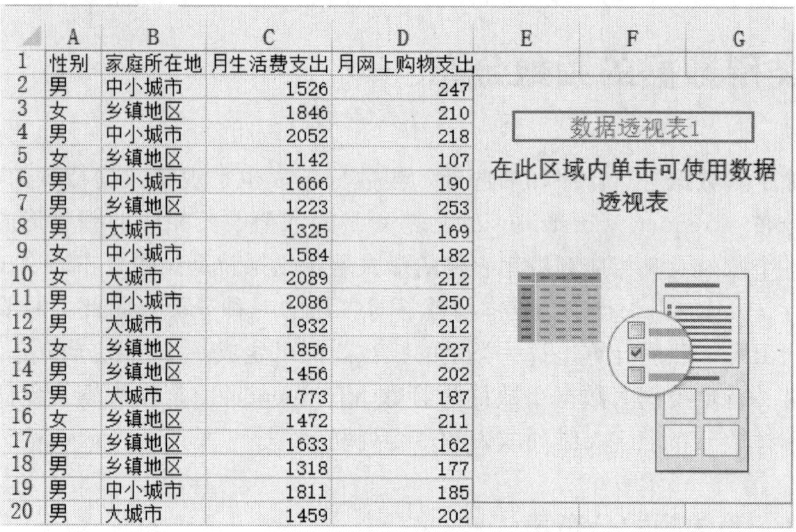

	A	B	C	D	E	F	G
1	性别	家庭所在地	月生活费支出	月网上购物支出			
2	男	中小城市	1526	247			
3	女	乡镇地区	1846	210			
4	男	中小城市	2052	218			
5	女	乡镇地区	1142	107			
6	男	中小城市	1666	190			
7	男	乡镇地区	1223	253			
8	男	大城市	1325	169			
9	女	中小城市	1584	182			
10	女	大城市	2089	212			
11	男	中小城市	2086	250			
12	男	大城市	1932	212			
13	女	乡镇地区	1856	227			
14	男	乡镇地区	1456	202			
15	男	大城市	1773	187			
16	女	乡镇地区	1472	211			
17	男	乡镇地区	1633	162			
18	男	乡镇地区	1318	177			
19	男	中小城市	1811	185			
20	男	大城市	1459	202			

数据透视表1

在此区域内单击可使用数据透视表

第 3 步：用鼠标右键单击数据透视表，选择【数据透视表选项】，在弹出的对话框中点击【显示】，并选中【经典数据透视表布局】，然后点击【确定】。结果如下图所示。

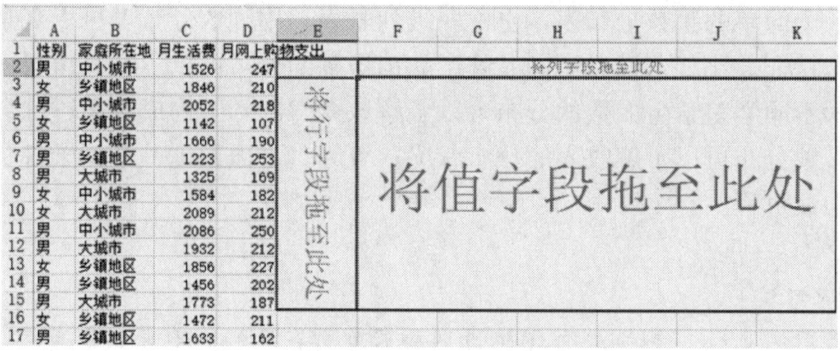

	A	B	C	D
1	性别	家庭所在地	月生活费	月网上购物支出
2	男	中小城市	1526	247
3	女	乡镇地区	1846	210
4	男	中小城市	2052	218
5	女	乡镇地区	1142	107
6	男	中小城市	1666	190
7	男	乡镇地区	1223	253
8	男	大城市	1325	169
9	女	中小城市	1584	182
10	女	大城市	2089	212
11	男	中小城市	2086	250
12	男	大城市	1932	212
13	女	乡镇地区	1856	227
14	男	乡镇地区	1456	202
15	男	大城市	1773	187
16	女	乡镇地区	1472	211
17	男	乡镇地区	1633	162

将列字段拖至此处

将行字段拖至此处

将值字段拖至此处

第 4 步：将数据透视的一个字段拖至“行”的位置，将另一个字段拖至“列”的位置（行列可以互换），再将要计数的变量拖至“值字段”位置，即可生成需要的频数分布表。

按文本框 2 - 4 的步骤生成的学生性别和家庭所在地的简单频数分布表如表 2 - 2 和表 2 - 3 所示。

表 2 - 2　学生性别的频数分布

计数项：性别	
性别	汇总
男	24
女	26
总计	**50**

表 2-3　学生家庭所在地的频数分布

计数项:家庭所在地 家庭所在地	汇总
大城市	17
乡镇地区	15
中小城市	18
总计	50

表 2-2 和表 2-3 的结果显示，在所调查的 50 名学生中，男性为 24 人，女性为 26 人。从家庭所在地看，来自中小城市的学生人数最多，为 18 人，来自大城市的人数次之，为 17 人，来自乡镇地区的人数最少，为 15 人。

2.2.2　二维列联表

涉及两个类别变量时，通常将一个变量的各类别放在“行”的位置，另一个变量的各类别放在“列”的位置（行和列可以互换），由两个类别变量交叉分类形成的频数分布表称为**列联表**（contingency table），也称**交叉表**（cross table）。例如，对于例 2-1 的性别和家庭所在地两个变量，可以将家庭所在地放在行的位置，将性别放在列的位置，制作一个二维列联表。按文本框 2-4 的步骤得到的列联表如表 2-4 所示。

表 2-4　学生性别和家庭所在地的二维列联表

计数项:家庭所在: 性别 家庭所在地	男	女	总计
大城市	7	10	17
乡镇地区	7	8	15
中小城市	10	8	18
总计	24	26	50

表 2-4 的结果显示，在所调查的 50 名学生中，男性为 24 人，女性为 26 人。从家庭所在地看，来自中小城市的人数最多，为 18 人，来自大城市的人数次之，为 17 人，来自乡镇地区的人数最少，为 15 人。

2.2.3　类别数据的简单分析

如果一个数据集中除了类别变量还有数值变量，比如，表 2-1 中除了性别和家庭所在地两个类别变量，还有月生活费支出和月网上购物支出两个数值变量，可以利用 Excel 的数据透视表功能，对数值变量按类别变量的取值做分类汇总。在文本框 2-4 所示的操作步骤中，只需要将数值变量拖至“值字段”位置，即可生成分类汇总表，结果如表 2-5 和表 2-6 所示。

表 2-5　按性别和家庭所在地分类汇总的学生月生活费支出

求和项:月生活费支出	性别		
家庭所在地	男	女	总计
大城市	10856	16341	27197
乡镇地区	9681	11293	20974
中小城市	15259	11271	26530
总计	**35796**	**38905**	**74701**

表 2-6　按性别和家庭所在地分类汇总的学生月网上购物支出

求和项:月网上购物支出	性别		
家庭所在地	男	女	总计
大城市	1310	2232	3542
乡镇地区	1273	1659	2932
中小城市	2008	1592	3600
总计	**4591**	**5483**	**10074**

此外，对应类别数据的频数分布表还可以使用**比例**（proportion）、**百分比**（percentage）、**比率**（ratio）等统计量进行描述。如果是有序类别数据，还可以计算**累积百分比**（cumulative percent）进行分析。

比例也称构成比，它是一个样本（或总体）中各类别的频数与全部频数之比，通常用于反映样本（或总体）的构成或结构。将比例乘以 100 得到的数值称为百分比，用%表示。比率是样本（或总体）中不同类别频数之间的比值，反映各类别之间的比较关系。由于比率不是部分与整体之间的对比关系，因而比值可能大于 1。累积百分比则是将各有序类别的百分比逐级累加的结果。

例如，根据表 2-4 的数据计算的男女学生和家庭所在地的百分比如表 2-7 所示。

表 2-7　学生性别和家庭所在地构成的百分比

家庭所在地	男		女		总计	
	人数	百分比（%）	人数	百分比（%）	人数	百分比（%）
大城市	7	29.17	10	38.46	17	34.00
乡镇地区	7	29.17	8	30.77	15	30.00
中小城市	10	41.66	8	30.77	18	36.00
总计	24	100.00	26	100.00	50	100.00

表 2-7 的结果显示，在所调查的 50 名学生中，大城市的人数占 34%，乡镇地区的人数占 30%，中小城市的人数占 36%。男女学生在不同家庭所在地的构成百分比分析由读者自己完成。

2.3　数值数据的类别化

生成数值数据的频数分布表时，需要先将其类别化，即转化为类别数据，然后生成频数分布表。类别化的方法是将原始数据分成不同的组别，比如，将一个班学生的考试分数分成 60 分以下、60～70 分、70～80 分、80～90 分、90～100 分几个区间，通过分组将数值数据转化成有序类别数据。类别化后再统计出各组别的数据频数，即可生成频数分布表。

2.3.1　数据分组

数据分组是将数值数据转化成类别数据的方法之一，它是先将数据按照一定的间距划分成若干区间，然后统计出每个区间的频数，生成频数分布表。下面结合具体例子说明数据分组过程。

例 2－4

为分析网上约车的情况，随机抽取 150 个参与网上约车服务的出租车司机进行调查，得到他们某一天的营业额数据，如表 2－8 所示。对营业额做适当分组，分析营业额的分布特征。

表 2－8　150 个出租车司机一天的营业额　　单位：元

319	493	346	362	532	283	413	207	444	426
264	510	615	365	355	418	329	315	439	446
354	550	450	346	510	391	516	378	470	453
351	586	345	380	384	476	434	313	202	400
357	419	426	369	461	268	435	416	226	363
237	638	354	487	401	209	433	454	424	361
638	390	392	355	302	569	583	459	421	289
375	408	475	546	299	384	462	349	370	480
436	572	251	431	296	349	240	475	453	377
586	334	528	516	492	331	391	489	366	530
321	494	309	402	660	327	351	360	319	255
350	367	387	365	433	388	391	459	394	297
257	397	432	303	381	433	317	418	393	458
528	360	500	273	240	392	403	447	319	300
501	535	420	314	447	393	443	463	698	327

解：数据分组的步骤大致如下。

第 1 步：确定组数。组数的多少与数据本身的特点及数据的多少有关。组数的确定方法有几种。设组数为 K，根据 Sturges 给出的组数确定方法，$K=1+\lg(n)/\lg(2)$。当然这只是个大概数，具体的组数可根据需要做适当调整。本例共有 150 个数据，组数 $K=1+\lg(150)/\lg(2)=8.23$，为便于理解，这里可分为 10 组。

第 2 步：确定各组的组距。组距可根据全部数据的最大值和最小值及所分的组数来确定，即组距＝(最大值－最小值)÷组数。对于本例数据，最大值为 698，最小值为 202，则组距＝(698－202)÷10＝49.6。为便于计算，组距宜取便于理解的整数，因此组距可取 50。为避免数据被遗漏，第一组的下限值应低于最小数值，最后一组的上限值应高于最大数值。因此，本例的第一组下限值确定为 200，最后一组的上限值确定为 700。

第 3 步：统计出各组的频数，即为频数分布表。在统计各组频数时，恰好等于某一组上限的变量值一般不算在本组内，而是计算在下一组，即一个组的数值 x 满足 $a \leqslant x < b$。

2.3.2 用 Excel 制作频数分布表

了解分组的过程后，就可以使用 Excel 制作频数分布表了。以例 2－4 为例，用 Excel 制作频数分布表的步骤如文本框 2－5 所示。

文本框 2－5　　用 Excel 制作数值数据的频数分布表

用【直方图】命令制作数值数据的频数分布表

用 Excel【数据分析】工具中的【直方图】命令可生成数值数据的频数分布表。但需要注意的是，用 Excel 制作频数分布表时，每一组的频数包括一个组的上限值，即 $a < x \leqslant b$。因此，需要输入一列比上限值小的数作为【接收区域】。就例 2－4 而言，分别输入 249，299，349，399，449，499，549，599，649，699 作为【接收区域】，然后按下列步骤操作。

第 1 步：选择【数据】→【数据分析】→【直方图】，单击【确定】。

第 2 步：在【输入区域】中输入原始数据所在的区域；在【接收区域】中输入上限值所在的区域；在【输出区域】中输入结果输出的位置；选择【图表输出】。结果如下图所示。

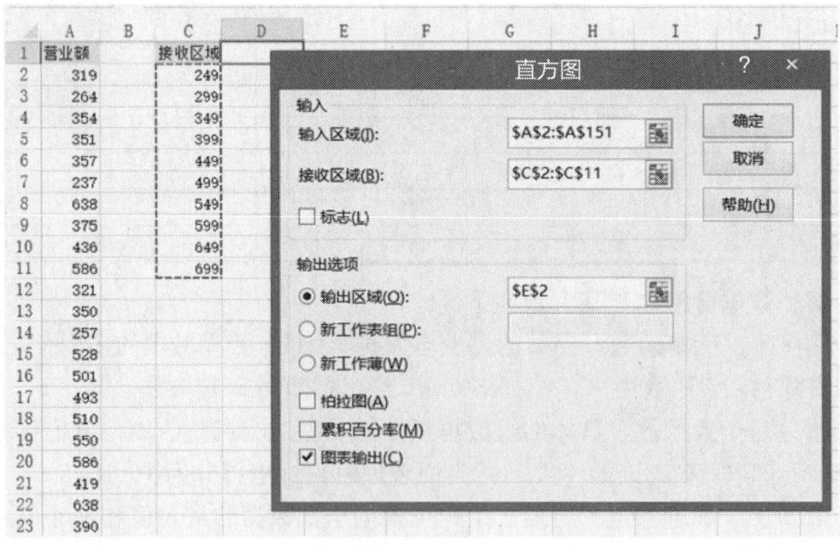

单击【确定】，结果如下图所示。

将 Excel 生成的频数分布表进行适当的整理，比如，将“接收”修改为“分组”，将各组别依次修改为 200～250，250～300，…，650～700，将“其他”修改为“合计”，将“频率”修改为“人数”，并计算出频率，同时求出合计数，结果如表 2-9 所示。

表 2-9　150 个出租车司机某天营业额的频数分布

分组	人数	频率（%）
200～250	7	4.67
250～300	11	7.33
300～350	22	14.67
350～400	38	25.33
400～450	29	19.33
450～500	20	13.33
500～550	12	8.00
550～600	6	4.00
600～650	3	2.00
650～700	2	1.33
合计	150	100.00

表 2-9 的结果显示，营业额主要集中在 350～400 元之间，共有 38 人，占总人数的 25.33%。

□ 习题

2.1　下面是随机抽取的 10 名学生 5 门课程的考试分数。

姓名	统计学	数学	营销学	管理学	会计学
赵宇翔	85	91	63	76	66
程建功	68	85	84	89	86
田思雨	74	74	61	80	69
徐丽娜	88	100	49	71	66
张志杰	63	82	89	78	80
房文英	78	84	51	60	60
王智强	90	78	59	72	66
宋丽媛	80	100	53	73	70
洪天利	58	51	79	91	85
高见岭	63	70	91	85	82

（1）对学生姓名分别按笔画和拼音字母排序。

（2）筛选出统计学分数小于 60 分的学生和数学分数大于等于 90 分的学生。

2.2　为评价旅游业的服务质量，随机抽取 60 个顾客进行调查，得到的满意度回答如下表所示：

性别	满意度	性别	满意度	性别	满意度
女	不满意	女	一般	女	比较满意
男	非常满意	男	不满意	男	比较满意
男	非常满意	女	非常满意	男	比较满意
女	比较满意	男	比较满意	男	一般
男	比较满意	女	非常不满意	女	不满意
女	一般	男	非常不满意	男	不满意
男	一般	男	一般	女	一般
女	不满意	男	非常不满意	男	比较满意
女	非常不满意	女	非常不满意	女	非常满意
女	非常满意	女	比较满意	男	比较满意
男	一般	男	不满意	女	非常不满意
男	比较满意	女	比较满意	女	不满意
女	一般	女	非常不满意	女	一般
女	一般	男	比较满意	男	不满意
女	非常不满意	男	一般	女	比较满意
女	不满意	男	非常满意	女	一般
男	非常不满意	男	非常不满意	女	比较满意
女	不满意	女	一般	女	不满意
男	比较满意	女	比较满意	男	不满意
女	非常满意	男	非常满意	女	非常满意

（1）分别制作被调查者性别和满意度的简单频数分布表。

（2）制作被调查者性别和满意度的二维列联表。

（3）对二维列联表做简单分析。

2.3　为确定灯泡的使用寿命，从一批灯泡中随机抽取 100 只进行测试，得到的使用寿命数据如下（单位：小时）：

700	716	728	719	685	709	691	684	705	718
706	715	712	722	691	708	690	692	707	701
708	729	694	681	695	685	706	661	735	665
668	710	693	697	674	658	698	666	696	698
706	692	691	747	699	682	698	700	710	722
694	690	736	689	696	651	673	749	708	727
688	689	683	685	702	741	698	713	676	702
701	671	718	707	683	717	733	712	683	692
693	697	664	681	721	720	677	679	695	691
713	699	725	726	704	729	703	696	717	688

选择适当的组距进行分组，制作频数分布表，分析数据分布的特征。

2.4　下面是 40 名学生每周的上网时间数据（单位：小时）：

41	25	29	47	38	34	30	38	43	40
46	36	45	37	37	36	45	43	33	44
35	28	46	34	30	37	44	26	38	44
42	36	37	37	49	39	42	32	36	35

根据上面的数据进行适当的分组，制作频数分布表，分析数据分布的特征。

第 3 章 Chapter 3 数据的可视化

思考一下

- 如果让你看一个电商一个月每天的销售额数据，或者给你看这些数据的某个图形，你会选择哪种？
- 将上市公司按行业分成金融业、地产业、旅游业、其他行业 4 个部分，要观察不同行业上市公司的个数，你认为应该用什么样的图？如果要观察不同行业上市公司的构成，你认为应该用什么样的图？
- 要反映一个地区的家庭收入分布状况，你会使用什么图形？
- 要反映身高和体重的关系，你认为应该使用什么图形？
- 要比较两个上市公司的销售收入、净利润、净资产、负债 4 个指标的差异和相似性，你会使用什么图形？

在对数据做描述性分析时，通常会用各种图形来展示数据。一张好的统计图表往往胜过冗长的文字表述。比如，对企业所有员工的工资画出直方图来观察其分布状况，画出各年度 GDP 的时间序列图来观察其变化趋势，等等。将数据用图形展示出来就是数据的**可视化**（visualization）。本章主要介绍类别数据和数值数据的可视化方法。

3.1 类别数据的可视化

适用于类别数据的图形主要有条形图、饼图等。如果有两个或两个以上样本的分类相同且问题可比，还可以绘制环形图。

3.1.1　条形图

条形图（bar chart）是用宽度相同的条形来表示各类别频数的图形，用于观察不同类别频数的多少或分布状况。绘制时，各类别可以放在横轴，也可以放在纵轴，将各类别放在横轴绘制的条形图也称**柱形图**（column chart）。根据绘制变量的多少，条形图有简单条形图和复式条形图等不同形式。

1. 简单条形图

简单条形图是根据一个类别变量绘制的，描述该变量的各类别的频数分布状况。类别可以放在横轴，也可以放在纵轴。下面用一个例子说明条形图的绘制及其解读。

例 3-1

为研究不同地区的消费者对网上购物的满意度，随机抽取东部、中部和西部的 500 个消费者进行调查，得到的结果如表 3-1 所示。绘制条形图分析各类别的人数分布状况。

表 3-1　500 个消费者的调查数据

满意度	东部	中部	西部	总计
非常满意	27	30	39	96
比较满意	35	33	26	94
一般	37	40	37	114
不满意	27	35	39	101
非常不满意	29	27	39	95
总计	155	165	180	500

解：这里涉及两个类别变量，即地区和满意度。可以对不同地区和不同满意度的人数分布绘制简单条形图。为节省篇幅，我们只绘制不同满意度和不同地区总人数的两个条形图，如图 3-1 和图 3-2 所示。

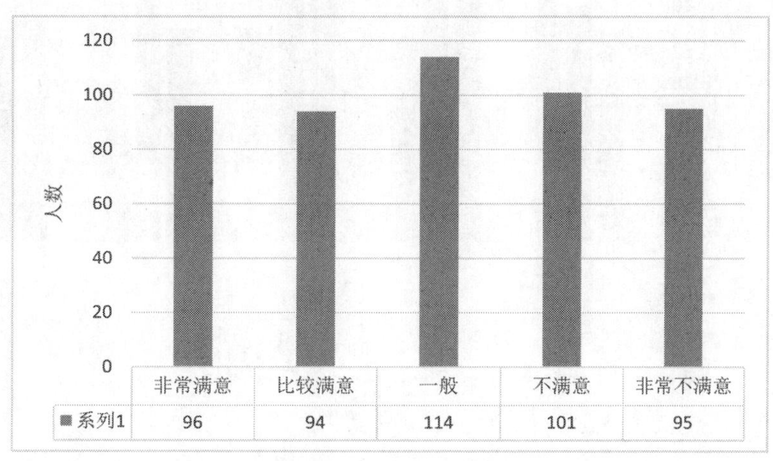

图 3-1　不同满意度总人数分布的简单条形图

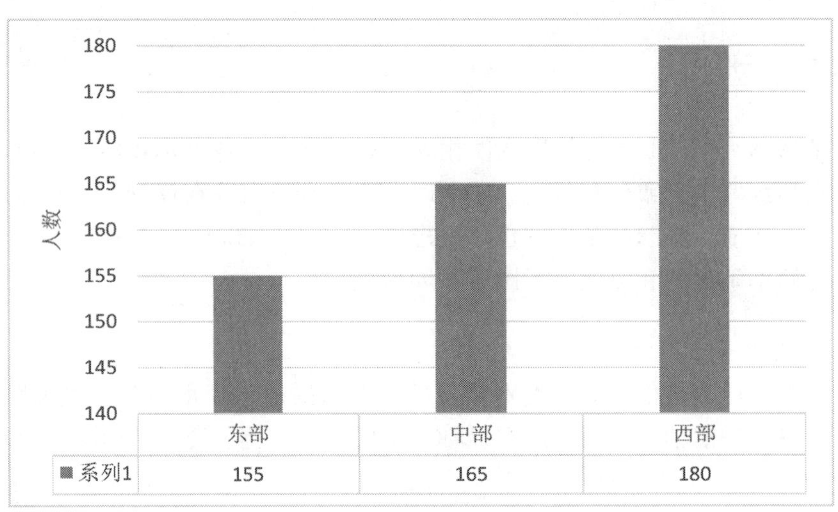

图 3-2　不同地区总人数分布的简单条形图

2. 复式条形图

根据例 3-1 的数据可以绘制多个简单条形图。但简单条形图只给出一个变量的信息，不便于比较。如果将多个变量的各类别绘制在一张图里，不仅节省空间，而且便于比较。复式条形图是根据两个类别变量的各类别绘制的条形图。由于绘制方式不同，复式条形图有堆积条形图、堆砌条形图、百分比条形图等不同形式。图 3-3、图 3-4 和图 3-5 是根据例 3-1 的数据绘制的几种不同形式的复式条形图。

图 3-3 为堆积条形图，每一个满意度选项中的不同条表示不同的地区，条的高度表示人数的多少。

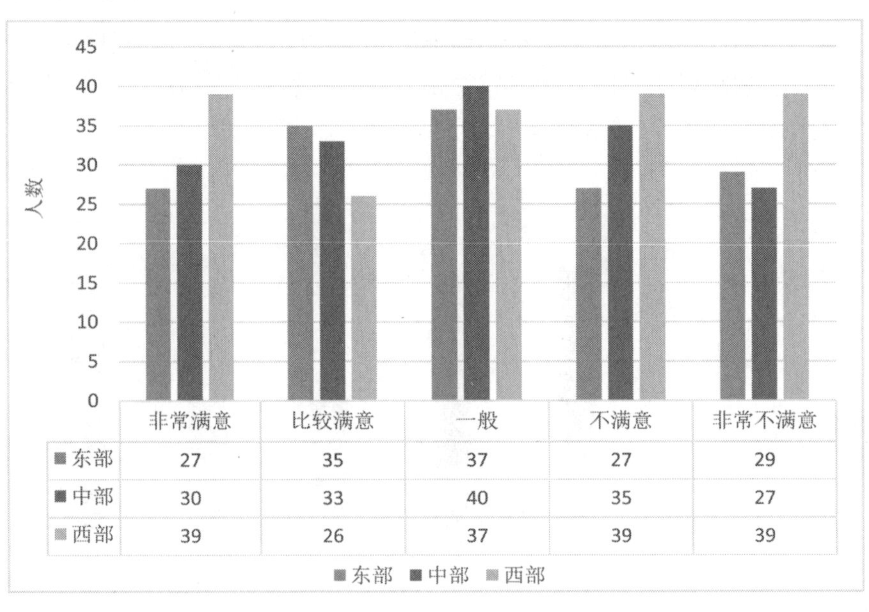

图 3-3　例 3-1 的堆积条形图

图 3－4 为堆砌条形图，每个条的高度表示不同满意度选项的频数多少，条中所堆砌的矩形与不同地区的人数成比例。

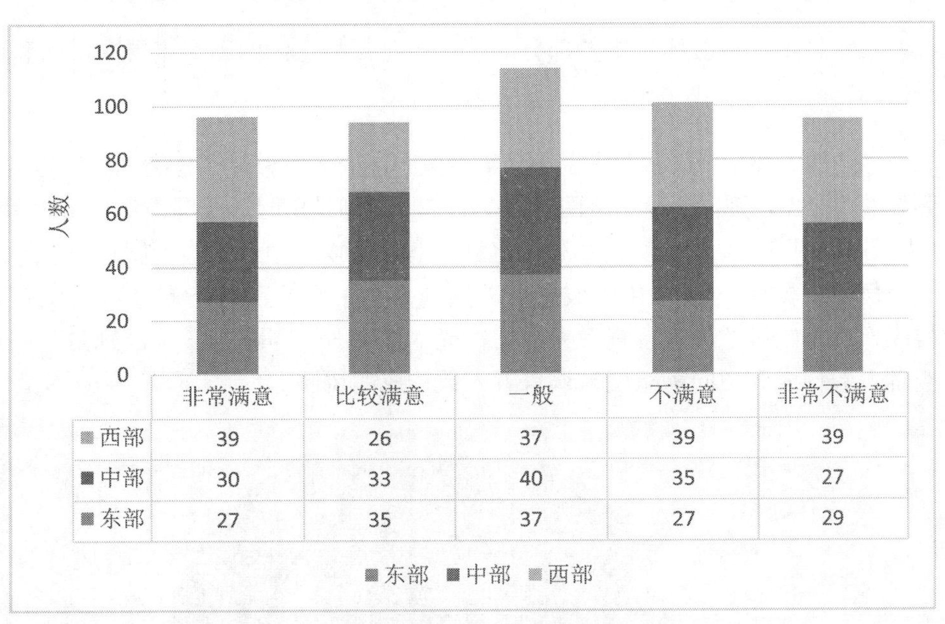

	非常满意	比较满意	一般	不满意	非常不满意
西部	39	26	37	39	39
中部	30	33	40	35	27
东部	27	35	37	27	29

图 3－4　例 3－1 的堆砌条形图

图 3－5 为百分比条形图，每个条的高度均为 100%，条内矩形的大小取决于各地区人数构成的百分比。

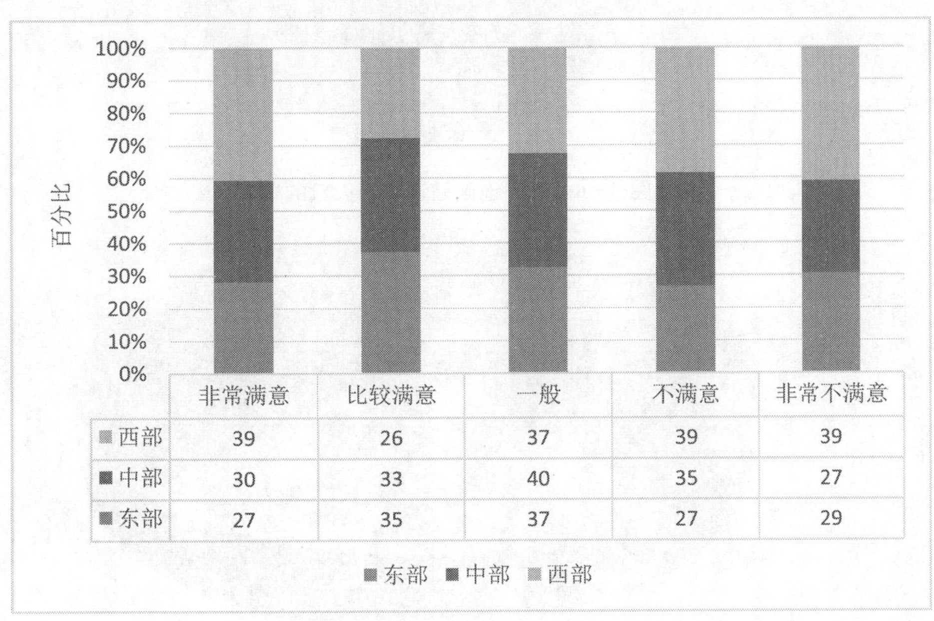

	非常满意	比较满意	一般	不满意	非常不满意
西部	39	26	37	39	39
中部	30	33	40	35	27
东部	27	35	37	27	29

图 3－5　例 3－1 的百分比条形图

3.1.2 饼图和环形图

展示样本（或总体）中各部分的频数占总频数比例的图形主要有饼图和环形图。

1. 饼图

条形图主要用于展示各类别频数绝对值的多少，要想观察各类别频数占所有类别总频数的百分比，则需要绘制**饼图**（pie chart）。饼图是用圆形及圆内扇形来表示一个样本（或总体）中各类别的频数占总频数比例大小的图形，对于研究结构性问题十分有用。

例如，根据表 3-1 中的数据可以绘制多个饼图，反映不同地区被调查者人数的构成，或不同满意度被调查者人数的构成。如图 3-6 和图 3-7 分别是不同地区被调查者人数构成和不同满意度被调查者人数构成的饼图。

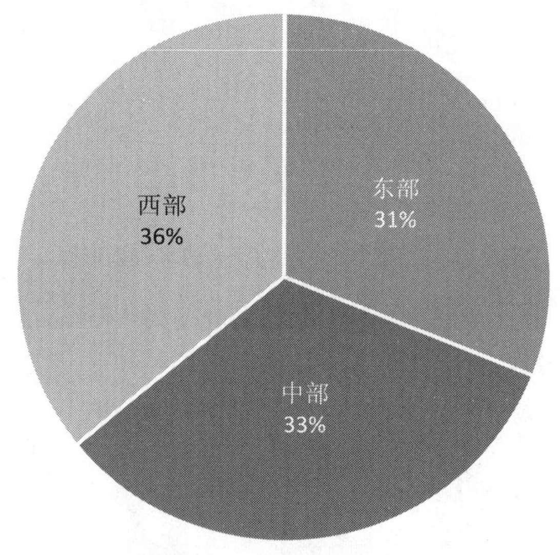

图 3-6 不同地区被调查者人数的构成

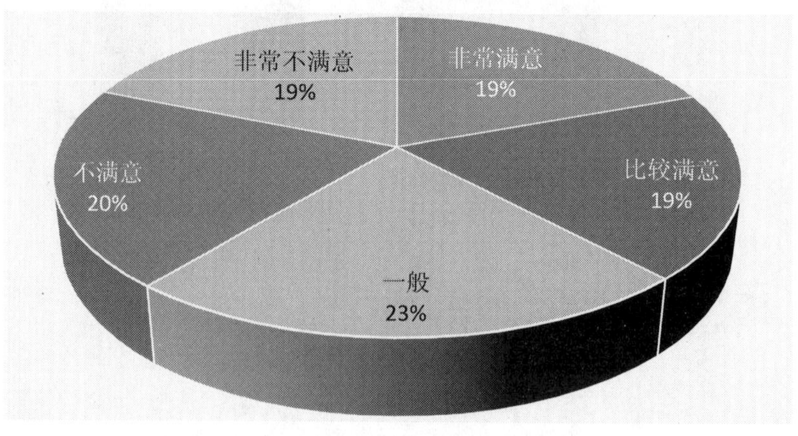

图 3-7 不同满意度被调查者人数的构成

2. 环形图

饼图只能显示一个样本各类别频数所占的比例。比如，把 5 个地区的人口分别按高收入、中等收入和低收入划分成 3 部分，要比较 5 个地区不同收入的人口构成，则需要绘制 5 个饼图，这种做法既不经济也不便于比较。能否用一个图形比较 5 个地区不同收入的人口构成呢？把饼图叠在一起，挖去中间的部分就可以了，这就是**环形图**（doughnut chart）。

环形图与饼图类似，但又有区别。环形图中间有一个“空洞”，每个样本用一个环来表示，样本中每一类别的频数构成用环中的一段表示。因此，环形图可显示多个样本各类别频数占其相应总频数的比例，有利于构成的比较研究。

绘制环形图时，先向圆心方向画一条垂线（圆的半径），然后顺时针方向依次画出各类别所占的百分比。其中，样本的顺序依次从内环到外环。比如，根据表 3-1 中的数据绘制的不同地区、不同满意度被调查者人数构成的环形图如图 3-8 所示。

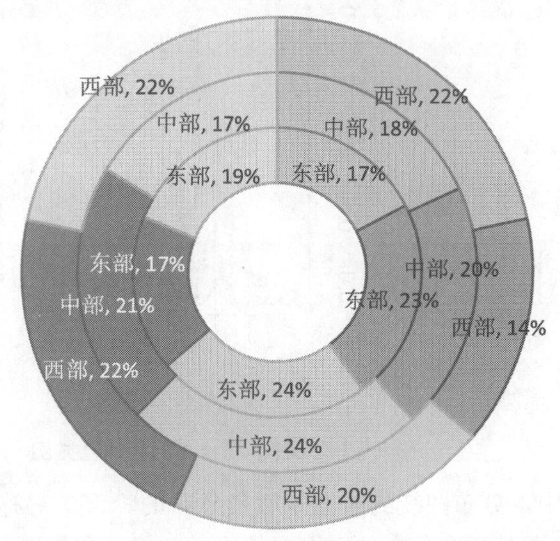

图 3-8　不同地区、不同满意度被调查者人数构成的环形图

图 3-8 显示了 3 个地区不同满意度被调查者人数的构成。显然，用一个环形图比绘制 3 个饼图更易于比较。

3.2　数值数据的可视化

展示数值数据的图形有多种。对于只有一个样本或一个变量的数值数据，主要是用直方图展示其分布的特征，比如，分布的形状是否对称、是否存在长尾等；对于多个变量的数据，主要是用散点图观察变量之间的关系；对于多个样本和多个变量的数据，主要是用雷达图、轮廓图对各样本分布的特征或相似性进行比较。

3.2.1 直方图和箱形图

展示数据分布的图形主要有**直方图**（histogram）、**茎叶图**（stem-and-leaf plot）和**箱形图**（box plot）等。用这些图形可以观察数据的分布形状是否对称，是否存在长尾或离群点等。由于 Excel 不能直接绘制茎叶图，本节只介绍直方图和箱形图。

1. 直方图

直方图是用于展示数值数据分布的一种常用图形，以矩形的宽度和高度（即面积）来表示频数分布。通过直方图可以观察数据分布的大体形状，如分布是否对称。图 3－9 给出了几种不同分布形状的直方图。

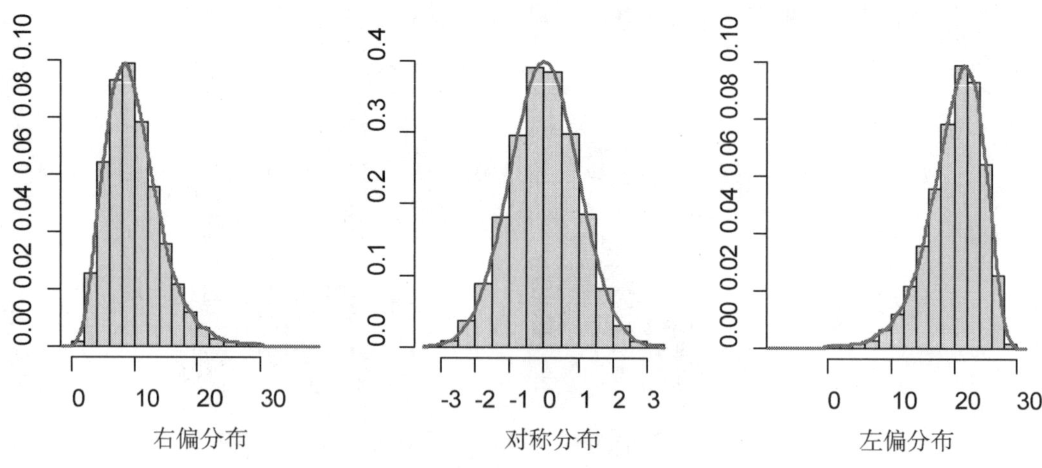

图 3－9 几种不同分布形状的直方图

图 3－9 中，分布曲线的最高处就是分布的峰值。对称分布是以峰值为中心两侧对称；右偏分布是指在分布的右侧有长尾；左偏分布是指在分布的左侧有长尾。

绘制直方图时，用横轴表示数据的分组区间，纵轴表示各组的频数，根据区间宽度和相应的频数画出一个矩形，多个矩形并列起来就是直方图。由于数据的分组是连续的，因此各矩形之间连续排列，不能留有间隔。

 **例 3－2**

沿用第 2 章的例 2－4。绘制直方图分析营业额的分布特征。

解：首先将光标放在任意数据单元格，然后点击【插入】→【插入统计图表】，选择【直方图】，即可绘制出直方图。根据需要再对直方图做必要的修改，比如，要添加每一组的频数标签，点击任意一个条，然后点击鼠标右键，并点击【添加数据标签】即可，如图 3－10 所示。

图 3－10 中，第一组的［202，265］表示该组含有数值 202 和 265，即包含下限值和上限值；(265，328］表示该组不包含下限值 265，但包含上限值 328；依此类推。

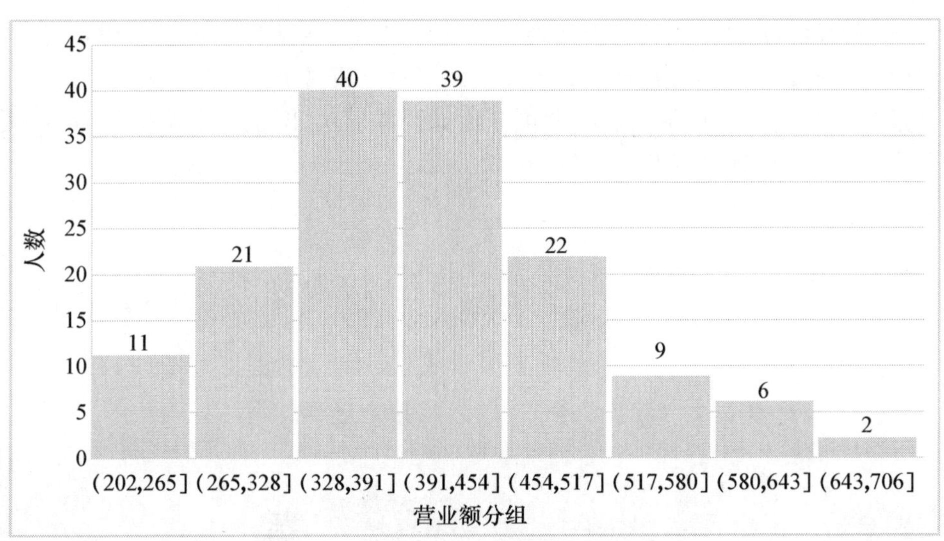

图 3-10　150 个出租车司机某天营业额分布的直方图（默认）

图 3-10 显示，营业额的分布主要集中在 328～454 元之间，以此为中心两侧依次减少，基本上呈现对称分布，但右边的尾部比左边的尾部稍长一些，表示营业额的分布有一定程度的右偏。

Excel 在绘制本例数据的直方图时，默认将数据分成 8 组，绘制出 8 个箱子（条）。根据需要，可以对直方图进行修改。比如，如果要将数据分成组距为 50 的组，再绘制直方图，可以双击分组标签，在右侧弹出的【设置坐标轴格式】下点击【箱宽度】，在后面写入箱宽度（组距）的值 50 即可。也可以点击【箱数】，在后面写入要分的组数，比如，分成 20 组，等等。将数据分成组距为 50 的组，绘制直方图如图 3-11 所示。

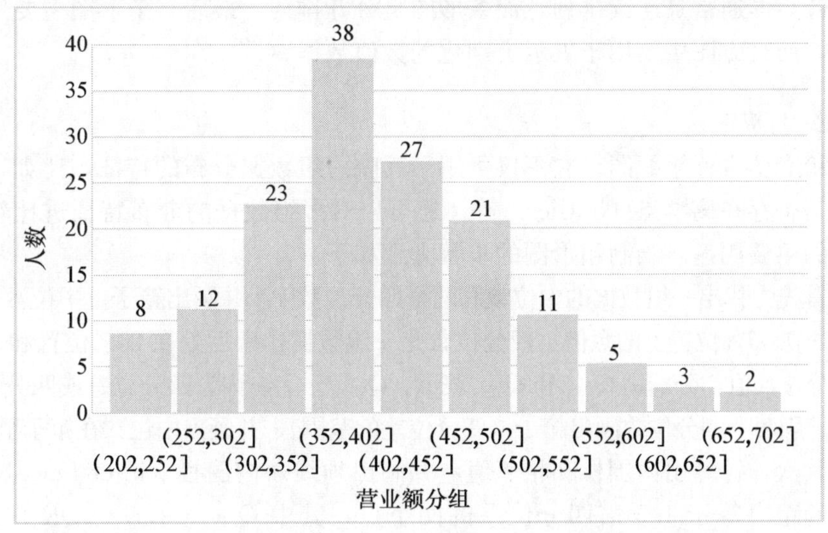

图 3-11　150 个出租车司机某天营业额分布的直方图（组距为 50）

如果数据集中有远离其他值的极小值或极大值，按相同的组距或箱数绘制的直方图就会出现空白组。假定例 2-4 的数据中最小值为 80，最大值为 850，这时按组距为 50 或箱数为 10 绘制的直方图就会出现空白组。为避免出现空白组，可以在【设置坐标轴格式】下点击【溢出箱】（有极大值时）或【下溢箱】（有极小值时），并写入要截断的组的下限值和上限值即可。比如，在【溢出箱】后写入 700，在【下溢箱】后写入 200，绘制的直方图如图 3-12 所示。

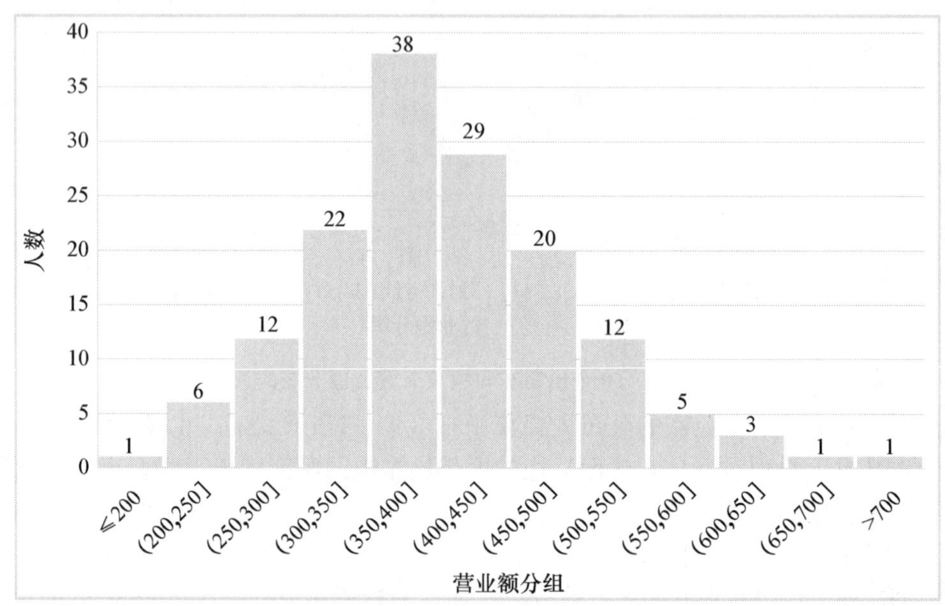

图 3-12 150 个出租车司机某天营业额分布的直方图（组距为 50，下溢箱为 200，溢出箱为 700）

注意：直方图与条形图不同。首先，条形图中的每个矩形表示一个类别，其宽度没有意义，而直方图的宽度表示各组的组距。其次，由于分组数据具有连续性，直方图的各矩形通常是连续排列，而条形图是分开排列。最后，条形图主要用于展示类别数据，而直方图主要用于展示类别化的数值数据。

2. 箱形图

箱形图也称箱线图，它不仅可用于反映一组数据分布的特征，比如，分布是否对称，是否存在**离群点**（outlier）等，还可以对多组数据的分布特征进比较，这也是箱形图的主要用途。绘制箱形图的步骤大致如下：

首先，找出一组数据的中位数和两个四分位数①，并画出箱子。中位数是一组数据排序后处在 50%位置上的数值。四分位数是一组数据排序后处在 25%位置和 75%位置上的两个分位数值，分别用 $Q_{25\%}$ 和 $Q_{75\%}$ 表示。$Q_{75\%}-Q_{25\%}$ 称为四分位差或四分位距，用 IQR 表示。用两个四分位数画出箱子（四分位差的范围），并画出中位数在箱子里面的位置。

其次，计算出内围栏和相邻值，并画出须线。**内围栏**（inter fence）是与 $Q_{25\%}$ 和 $Q_{75\%}$ 的距离等于 1.5 倍四分位差的两个点，其中 $Q_{25\%}-1.5\times IQR$ 称为下内围栏，$Q_{75\%}+1.5\times IQR$ 称为上内围栏。上下内围栏一般不在箱形图中显示，只是作为确定

① 这些统计量将在第 4 章详细介绍。

离群点的界限。①然后找出上下内围栏之间的最大值和最小值（即非离群点的最大值和最小值），称为**相邻值**（adjacent value），其中 $Q_{25\%}-1.5\times IQR$ 范围内的最小值称为下相邻值，$Q_{75\%}+1.5\times IQR$ 范围内的最大值称为上相邻值。用直线将上下相邻值分别与箱子连接，称为**须线**（whiskers）。

最后，找出离群点，并在图中单独标出。离群点是大于上内围栏或小于下内围栏的数值，也称**外部点**（outside value），在图中用“○”单独标出。

箱形图的一般形式如图 3－13 所示。

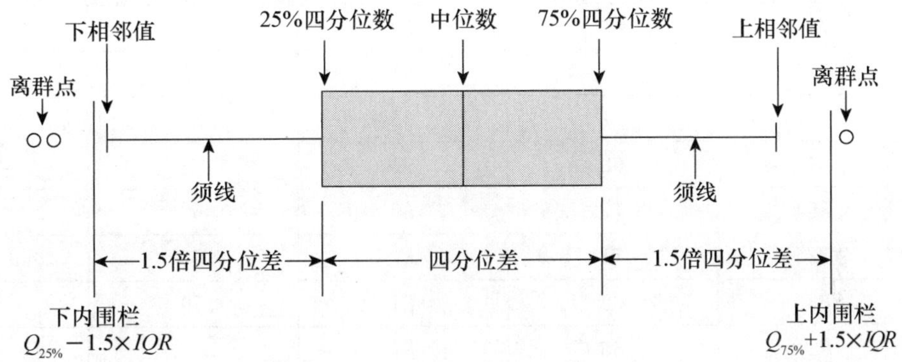

图 3－13　箱形图的示意图

通过箱形图的形状可以看出数据分布的特征。图 3－14 显示了几种不同的箱形图及其所对应的分布形状。

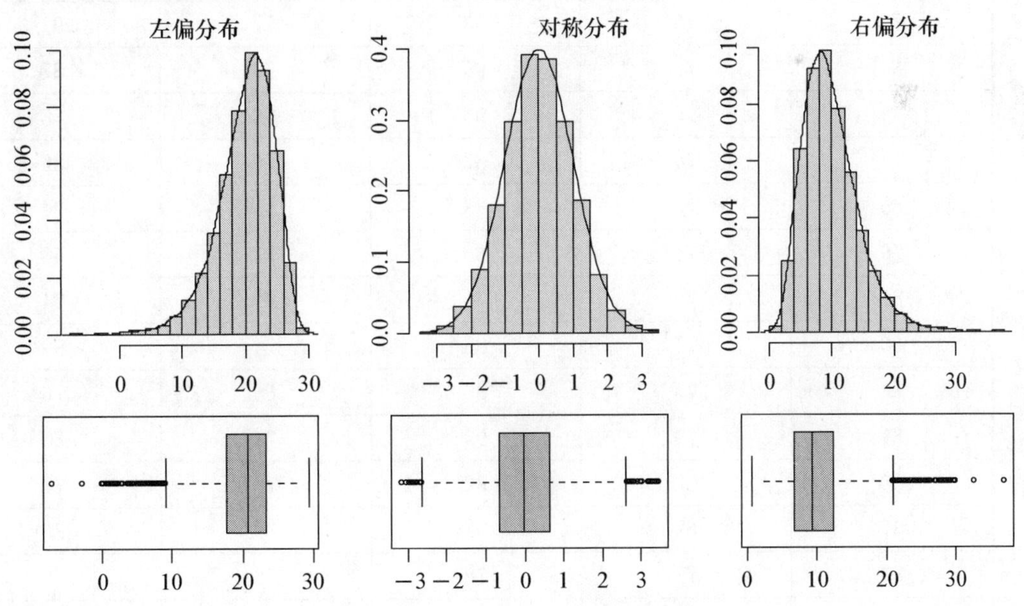

图 3－14　不同分布对应的箱形图

① 也可以设定 3 倍的四分位差作为围栏，称为外围栏（outer fence），其中 $Q_{25\%}-3\times IQR$ 称为下外围栏，$Q_{75\%}+3\times IQR$ 称为上外围栏。外围栏也不在箱线图中显示。在外围栏之外的数据也称为极值（extreme）。Excel 默认根据内围栏确定相邻值。

下面通过一个例子说明用 Excel 绘制箱形图的方法。

例 3-3

从某大学的 5 个学院中各随机抽取 30 名学生，得到英语考试分数的数据如表 3-2 所示。绘制箱形图，分析不同学院学生英语考试分数的分布特征。

表 3-2　5 个学院各 30 名学生的英语考试分数

经济学院	法学院	商学院	理学院	统计学院
74	83	90	70	78
77	81	95	73	74
78	71	95	80	86
84	68	91	75	66
85	77	60	60	80
72	71	87	75	91
83	62	84	79	78
92	68	81	69	79
55	75	70	76	85
72	78	92	75	76
76	82	82	64	73
76	78	83	77	91
84	75	90	76	87
78	76	96	78	78
74	74	87	76	86
85	70	88	65	71
79	74	86	81	68
81	79	91	79	74
80	71	85	74	90
58	73	86	66	76
81	79	95	74	80
80	82	82	73	77
87	67	92	80	86
81	76	78	76	75
74	77	85	67	79
85	76	93	83	72
69	75	86	72	89

续表

经济学院	法学院	商学院	理学院	统计学院
77	66	78	73	84
81	76	92	70	69
79	69	83	90	84

解：用 Excel 绘制箱形图时，先将光标放在任意数据单元格，然后点击【插入】→【插入统计图表】，选择【箱形图】，即可绘制出箱形图。根据需要再对图形做必要的修改，比如，选择不同的箱形图式样、更改坐标轴刻度、添加坐标轴标题、添加箱形图的频数标签等，如图 3-15 所示。

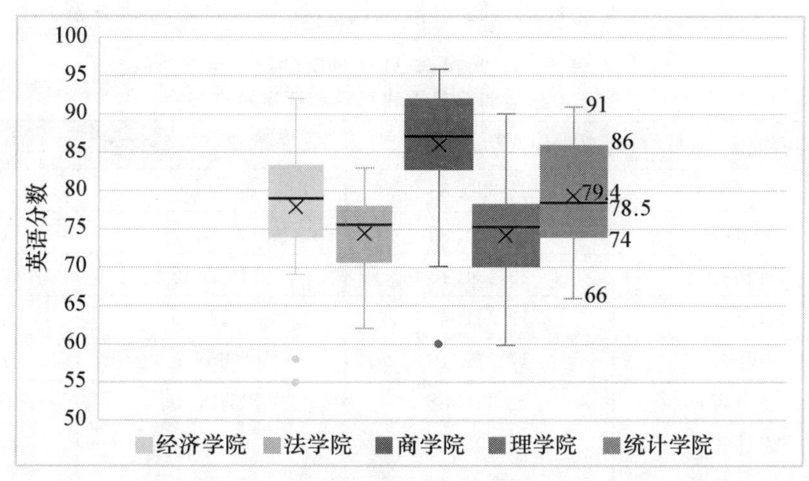

图 3-15　5 个学院各 30 名学生英语考试分数的箱形图

图 3-15 中，在统计学院的箱形图中添加了数据标签，其中显示了中位数 (78.5)、25%位置上的分位数 (74)、75%位置上的分位数 (86)、上相邻值 (91)、下相邻值 (66)，在"×"位置上显示的是平均数 (79.4)。

图 3-15 显示，英语分数的整体水平（中位数或平均数）最高的是商学院，其次是经济学院和统计学院（二者差异不大），较低的是法学院和理学院（二者差异不大）。从分布形状看，除统计学院外，其他 4 个学院的平均数都低于中位数，表示英语分数的分布呈现一定的左偏分布，其中，经济学院的箱形图中出现了 2 个离群点，商学院出现了 1 个离群点（通过添加数据标签可观察结果），统计学院的分数则大致对称。

3.2.2　散点图和气泡图

展示变量间关系的图形主要有散点图以及作为散点图变种的气泡图。

1. 散点图

散点图（scatter diagram）是用二维坐标中两个变量各取值点的分布展示变量之间关系的图形。设坐标横轴代表变量 x，纵轴代表变量 y（两个变量的坐标轴可以互换），每对数据（x_i，y_i）在坐标系中用一个点表示，n 对数据点在坐标系中形成的点图称为散点图。利用散点图可以观察变量之间是否有关系、有什么样的关系以及关系的大致强度等。

例 3-4

表 3-3 是我国 31 个地区 2014 年的地区生产总值（按收入法计算）、社会消费品零售总额和固定资产投资数据。绘制散点图并观察它们之间的关系。

表 3-3　2014 年 31 个地区的地区生产总值、社会消费品零售总额和固定资产投资

单位：亿元

地区	地区生产总值	社会消费品零售总额	固定资产投资
北京市	21 330.83	9 638.0	6 924.23
天津市	15 726.93	4 738.7	10 518.19
河北省	29 421.15	11 820.5	26 671.92
山西省	12 761.49	5 717.9	12 354.53
内蒙古	17 770.19	5 657.6	17 591.83
辽宁省	28 626.58	11 857.0	24 730.80
吉林省	13 803.14	6 080.9	11 339.62
黑龙江	15 039.38	7 015.3	9 828.99
上海市	23 567.70	9 303.5	6 016.43
江苏省	65 088.32	23 458.1	41 938.62
浙江省	40 173.03	17 835.3	24 262.77
安徽省	20 848.75	7 957.0	21 875.58
福建省	24 055.76	9 346.7	18 177.86
江西省	15 714.63	5 292.6	15 079.26
山东省	59 426.59	25 111.5	42 495.55
河南省	34 938.24	14 005.0	30 782.17
湖北省	27 379.22	12 449.3	22 915.30
湖南省	27 037.32	10 723.5	21 242.92
广东省	67 809.85	28 471.1	26 293.93
广西	15 672.89	5 772.8	13 843.22
海南省	3 500.72	1 224.5	3 112.23
重庆市	14 262.60	5 710.7	12 285.42
四川省	28 536.66	12 393.0	23 318.57

续表

地区	地区生产总值	社会消费品零售总额	固定资产投资
贵州省	9 266.39	2 936.9	9 025.75
云南省	12 814.59	4 632.9	11 498.53
西藏	920.83	364.5	1 069.23
陕西省	17 689.94	5 918.7	17 191.92
甘肃省	6 836.82	2 668.3	7 884.13
青海省	2 303.32	620.8	2 861.23
宁夏	2 752.10	737.2	3 173.79
新疆	9 273.46	2 436.5	9 447.74

资料来源：国家统计局网站，www. stats. gov. cn.

解：如果想观察 3 个变量两两之间的关系，可以分别绘制出 3 个散点图。这里只绘制出地区生产总值与社会消费品零售总额、地区生产总值与固定资产投资两个散点图，如图 3－16 和图 3－17 所示。

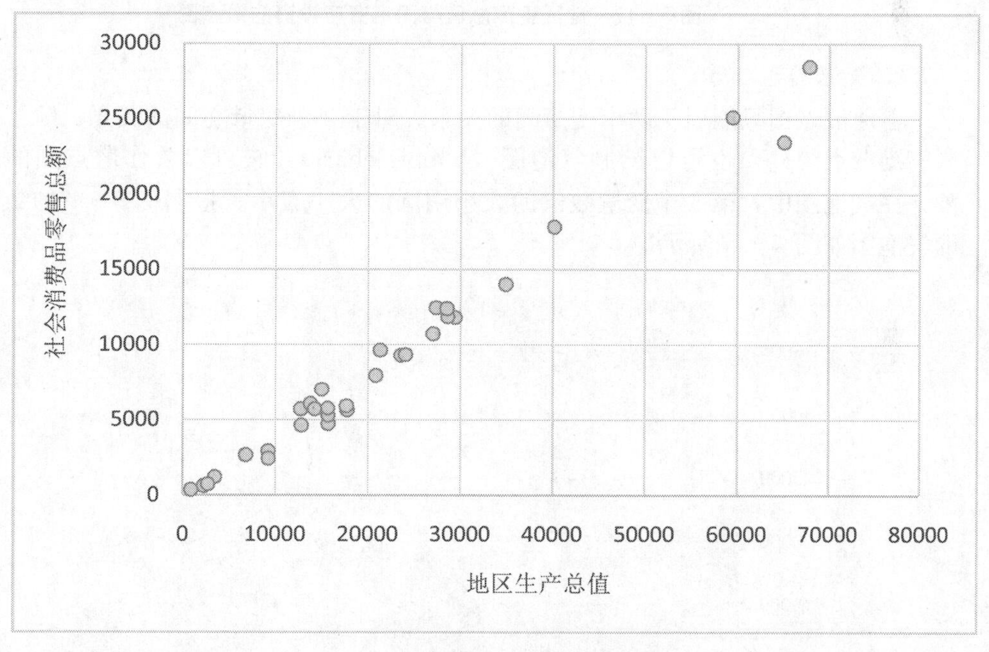

图 3－16　地区生产总值与社会消费品零售总额的散点图

图 3－16 显示，随着地区生产总值的增加，社会消费品零售总额增加，表明二者之间具有明显的线性关系。图 3－17 显示出地区生产总值与固定资产投资之间也具有线性关系，但有的地区的固定资产投资并不是最多的，地区生产总值却是最高的，这个点就是广东省（图中标示出数据的点）。这说明广东的地区生产总值并不是完全靠投资拉动的，因为广东的各产业较为成熟，地区生产总值的增长不再主要依靠投资拉动。

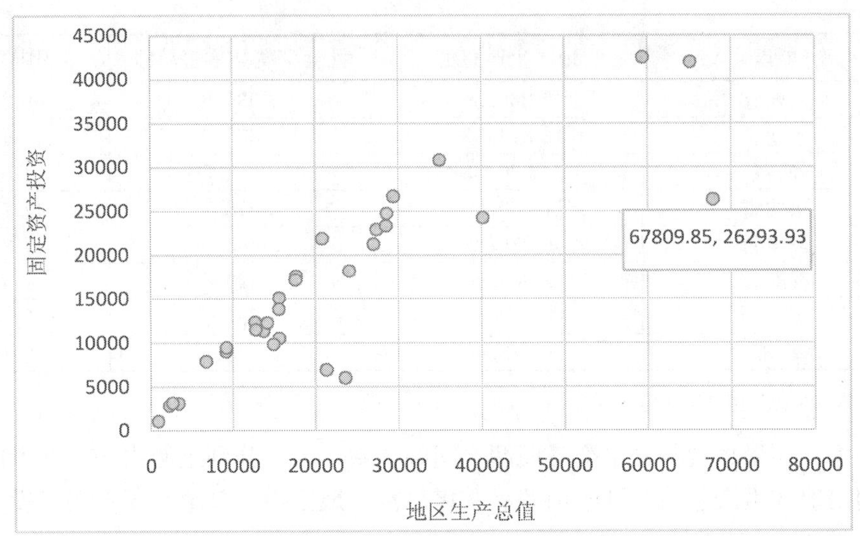

图 3-17　地区生产总值与固定资产投资的散点图

2. 气泡图

普通散点图只能展示两个变量间的关系。对于 3 个变量之间的关系，除了可以绘制三维散点图外，也可以绘制**气泡图**（bubble chart），它可以看作散点图的一个变种。在气泡图中，第 3 个变量数值的大小用圆的大小表示。根据例 3-4 的数据绘制的气泡图如图 3-18所示。

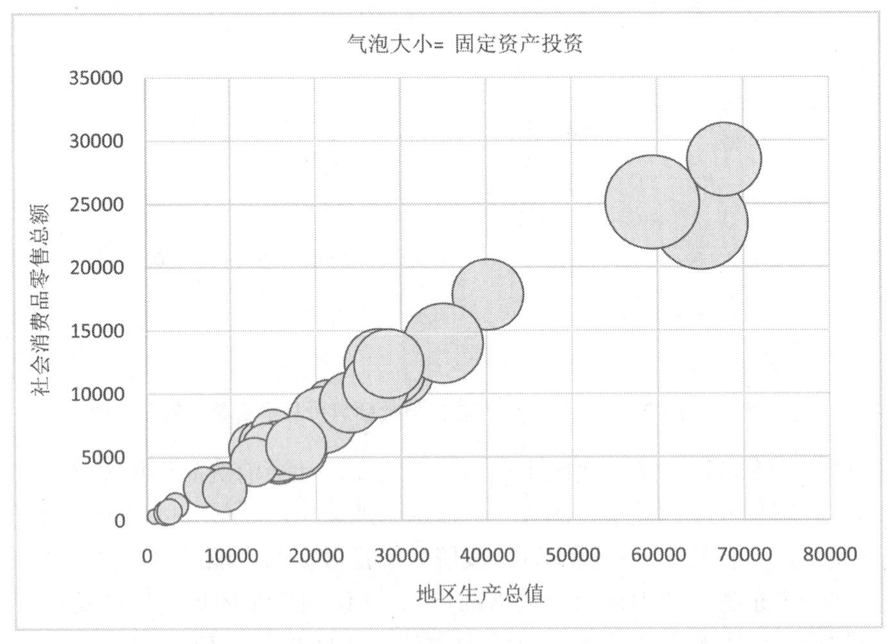

图 3-18　地区生产总值与社会消费品零售总额和固定资产投资的气泡图

图3－18显示，地区生产总值与社会消费品零售总额的各对数据点基本上在一条直线周围分布，表明二者之间具有线性关系。气泡的大小表示固定资产投资的多少，可以看出，随着地区生产总值和社会消费品零售总额的增加，气泡变大，表示固定资产投资与地区生产总值和社会消费品零售总额之间也为线性关系。

3.2.3　雷达图和轮廓图

假定一个集团公司在10个地区有销售分公司，每个公司都有销售人员数、销售额、销售利润、所在地区的人口数、当地的人均收入等数据。如果你想知道10家分公司在上述几个变量上的差异或相似程度，该用什么图形进行展示呢？这里涉及10个样本的5个变量，显然无法使用二维坐标进行图示。利用雷达图和轮廓图则可以做到这一点。

1. 雷达图

从一个点出发，用一条射线代表一个变量，多个变量的数据点连接成线，即围成一个区域，多个样本围成多个区域，就是**雷达图**（radar chart）。利用雷达图可以研究多个样本之间的相似程度。

例3－5

表3－4是2010年按收入等级划分的中国城镇居民家庭平均每人全年消费性支出数据。绘制雷达图，比较不同收入等级的家庭消费支出的特点和相似性。

表3－4　2010年按收入等级划分的中国城镇居民家庭平均每人全年消费性支出 单位：元

支出项目	东部地区	中部地区	西部地区	东北地区
食品	6 329.16	4 710.73	5 121.50	4 730.34
衣着	1 754.98	1 535.81	1 618.17	1 778.85
居住	1 635.17	1 235.30	1 162.23	1 339.45
家庭设备及用品	1 205.20	870.73	916.00	841.70
交通通信	2 838.34	1 534.34	1 699.59	1 642.75
文教娱乐	2 360.19	1 475.51	1 447.33	1 443.02
医疗保健	1 033.13	855.99	880.45	1 144.63
其他	713.88	428.56	490.65	570.51

资料来源：国家统计局网站，www.stats.gov.cn.

解：由Excel绘制的雷达图如图3－19和图3－20所示。

图3－19用于比较不同地区在各项消费性支出上的相似性。由该图可以得到以下几点结论：四个地区城镇居民的消费性支出中，食品支出都是最多的，其他支出则是最少的；东部地区城镇居民的各项支出额普遍高于其他三个地区，中部、西部和东北地区的各项支出则相差不大；雷达图所围成的形状十分相似，说明四个地区的消费结构有很大的相似性。

为分析各支出项目在不同地区的相似性，可以用支出项目作为样本来绘制雷达图，如图 3-20 所示。

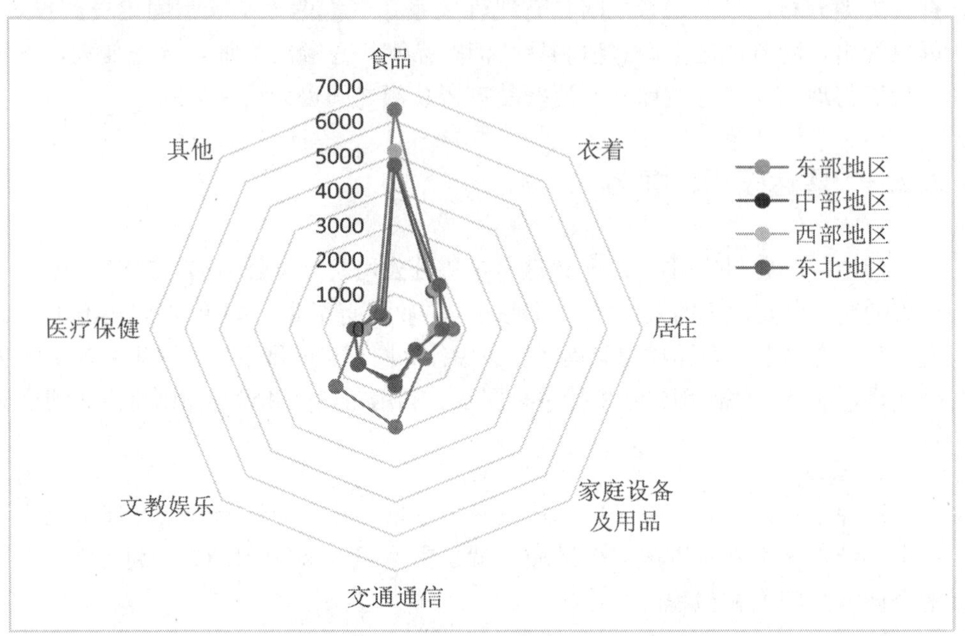

图 3-19　东部、中部、西部及东北地区城镇居民家庭平均每人全年消费性支出的雷达图

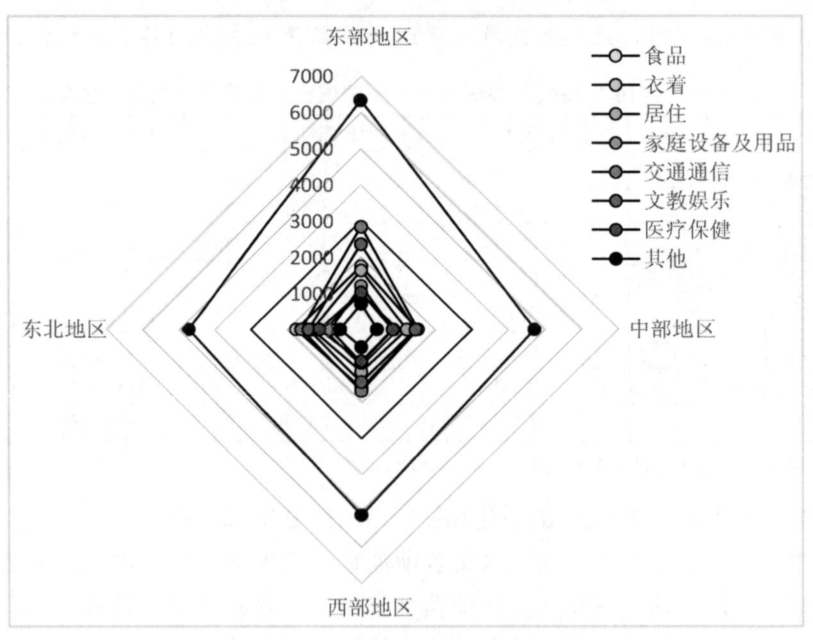

图 3-20　不同支出项目的雷达图

图 3-20 显示，在各支出项目中，食品支出明显高于其他各项支出，其他几项支出的差异不是很大。从雷达图围成的形状看，不同支出项目在地区的构成上十分相似。

2. 轮廓图

轮廓图（outline chart）也称平行坐标图或多线图，它是用横轴表示各样本，纵轴表示各样本多个变量的取值，将不同样本的同一变量的取值用折线连接而成。

例如，根据例 3-5 中的数据，将各项支出作为横轴的轮廓图如图 3-21 所示，将各地区作为横轴的轮廓图如图 3-22 所示。

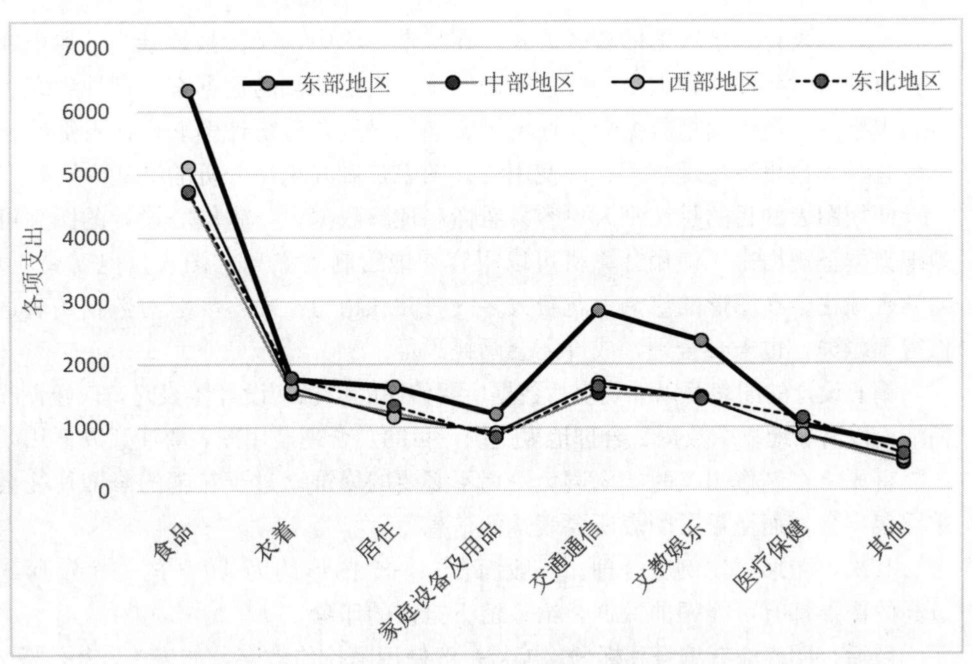

图 3-21　不同地区人均消费性支出的轮廓图

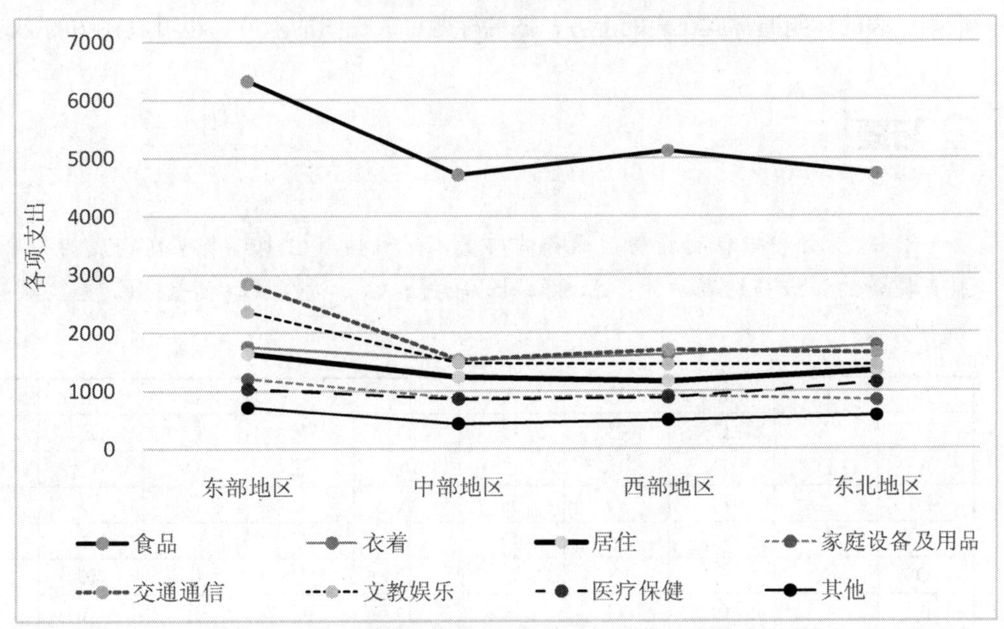

图 3-22　不同消费项目人均消费性支出的轮廓图

图 3-21 和图 3-22 显示的结论与雷达图一致，即四个地区在各项消费性支出的结构上十分相似；各项支出在不同地区的构成上十分相似。

3.3 合理使用图表

统计图表是展示数据的有效方式。在日常生活中，阅读报纸杂志、看电视、访问计算机网络时都能看到大量的统计图表。统计表把杂乱的数据有条理地组织在一张简明的表格内，统计图把数据形象地展示出来。显然，看统计图表要比看那些枯燥的数字更有趣，也更容易理解。合理使用统计图表是做好统计分析的最基本技能。

使用图表的目的是让别人更容易看懂和理解数据。一张精心设计的图表可以有效地把数据呈现出来。使用计算机可以很容易地绘制出漂亮的图表，但需要注意的是，初学者往往会在图形的修饰上花费太多的时间和精力，而不注意对数据的表达。这样做得不偿失，也未必合理，或许还会画蛇添足。

精心设计的图表可以准确表达数据所要传递的信息。设计图表时，应绘制得尽可能简洁，以清晰地显示数据、合理地表达统计目的。合理使用图表要注意以下几点。

首先，在制作图表时，应避免一切不必要的修饰。过于花哨的修饰往往会使人注重图表本身，而掩盖了图表所要表达的信息。

其次，图形的比例应合理。一般而言，一个图形约为 4∶3 的一个矩形，过长或过高的图形都有可能歪曲数据，给人留下错误的印象。

最后，图表应有编号和标题。编号一般使用阿拉伯数字，如表 1、表 2 等。图表的标题应明示表中数据的时间（when）、地点（where）和内容（what），即通常所说的 3W 准则。表的标题通常放在表的上方；图的标题可放在图的上方，也可放在图的下方。

□ 习题

3.1 为评价电信行业售后服务的质量，随机抽取由 100 个家庭构成的一个样本。服务质量的等级分别表示为：A. 好；B. 较好；C. 一般；D. 较差；E. 差。调查结果如下：

B	E	C	C	A	D	C	B	A	E
D	A	C	B	C	D	E	C	E	E
A	D	B	C	C	A	E	D	C	B
B	A	C	D	E	A	B	D	D	C
C	B	C	E	D	B	C	C	B	C
D	A	C	B	C	D	E	C	E	B
B	E	C	C	A	D	C	B	A	E

B	A	C	D	E	A	B	D	D	C
A	D	B	C	C	A	E	D	C	B
C	B	C	E	D	B	C	C	B	C

制作频数分布表，并分别绘制条形图和饼图，反映评价等级的分布和构成。

3.2 将考试分数分为5个等级，其中：90分及以上为优秀，80～90分为良好，70～80分为中等，60～70分为及格，60分以下为不及格。下表是甲乙两个班学生的统计学考试分数汇总结果。

考试成绩	人数	
	甲班	乙班
90分及以上	3	6
80～90分	6	15
70～80分	18	9
60～70分	9	8
60分以下	4	2

(1) 绘制复式条形图，分析两个班各等级考试人数的分布。

(2) 绘制环形图，比较两个班不同等级考试人数的构成。

(3) 绘制直方图，比较两个班不同等级考试人数分布的特点。

3.3 下表是2011年四个直辖市的地区生产总值构成（单位：亿元），绘制环形图加以比较。

地区	劳动者报酬	生产税净额	固定资产折旧	营业盈余
北京	7 992.38	2 566.16	2 155.80	3 537.59
天津	4 378.14	1 771.81	1 416.06	3 741.27
上海	7 709.62	3 713.40	2 298.34	5 474.33
重庆	4 930.41	1 486.41	1 068.85	2 525.70

3.4 为分析网上购物人员的年龄构成，对2 000个网上购物人员进行调查，得到不同年龄段的人员构成如下。

年龄	人员构成（%）
20岁以下	1.9
20～25岁	34.7
25～30岁	34.1
30～35岁	17.2
35～40岁	6.4
40～45岁	2.7
45～50岁	1.8
50岁及以上	1.2

绘制直方图，分析年龄构成的特点。

3.5 下面是随机调查的40名学生及其父母的身高数据（单位：cm）。

子女身高	父亲身高	母亲身高	子女身高	父亲身高	母亲身高
171	166	158	155	165	157
174	171	158	161	182	165
177	179	168	166	166	156
178	174	160	170	178	160
180	173	162	158	173	160
181	170	160	160	170	165
159	168	153	160	171	150
169	168	153	162	167	158
170	170	167	165	175	160
170	170	160	168	172	162
175	172	160	170	168	163
175	175	165	153	163	152
178	174	160	156	168	155
173	170	160	158	174	155
181	178	165	160	170	162
164	175	161	162	170	158
167	163	166	163	173	160
168	168	155	165	172	161
170	170	160	166	181	158
170	172	158	170	180	165

(1) 绘制子女身高的直方图，分析其分布特征。

(2) 绘制子女身高、父亲身高和母亲身高的箱形图，比较其分布特征。

(3) 分别绘制子女身高与父亲身高和母亲身高的散点图，说明它们之间的关系。

(4) 以子女身高作为气泡大小，绘制气泡图，分析子女身高与父亲身高和母亲身高的关系。

3.6 下表是 2010 年按收入等级划分的城镇居民家庭平均每人全年消费性支出(单位：元)。

支出项目	最低收入户（10%）	低收入户（10%）	中等偏下户（20%）	中等收入户（20%）	中等偏上户（20%）	高收入户（10%）	最高收入户（10%）
食品	2 525.32	3 246.69	3 946.00	4 773.83	5 710.14	6 756.00	8 535.21
衣着	513.56	804.73	1 076.03	1 408.10	1 786.57	2 226.70	3 148.85
居住	656.28	775.10	1 009.97	1 260.28	1 504.21	1 999.99	3 014.65
家庭设备及用品	288.55	427.16	600.94	833.59	1 110.95	1 500.24	2 380.63
医疗保健	405.29	478.30	637.75	864.67	1 060.13	1 313.60	1 842.83
交通通信	448.25	669.08	1 051.75	1 620.62	2 357.96	3 630.63	6 770.31
文教娱乐	502.61	746.67	1 037.97	1 421.25	2 001.47	2 739.70	4 515.23
其他	131.98	212.45	288.80	427.09	608.93	833.53	1 553.92

绘制雷达图和轮廓图，比较不同收入等级消费结构的特点。

第 4 章 Chapter 4 数据的描述统计量

思考一下

- 如果用一个值代表一个地区的收入水平，你是用平均数还是用中位数？
- “双十一”每个人网购金额的标准差是 500 元，平时是 400 元，你认为是“双十一”网购金额的差异大，还是平时网购金额的差异大？
- 假定你们班的统计学考试平均分数是 80 分，标准差是 5 分，而你的考试分数是 90 分，你的考试分数距离平均数有几个标准差？
- 你可以手工计算 30 人的平均上网时间，但你能手工计算 300 万人的平均上网时间吗？

利用图表可以对数据分布的形状和特征有一个大致了解，但要更详细地分析数据的特征，还需要用相应的统计量进行描述。数据分布的特征可以从三个方面进行描述：一是数据的水平，反映全部数据的数值大小；二是数据的差异，反映各数据间的离散程度；三是分布的形状，反映数据分布的偏度和峰度。本章主要介绍描述样本特征的统计量的计算方法、特点及其应用场合。

4.1 描述水平的统计量

数据的水平是指其取值的大小。描述数据水平的样本统计量主要有平均数、分位数和众数等。

4.1.1 平均数

平均数（mean）也称均值，它是一组数据相加后除以数据的个数得到的结果。样本平均数是度量数据水平的常用统计量，在参数估计和假设检验中经常用到。

设一组样本数据为 x_1，x_2，…，x_n，样本量（样本数据的个数）为 n，则样本平均数用 $\bar{x}$（读作 x-bar）表示，计算公式为①：

$$\bar{x}=\frac{x_1+x_2+\cdots+x_n}{n}=\frac{\sum_{i=1}^{n}x_i}{n} \tag{4.1}$$

式（4.1）也表示**简单平均数**（simple mean）。

例 4-1

随机抽取 20 个年龄在 18～25 周岁之间的成年人，得到的身高数据如表 4-1 所示。计算 20 人的平均身高。

表 4-1　20 人的身高数据　　单位：cm

176	165	182	174	177
170	178	174	176	169
176	165	185	175	170
180	164	179	162	173

解：根据式（4.1）有

$$\bar{x}=\frac{176+165+\cdots+162+173}{20}=\frac{3\ 470}{20}=173.5$$

样本平均数的计算可以由 Excel 中的【AVERAGE】函数来完成，操作步骤如文本框 4-1 所示。

文本框 4-1　　用 Excel 计算样本平均数

用【AVERAGE】函数计算样本平均数

第 1 步：将光标放在任意空白单元格，然后点击【公式】，点击插入函数【fx】。

第 2 步：在【选择类别】中选择【统计】，并在【选择函数】中点击【AVERAGE】，单击【确定】。

第 3 步：在【Number1】中选择所要计算平均数的数据区域，然后单击【确定】。

① 如果有总体的全部数据 x_1，x_2，…，x_N，总体平均数用 μ 表示，其计算公式为 $\mu=\frac{x_1+x_2+\cdots+x_N}{N}=\frac{\sum_{i=1}^{N}x_i}{N}$。

如果样本数据被分成 k 组，各组的组中值（一个组的中间值，是组的下限值与上限值的平均数）分别用 M_1，M_2，…，M_k 表示，各组的频数分别用 f_1，f_2，…，f_k 表示，则样本平均数的计算公式为：

$$\bar{x}=\frac{M_1f_1+M_2f_2+\cdots+M_kf_k}{f_1+f_2+\cdots+f_k}=\frac{\sum_{i=1}^{k}M_if_i}{n} \tag{4.2}$$

式（4.2）也表示**加权平均数**（weighted mean）①。

例 4-2

沿用第 2 章例 2-4。根据表 2-9 的分组数据，计算营业额的平均数。

解：计算过程见表 4-2。

表 4-2　150 个出租车司机某天营业额的加权平均数计算表

营业额分组	组中值（M_i）	人数（f_i）	$M_i f_i$
200～250	225	7	1 575
250～300	275	11	3 025
300～350	325	22	7 150
350～400	375	38	14 250
400～450	425	29	12 325
450～500	475	20	9 500
500～550	525	12	6 300
550～600	575	6	3 450
600～650	625	3	1 875
650～700	675	2	1 350
合计	—	150	60 800

根据式（4.2）得

$$\bar{x}=\frac{\sum_{i=1}^{k}M_if_i}{n}=\frac{60\,800}{150}=405.33$$

4.1.2　分位数

一组数据按从小到大排序后，找出排在某个位置上的数值，并用该数值代表数据水平的高低，这些位置上的数值就是相应的**分位数**（quantile），包括中位数、四分位数、百分位数等。

---

① 如果总体数据被分成 k 组，各组的组中值分别用 $M_1,M_2,\cdots,M_k$ 表示，各组数据出现的频数分别用 $f_1,f_2,\cdots,f_k$ 表示，则总体加权平均数的计算公式为 $\mu=\frac{M_1f_1+M_2f_2+\cdots+M_kf_k}{f_1+f_2+\cdots+f_k}=\frac{\sum_{i=1}^{k}M_if_i}{N}$。

1. 中位数

中位数（median）是一组数据排序后处在中间位置上的数值，用 M_e 表示。中位数是用一个点将全部数据等分成两部分，每部分包含 50%的数据，一部分数据比中位数大，另一部分数据比中位数小。中位数是用中间位置上的值代表数据的水平，其特点是不受极端值的影响，在研究收入分配时很有用。

计算中位数时，要先对 n 个数据从小到大进行排序，然后确定中位数的位置，最后确定中位数的具体数值。如果位置是整数值，中位数就是该位置所对应的数值；如果位置是整数加 0.5 的数值，中位数就是该位置两侧值的平均值。

设一组数据 x_1，x_2，…，x_n 按从小到大排序后为 $x_{(1)}$，$x_{(2)}$，…，$x_{(n)}$，则中位数就是 $(n+1)/2$ 位置上的值。计算公式为：

$$M_e=\begin{cases} x_{\left(\frac{n+1}{2}\right)}, & n\text{为奇数} \\ \frac{1}{2}\left\{x_{\left(\frac{n}{2}\right)}+x_{\left(\frac{n}{2}+1\right)}\right\}, & n\text{为偶数} \end{cases} \tag{4.3}$$

例 4-3

沿用例 4-1。计算 20 人身高的中位数。

解：首先，将 20 人的身高数据排序，结果如下：

162	164	165	165	169	170	170	173	174	174
175	176	176	176	177	178	179	180	182	185

其次，确定中位数的位置：$(20+1)\div 2=10.5$，中位数是排序后的第 10.5 位置上的数值，即中位数在第 10 个数值（174）和第 11 个数值（175）中间（0.5）的位置上。因此 $(174+175)/2=174.5$。

中位数的计算可以由 Excel 中的【MEDIAN】函数来完成，操作步骤如文本框 4-2 所示。

文本框 4-2　　用 Excel 计算中位数

用【MEDIAN】函数计算中位数

第 1 步：将光标放在任意空白单元格，然后点击【公式】，点击插入函数【fx】。

第 2 步：在【选择类别】中选择【统计】，并在【选择函数】中点击【MEDIAN】，单击【确定】。

第 3 步：在【Number1】中选择所要计算中位数的数据区域，然后单击【确定】。

2. 四分位数

四分位数（quartile）是一组数据排序后处于25%和75%位置上的数值。它是用3个点将全部数据等分为4部分，其中每部分包含25%的数据。很显然，中间的四分位数就是中位数，因此通常所说的四分位数是指处在25%位置上和处在75%位置上的两个数值。

与中位数的计算方法类似，计算四分位数时，首先对数据进行排序，然后确定四分位数所在的位置，该位置上的数值就是四分位数。与中位数不同的是，四分位数位置的确定方法有多种①，每种方法得到的结果可能会有一定差异，但差异不会很大（一般相差不会超过一个位次）。由于不同软件使用的计算方法可能不一样，因此，对同一组数据用不同软件得到的四分位数结果也可能会有差异，但不会影响分析的结论。

设25%位置上的四分位数为$Q_{25\%}$，75%位置上的四分位数为$Q_{75\%}$，Excel计算四分位数位置的公式为：

$$Q_{25\%}\text{位置}=\frac{n+3}{4},\quad Q_{75\%}\text{位置}=\frac{3n+1}{4} \tag{4.4}$$

如果四分位数是在整数的位置上，则取该位置对应的数值；如果是在整数加0.5的位置上，则取该位置两侧数值的平均数；如果是在整数加0.25或0.75的位置上，则取该位置前面的数值加上按比例分摊的位置两侧数值的差值。

例4-4

沿用例4-1。计算20人身高的四分位数。

解：先对n个数据从小到大进行排序，然后计算出四分位数的位置：

$$Q_{25\%}\text{位置}=\frac{20+3}{4}=5.75,\quad Q_{75\%}\text{位置}=\frac{3\times 20+1}{4}=15.25$$

$Q_{25\%}$在第5个数值（169）和第6个数值（170）之间0.75的位置上，因此，$Q_{25\%}=169+0.75\times(170-169)=169.75$。

$Q_{75\%}$在第15个数值（177）和第16个数值（178）之间0.25的位置上，因此，$Q_{75\%}=177+0.25\times(178-177)=177.25$。

由于在$Q_{25\%}$和$Q_{75\%}$之间大约包含了50%的数据，就20人的身高而言，可以说大约有一半人的身高在169.75cm和177.25cm之间。

四分位数的计算可以由Excel中的【QUARTILE.INC】函数来完成，该函数可以计算一组数据的四分位数、中位数、最小值和最大值。操作步骤如文本框4-3所示。

① SPSS软件使用的四分位数位置的计算公式为：$Q_{25\%}$位置$=\frac{n+1}{4}$，$Q_{75\%}$位置$=\frac{3(n+1)}{4}$。

文本框4-3　　用Excel计算四分位数

用【QUARTILE. INC】函数计算四分位数

第1步：将光标放在任意空白单元格，然后点击【公式】，点击插入函数【fx】。

第2步：在【选择类别】中选择【统计】，并在【选择函数】中点击【QUARTILE. INC】，单击【确定】。

第3步：在【Array】中选择所要计算中位数的数据区域，在【Quart】后输入相应的数字以决定函数返回哪一个数值。

Quart等于0，返回最小值；

Quart等于1，返回第1个四分位数，即25%位置上的四分位数；

Quart等于2，返回中位数；

Quart等于3，返回第3个四分位数，即75%位置上的四分位数；

Quart等于4，返回最大值。

然后单击【确定】，即得到相应的分位数值。

注：使用函数【QUARTILE. EXC】也可以计算四分位数，但函数的参数不包含0和1，因此不返回最小值和最大值。

3. 百分位数

百分位数（percentile）是用99个点将数据分成100等份，所得到的处于各分位点上的数值。百分位数提供了各项数据在最小值和最大值之间分布的信息。

与四分位数类似，百分位数也有多种算法，每种算法的结果不尽相同，但差异不会很大。设$P_{i\%}$为第i个百分位数，Excel给出的第i个百分位数的位置的计算公式为：

$$P_{i\%}\text{位置}=\frac{i}{100}\times(n-1) \tag{4.5}$$

如果位置值是整数，百分位数就是该位置对应的数值；如果位置值不是整数，百分位数等于该位置前面的数值加上按比例分摊的位置两侧数值的差值。显然，中位数就是第50个百分位数$P_{50\%}$，$Q_{25\%}$和$Q_{75\%}$就是第25个百分位数$P_{25\%}$和第75个百分位数$P_{75\%}$。

 例4-5

沿用例4-1。计算20人身高的第5个和第90个百分位数。

解：先对n个数据从小到大进行排序，然后计算出百分位数的位置。根据式（4.5），第5个百分位数的位置为：

$$P_{5\%}\text{位置}=\frac{5}{100}\times(20-1)=0.95$$

Excel 将排序后的第 1 个数值位置设定为 0，其后一个数值位置设定为 1。因此，第 5 个百分位数在第 1 个值（162）和第 2 个值（164）之间 0.95 的位置上，$P_{5\%}=162+0.95\times(164-162)=163.9$。

第 90 个百分位数的位置为：

$$P_{90\%}\text{位置}=\frac{90}{100}\times(20-1)=17.1$$

因此，第 90 个百分位数在第 18 个值（180）和第 19 个值（182）之间 0.1 的位置上，$P_{90\%}=180+0.1\times(182-180)=180.2$。

使用 Excel 中的【PERCENTILE. INC】函数可以计算任意一个百分位数。该函数的格式为：PERCENTILE. INC(array，k)，其中 array 计算百分位数的数组或数据区域，k 为第 k 个百分点的值，取值在 0～1 之间，包含 0 和 1。操作步骤如文本框 4－4 所示。

文本框 4－4　　**用 Excel 计算百分位数**

用【PERCENTILE. INC】函数计算百分位数

第 1 步：将光标放在任意空白单元格，然后点击【公式】，点击插入函数【fx】。

第 2 步：在【选择类别】中选择【统计】，并在【选择函数】中点击【PERCENTILE. INC】，单击【确定】。

第 3 步：在【Array】中选择所要计算百分位数的数组或数据区域，在【K】后输入相应的数字以决定函数返回哪一个数值。K 为 0～1 之间的百分点值，包含 0 和 1。例如，$K=0$ 返回最小值，$K=1$ 返回最大值。$K=0.01$ 返回第 1 个百分位数；$K=0.25$ 返回 25% 位置上的四分位数（第 1 个四分位数）；$K=0.5$ 返回中位数；$K=0.75$ 返回 75% 位置上的四分位数（第 3 个四分位数）；等等。单击【确定】，即得到相应的分位数值。

4.1.3　众数

除平均数、中位数、四分位数和百分位数外，有时也会使用众数度量数据水平。**众数**（mode）是一组数据中出现频数最多的数值，用 M_o 表示。一般情况下，只有在数据量较大时众数才有意义。从分布的角度看，众数是一组数据分布的峰值点所对应的数值。如果数据的分布没有明显的峰值，众数可能不存在；如果有两个或多个峰值，也可以有两个或多个众数。

例 4－6

沿用例 4－1。计算 20 人身高的众数。

解：利用 Excel 中的【MODE. SNGL】函数可以计算一组数据的众数，操作步骤如文本框 4－5 所示。

文本框 4－5　　用 Excel 计算众数

用【MODE. SNGL】函数计算众数

第 1 步：将光标放在任意空白单元格，然后点击【公式】，点击插入函数【fx】。

第 2 步：在【选择类别】中选择【统计】，并在【选择函数】中点击【MODE. SNGL】，单击【确定】。

第 3 步：在【Number1】中选择所要计算中位数的数据区域，然后单击【确定】。

按文本框 4－5 的步骤得到的众数为 176。

平均数、分位数和众数是描述数据水平的几个主要统计量，实际应用中，用哪个统计量来代表一组数据的水平，取决于数据的分布特征。平均数易被多数人理解和接受，实际中用得也较多，但其缺点是易受极端值的影响。当数据的分布对称或偏斜程度不是很大时，应选择使用平均数。对于严重偏度分布的数据，平均数的代表性较差。由于中位数和众数不受极端值的影响，当数据分布的偏斜程度较大时，可以考虑选择中位数或众数，这时它们的代表性要比平均数好。

4.2 描述差异的统计量

假定有甲乙两个地区，甲地区的人均年收入为 20 000 元，乙地区的人均年收入为 15 000 元。你如何评价两个地区的收入状况？如果人均年收入的多少代表了该地区的生活水平，你能否认为甲地区所有人的平均生活水平就高于乙地区呢？要回答这些问题，首先需要弄清楚这里的平均收入能否代表大多数人的收入水平。如果甲地区有少数几个富翁，而大多数人的收入都很低，虽然平均收入很高，但多数人生活水平仍然很低。相反，如果乙地区多数人的收入水平都在 15 000 元左右，虽然平均收入看上去不如甲地区，但多数人的生活水平比甲地区高，原因是甲地区的收入离散程度大于乙地区。这个例子表明，仅仅知道数据取值的大小是远远不够的，还必须考虑数据之间的差异有多大。数据之间的差异就是数据的离散程度。数据的离散程度越大，各描述统计量对该组数据的代表性就越差；离散程度越小，其代表性就越好。

描述样本数据离散程度的统计量主要有全距、四分位距、方差和标准差以及测度相对离散程度的离散系数等。

4.2.1　全距和四分位距

1. 全距

全距（range）是一组数据的最大值与最小值之差，也称极差，用 R 表示。计算公式为：

$$R = \max(x) - \min(x) \tag{4.6}$$

例如，根据例 4-1 中的数据，计算 20 人身高的全距为：$R = 185 - 162 = 23$。由于全距只利用了一组数据两端的信息，容易受极端值的影响，不能全面反映数据的差异状况。虽然全距在实际中很少单独使用，但它总是作为分析数据离散程度的一个参考值。

2. 四分位距

四分位距（inter-quartile range）是一组数据 75%位置上的四分位数与 25%位置上的四分位数之差，也称四分位差，用 IQR 表示。计算公式为：

$$IQR = Q_{75\%} - Q_{25\%} \tag{4.7}$$

四分位距反映了中间 50%数据的离散程度；其数值越小，说明中间的数据越集中，数值越大，说明中间的数据越分散。四分位距不受极值的影响。此外，由于中位数处于数据的中间位置，因此，四分位距的大小在一定程度上也说明了中位数对一组数据的代表程度。

例如，根据例 4-4 计算 20 人身高的四分位距，$IQR = 177.25 - 169.75 = 7.5$。

4.2.2　方差和标准差

如果考虑每个数据 x_i 与其平均数 $\bar{x}$ 之间的差异，以此度量一组数据的离散程度，结果就要比全距和四分位距更全面准确。这就需要求出每个数据 x_i 与其平均数 $\bar{x}$ 离差的平均数。但由于 $(x_i - \bar{x})$ 之和等于 0，因此需要进行一定的处理。一种方法是将离差取绝对值，求和后再平均，这一结果称为**平均差**（mean deviation）或**平均绝对离差**（mean absolute deviation）；另一种方法是将离差平方后再求平均数，这一结果称为**方差**（variance）。方差开方后的结果称为**标准差**（standard deviation）。方差（或标准差）是实际中应用最广泛的测度数据离散程度的统计量。

设样本方差为 s^2，根据原始数据计算样本方差的公式为：

$$s^2 = \frac{\sum_{i=1}^{n}(x_i - \bar{x})^2}{n-1} \tag{4.8}$$

样本标准差的计算公式为：

$$s = \sqrt{\frac{\sum_{i=1}^{n}(x_i - \bar{x})^2}{n-1}} \tag{4.9}$$

如果原始数据被分成 k 组，各组的组中值分别为 M_1，M_2，…，M_k，各组的频数分别为 f_1，f_2，…，f_k，则加权样本方差的计算公式为①：

$$s^2=\frac{\sum_{i=1}^{k}(M_i-\bar{x})^2 f_i}{n-1} \tag{4.10}$$

加权样本标准差的计算公式为：

$$s=\sqrt{\frac{\sum_{i=1}^{k}(M_i-\bar{x})^2 f_i}{n-1}} \tag{4.11}$$

与方差不同的是，标准差具有量纲，它与原始数据的计量单位相同，其实际意义要比方差清楚。因此，在对实际问题进行分析时更多地使用标准差。

 **例 4－7**

沿用例 4－1。计算 20 人身高的方差和标准差。

解：根据式（4.8）得

$$s^2=\frac{(176-173.5)^2+(165-173.5)^2+\cdots+(173-173.5)^2}{20-1}=39.105\ 26$$

标准差为：

$$s=\sqrt{39.105\ 26}=6.253\ 42$$

使用 Excel 中的【VAR. S】函数可以计算一组样本数据的方差，使用【STDEV. S】函数可以计算样本标准差。操作步骤如文本框 4－6 所示。

文本框 4－6　　用 Excel 计算方差和标准差

用【VAR. S】函数和【STDEV. S】函数计算样本方差和标准差

第 1 步：将光标放在任意空白单元格，然后点击【公式】，点击插入函数【fx】。

第 2 步：在【选择类别】中选择【统计】，并在【选择函数】中点击【VAR. S】，单击【确定】。

第 3 步：在【Number1】中选择所要计算方差的数据区域，然后单击【确定】，即可得到样本方差（计算标准差时选择【STDEV. S】函数即可）。

注：计算总体方差的函数为【VAR. P】，计算总体标准差的函数为【STDEV. P】。

① 对于总体的 N 个数据，总体方差（population variance）用 σ^2 表示，计算公式为 $\sigma^2=\frac{\sum_{i=1}^{N}(x_i-\mu)^2}{N}$。对于分组数据，总体加权方差的计算公式为 $\sigma^2=\frac{\sum_{i=1}^{k}(M_i-\mu)^2 f_i}{N}$。开平方后即得到总体的加权标准差。注意：总体方差通常是不知道的，都是用样本方差 s^2 来推断。

 例 4-8

沿用第 2 章例 2-4。根据表 2-9 的分组数据，计算营业额的标准差。

解：计算过程见表 4-3。

表 4-3 150 个出租车司机某天营业额的加权标准差计算表

营业额分组	组中值 (M_i)	人数 (f_i)	$(M_i-\bar{x})^2$	$(M_i-\bar{x})^2 f$
200～250	225	7	−180.333 3	227 640.777 8
250～300	275	11	−130.333 3	186 854.555 6
300～350	325	22	−80.333 3	141 975.777 8
350～400	375	38	−30.333 3	34 964.222 2
400～450	425	29	19.666 7	11 216.555 6
450～500	475	20	69.666 7	97 068.888 9
500～550	525	12	119.666 7	171 841.333 3
550～600	575	6	169.666 7	172 720.666 7
600～650	625	3	219.666 7	144 760.333 3
650～700	675	2	269.666 7	145 440.222 2
合计	—	150	—	1 334 483.333 3

根据式 (4.11) 得

$$s=\sqrt{\frac{\sum_{i=1}^{k}(M_i-\bar{x})^2 f_i}{n-1}}=\sqrt{\frac{1\ 334\ 483.333\ 3}{150-1}}=94.637\ 549$$

4.2.3 离散系数

标准差是反映数据离散程度的绝对值，其数值的大小受原始数据取值大小的影响，数据的观测值越大，标准差的值通常也就越大。此外，标准差与原始数据的计量单位相同。采用不同计量单位计量的数据，其标准差的值也就不同。因此，对于不同组别的数据，如果原始数据的观测值相差较大或计量单位不同，就不能用标准差直接比较其离散程度，这时需要计算离散系数。

离散系数（coefficient of variation，CV）也称变异系数，它是一组数据的标准差与其相应的平均数之比。由于离散系数消除了数据取值大小和计量单位对标准差的影响，因而可以反映一组数据的相对离散程度。其计算公式为：

$$CV=\frac{s}{\bar{x}} \tag{4.12}$$

离散系数主要用于比较不同样本数据的离散程度。离散系数大，说明数据的相对离散程度大；离散系数小，说明数据的相对离散程度小。①

① 当平均数接近 0 时，离散系数的值趋于无穷大，此时必须慎重解释。

例 4－9

为分析不同行业上市公司每股收益的差异，在互联网行业和机械制造行业各随机抽取 10 家上市公司，得到某年度的每股收益数据，如表 4－4 所示。比较两类上市公司每股收益的离散程度。

表 4－4　不同行业上市公司的每股收益　　单位：元

互联网公司	机械制造公司
0.32	0.68
0.47	0.43
0.89	0.28
0.97	0.03
0.87	0.42
1.09	0.24
0.73	0.66
0.96	0.29
0.96	0.02
0.63	0.59

解：根据表 4－4 的数据得到的计算结果如表 4－5 所示。

表 4－5　不同行业上市公司每股收益的平均数、标准差和离散系数

统计量	互联网公司	机械制造公司
平均数	0.789 000	0.364 000
标准差	0.247 002	0.236 606
离散系数	0.313 057	0.650 015

表 4－5 的结果显示，虽然互联网公司每股收益的标准差大于机械制造公司，但离散系数小于机械制造公司，表明互联网公司每股收益的离散程度小于机械制造公司。

4.2.4　标准分数

有了平均数和标准差之后，可以计算一组数据中每个数值的**标准分数**（standard score）。它是某个数据与其平均数的离差除以标准差后的值。设样本数据的标准分数为 z，则有

$$z_i=\frac{x_i-\bar{x}}{s} \tag{4.13}$$

标准分数可以测度每个数值在该组数据中的相对位置，并可以用来判断一组数据是否有离群点。比如，全班的平均考试分数为 80 分，标准差为 10 分，而你的考试分数是 90 分，距离平均分数有多远？显然是 1 个标准差的距离。这里的 1 就是你的考试成绩的标准分数。标准分数指的是某个数据与平均数相比相差多少个标准差。

将一组数据转化为标准化得分的过程称为数据的标准化。式（4.13）是统计上常用的标准化公式，在对多个具有不同量纲的变量进行处理时，常常需要对各变量的数

据进行标准化处理，也就是把一组数据转化成平均数为 0、标准差为 1 的新的数据。实际上，标准分数只是将原始数据进行了线性变换，并没有改变某个数值在该组数据中的位置，也没有改变该组数据分布的形状。

例 4-10

沿用例 4-1。计算 20 人身高的标准分数。

解： 根据前面的计算结果，$\bar{x}=173.5$，$s=6.253\ 42$。以第 1 个人的标准分数为例，由式（4.13）得

$$z=\frac{176-173.5}{6.253\ 42}=0.399\ 8$$

使用 Excel 中的【STANDARDIZE】函数可以计算标准分数，操作步骤如文本框 4-7 所示。

文本框 4-7　　用 Excel 计算标准分数

用【STANDARDIZE】函数计算标准分数

第 1 步：将光标放在任意空白单元格，然后点击【公式】，点击插入函数【fx】。

第 2 步：在【选择类别】中选择【统计】，并在【选择函数】中点击【STANDARDIZE】，单击【确定】。

第 3 步：在【X】中输入所要计算标准分数的原始数据（最好是点击原始数据所在的单元格，以便复制得到多个数据的标准分数）；在【Mean】中输入该组数据的平均数；在【Standard_dev】中输入该组数据的标准差。单击【确定】，即可得到该数据的标准分数（要得到多个数据的标准分数，向下复制该单元格即可）。界面如下图所示。

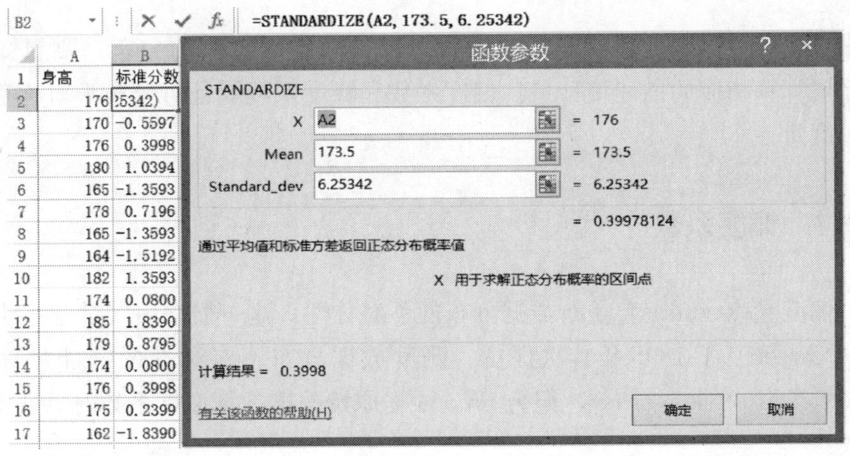

按上述步骤得到的标准分数如表 4-6 所示。

表 4-6 20 人身高的标准分数

身高	标准分数	身高	标准分数
176	0.399 8	185	1.839 0
170	−0.559 7	179	0.879 5
176	0.399 8	174	0.080 0
180	1.039 4	176	0.399 8
165	−1.359 3	175	0.239 9
178	0.719 6	162	−1.839 0
165	−1.359 3	177	0.559 7
164	−1.519 2	169	−0.719 6
182	1.359 3	170	−0.559 7
174	0.080 0	173	−0.080 0

表 4-6 的结果显示，第 1 个人的身高与平均身高相比高 0.399 8 个标准差，第 2 个人的身高与平均身高相比低 0.559 7 个标准差，其余的含义类似。

根据标准分数，可以判断一组数据中是否存在离群点。经验表明：当一组数据对称分布时，约有 68%的数据在平均数加减 1 个标准差的范围之内；约有 95%的数据在平均数加减 2 个标准差的范围之内；约有 99%的数据在平均数加减 3 个标准差的范围之内。可以想象，一组数据中低于或高于平均数 3 倍标准差之外的数值是很少的，也就是说，在平均数加减 3 个标准差的范围内几乎包含了全部数据，而在 3 个标准差之外的数据在统计上称为离群点。例如，由表 4-6 可知，20 人的身高都在平均数加减 3 个标准差的范围内（标准分数的绝对值均小于 3），没有离群点。

4.3 描述分布形状的统计量

利用直方图可以看出数据的分布是否对称。对于不对称的分布，要想知道不对称程度，则需要计算相应的描述统计量。偏度系数和峰度系数就是对分布不对称程度和峰值高低的一种度量。

4.3.1 偏度系数

偏度（skewness）是指数据分布的不对称性，这一概念由统计学家卡尔·皮尔逊（K. Pearson）于 1895 年首次提出。测度数据分布不对称性的统计量称为**偏度系数**（coefficient of skewness），记为 SK。根据原始数据计算偏度系数时，通常采用下面的公式：

$$SK=\frac{n}{(n-1)(n-2)}\sum\left(\frac{x-\bar{x}}{s}\right)^{3} \tag{4.14}$$

当数据对称分布时，偏度系数等于 0。偏度系数越接近 0，偏斜程度就越低，也就越接近对称分布。如果偏度系数明显不同于 0，表示分布是非对称的。若偏度系数大于 1 或小于 −1，视为严重偏斜分布；若偏度系数为 0.5～1 或 −1～−0.5，视为中等偏斜分布；若偏度系数小于 0.5 或大于 −0.5，视为轻微偏斜。其中，负值表示左偏分布（在分布的左侧有长尾），正值则表示右偏分布（在分布的右侧有长尾）。

4.3.2　峰度系数

峰度（kurtosis）是指数据分布峰值的高低，这一概念由统计学家卡尔·皮尔逊于 1905 年首次提出。测度一组数据分布峰值高低的统计量称为**峰度系数**（coefficient of kurtosis），记作 K。根据原始数据计算峰度系数时，通常采用下面的公式：

$$K=\frac{n(n+1)}{(n-1)(n-2)(n-3)}\sum\left(\frac{x_i-\overline{x}}{s}\right)^4-\frac{3(n-1)^2}{(n-2)(n-3)} \tag{4.15}$$

峰度通常是与标准正态分布相比较而言的。由于标准正态分布的峰度系数为 0，当 $K>0$ 时为尖峰分布，数据分布的峰值比标准正态分布高，数据相对集中；当 $K<0$ 时为扁平分布，数据分布的峰值比标准正态分布低，数据相对分散。

 **例 4－11**

沿用例 4－1。计算 20 人身高的偏度系数和峰度系数。

解： 计算偏度系数可用 Excel 中的【SKEW】函数，计算峰度系数可用 Excel 中的【KURT】函数，操作步骤如文本框 4－8 所示。

文本框 4－8　　**用 Excel 计算偏度系数和峰度系数**

用【SKEW】函数和【KURT】函数计算偏度系数和峰度系数

第 1 步：将光标放在任意空白单元格，然后点击【公式】，点击插入函数【fx】。

第 2 步：在【选择类别】中选择【统计】，并在【选择函数】中点击【SKEW】，单击【确定】。

第 3 步：在【Number1】中选择所要计算偏度系数的数据区域，然后单击【确定】，即可得到样本数据的偏度系数（计算峰度系数时选择【KURT】函数即可）。

按上述步骤得到的偏度系数 $SK=-0.244\,64$，峰度系数 $K=-0.568\,89$。结果表明，20 人身高的分布为轻微的左偏分布，分布的峰值比标准正态分布低。

4.4 Excel【数据分析】工具的应用

前面介绍的各描述统计量除了可以用 Excel 的统计函数计算外，也可以使用【数据分析】工具一次输入多个统计量的计算结果，进行综合性描述分析。

 **例 4-12**

沿用例 4-9。计算上市公司每股收益的各描述统计量，并进行综合分析。

解：使用 Excel【数据分析】工具计算描述统计量的步骤如文本框 4-9 所示。

文本框 4-9　　用 Excel【数据分析】工具计算描述统计量

用【数据分析】工具计算描述统计量

第 1 步：将光标放在任意空白单元格，然后点击【数据】→【数据分析】。在分析工具中选择【描述统计】，单击【确定】。

第 2 步：在【输入区域】中输入原始数据所在的区域；在【输出选项】中选择结果的输出位置；选择【汇总统计】（其他选项可根据需要选择），界面如下图所示。

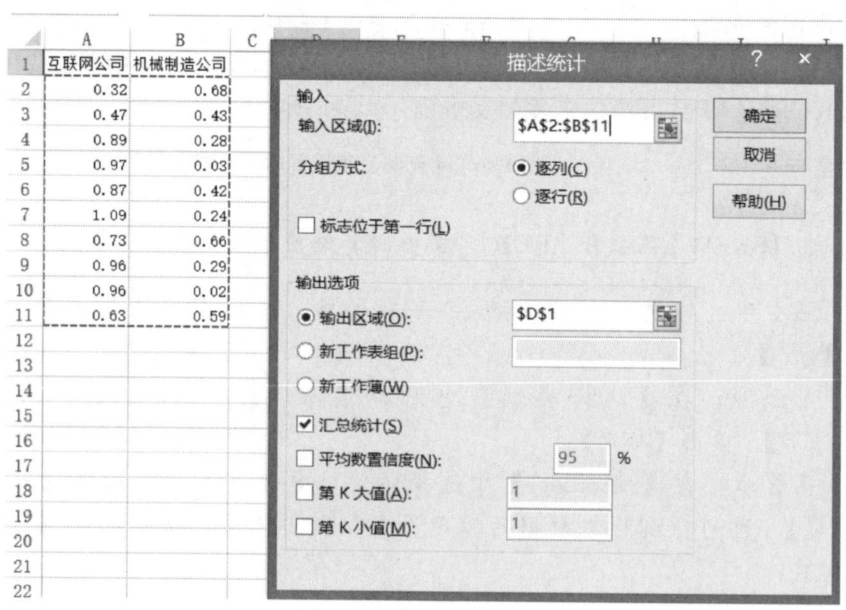

单击【确定】即可得到结果。

按上述步骤得到的结果如表 4-7 所示。

表 4-7　不同行业上市公司的描述统计量

互联网公司	统计量	机械制造公司	统计量
平均数	0.789 000	平均数	0.364 000
标准误差	0.078 109	标准误差	0.074 821
中位数	0.880 000	中位数	0.355 000
众数	0.960 000	众数	# N/A
标准差	0.247 002	标准差	0.236 606
方差	0.061 010	方差	0.055 982
峰度系数	−0.203 820	峰度系数	−1.062 720
偏度系数	−0.876 360	偏度系数	−0.119 290
区域	0.770 000	区域	0.660 000
最小值	0.320 000	最小值	0.020 000
最大值	1.090 000	最大值	0.680 000
求和	7.890 000	求和	3.640 000
观测数	10.000 000	观测数	10.000 000

表 4-7 中给出了描述数据水平的平均数、中位数和众数（符号# N/A 表示该组数据不存在众数），描述数据差异的标准差、方差和全距（输出结果显示为“区域”），描述数据分布形状的峰度系数和偏度系数等。从平均数和中位数看，互联网公司每股平均收益远高于机械制造公司。虽然从标准差看互联网公司大于机械制造公司，但从离散系数（互联网公司为 0.313 057，机械制造公司为 0.650 015）看，互联网公司每股收益的离散程度却小于机械制造公司。从数据分布的形状来看，两类上市公司的偏度系数均为负值，呈现左偏分布，而且互联网公司每股收益的偏斜程度大于机械制造公司。从分布的峰值看，两类上市公司每股收益的峰值均低于标准正态分布，即呈现扁平状态。

□ 习题

4.1　一家物流公司 6 月份每天的货物配送量数据（单位：万件）如下。

18.4	23.3	27.3	25.9	24.1	27.1	23.0	24.0	27.3	30.4
27.5	22.2	24.8	22.9	22.9	22.5	20.1	22.7	22.0	25.0
25.0	31.1	26.2	22.4	23.8	29.3	25.9	29.1	25.2	22.7

计算以下统计量，并进行分析。

（1）平均数、中位数、四分位数、百分位数和众数。

（2）全距、四分位距、方差和标准差。

（3）偏度系数和峰度系数。

（4）标准分数。

4.2　在某地区随机抽取 120 家企业，按季度利润额进行分组的结果如下。

按利润额分组（万元）	企业数（个）
300 以下	19
300～400	30
400～500	42
500～600	18
600 及以上	11
合计	120

计算 120 家企业利润额的平均数和标准差（注：第一组和最后一组的组距按相邻组计算）。

4.3 一种产品需要人工组装，现有 3 种可供选择的组装方法。为检验哪种方法更好，随机抽取 15 个工人，让他们分别用 3 种方法组装。下面是 15 个工人分别用 3 种方法在相同的时间内组装的产品数量（单位：个）。

方法 A	方法 B	方法 C
164	129	125
167	130	126
168	129	126
165	130	127
170	131	126
165	130	128
164	129	127
168	127	126
164	128	127
162	128	127
163	127	125
166	128	126
167	128	116
166	125	126
165	132	125

计算有关的描述统计量来评价组装方法的优劣。

4.4 在 2008 年 8 月 10 日举行的第 29 届北京奥运会男子 25 米气手枪决赛中，进入决赛的 6 名运动员最后 20 枪的决赛成绩如下。

亚历山大·彼得里夫利	拉尔夫·许曼	克里斯蒂安·赖茨	列昂尼德·叶基莫夫	基思·桑德森	罗曼·邦达鲁克
10.1	8.4	9.9	8.8	9.7	9.8
8.4	9.6	10.7	10.7	10.5	9.2
10.3	10.2	9.0	9.7	9.0	10.3
10.2	10.8	10.5	9.6	9.6	7.2
10.4	10.5	10.3	10.0	9.0	9.9
9.6	10.3	10.6	10.2	9.9	10.5

续表

亚历山大·彼得里夫利	拉尔夫·许曼	克里斯蒂安·赖茨	列昂尼德·叶基莫夫	基思·桑德森	罗曼·邦达鲁克
10.1	9.8	10.0	10.1	9.2	10.4
10.0	10.9	7.9	10.2	9.7	10.9
9.9	10.3	10.7	9.4	9.9	10.5
10.2	10.0	10.4	10.3	8.1	10.3
10.8	9.5	9.5	10.4	9.3	10.2
10.0	10.2	9.9	9.8	10.1	10.0
10.3	10.7	10.1	8.9	10.5	9.8
10.5	10.1	9.9	10.0	10.2	9.2
9.6	10.3	10.3	10.0	10.0	8.3
9.8	9.7	9.0	9.1	9.9	9.0
10.4	9.3	9.8	9.5	9.5	9.4
10.3	10.3	10.8	9.8	9.7	9.8
9.1	10.0	10.3	10.7	9.9	10.4
10.2	9.6	10.7	10.0	9.9	9.6

计算有关的描述统计量对 6 名运动员进行综合评价。

第 5 章

Chapter 5

统计量及其概率分布

思考一下

- 如果天气预报说明天降雨的概率是 60%，你上班会带雨伞吗？
- 某城市的小汽车摇号配售，如果你参加一个周期的摇号，结果只有两种可能：摇中、没摇中，摇中或没摇中的概率分布是怎样的？
- 你认为全校学生的月生活费支出数据的分布大概是什么形状？
- 从一个班级 50 个学生中随机抽取 10 人组成一个样本，能抽取多少个这样的样本？

你可能关心某个地区所有家庭的平均收入是多少，但你不可能去调查每个家庭的收入，只能抽取部分家庭作为样本，获得样本家庭的收入数据，然后用样本平均收入去推断全部家庭的平均收入。当然，你也可能去推断所有家庭收入的方差是多少，低收入家庭的比例是多少。这就是抽样推断问题。那么，做出这种推断的依据是什么？怎样才能让别人信服推断结果呢？这就必须知道用于推断的样本统计量（如样本均值 $\bar{x}$ 、样本比例 p 、样本方差 s^2 等）是如何分布的。为理解统计量概率分布的含义，首先介绍概率和随机变量的概念以及一些经典的概率分布。

5.1 概率与随机变量

5.1.1 什么是概率

当你购买彩票时，希望自己中大奖，但能否中奖是不确定的。当你投资股票时，预期得到较高的收益率，但你不可能确切地知道收益率。现实生活中，有很多这类事情，能否成功具有不确定性。比如，明天降水的可能性有多大？你购买一只股票明天上涨的可能性有多大？等等。这种对事件发生可能性大小的度量就是**概率**(probability)。

概率是 0～1 之间(含 0 和 1) 的一个值。比如天气预报说明天降水的概率是 80%，这里的 80%就是对降水这一事件发生的可能性大小的一种数值度量。

获得一个事件发生的概率有几种途径。如果事件是等可能发生的，可以通过重复试验来获得。当试验的次数很多时，事件 A 发生的概率 $P(A)$ 可以由所观察到的事件 A 发生的频率 p 来逼近。假定在相同条件下重复进行 n 次试验，事件 A 发生了 m 次，则事件 A 发生的概率可表示为：

$$P(A)=\frac{\text{事件 } A \text{ 发生的次数}}{\text{重复试验次数}}=\frac{m}{n}=p \tag{5.1}$$

比值 m/n 越大表示事件 A 发生得越频繁，也就意味着在一次试验中事件 A 发生的可能性（即概率）就越大。事实上，随着试验次数 n 的增大，比值 m/n 将围绕某一频率 p 上下波动，并且其波动的幅度将随着试验次数 n 的增大而减小，进而趋于稳定，这个稳定的频率 p 就是事件 A 的概率。比如，抛掷一枚硬币，观察其出现的是正面还是反面，如果定义事件 A=出现正面，这一事件发生的概率 $P(A)=1/2$。这里的 $P(A)=1/2$ 并不意味着抛掷多次硬币恰好有一半是正面朝上的，而是指在连续多次的抛掷中，可以认为出现正面的次数接近一半。比值 1/2 是对抛掷一次硬币观察到正面朝上的可能性的度量。注意：抛掷完成后，其结果就是一个数据，要么一定是正面，要么一定是反面，就不存在概率问题了。

尽管可以将事件的概率设想成大量重复试验中该事件出现次数的比例，但有些试验是不能重复的。比如，投资 100 万元开设一家餐馆，那么这家餐馆将生存 5 年的概率就是个未知的值，而且不可能重复试验把这个概率估计出来，这个事件发生的概率是一个常数，却不知道。不过，可以用已经生存了 5 年的类似餐馆所占的比例作为所求概率的一个近似值。现实生活中，有很多事情都是依据它发生的可能性大小做出决策的。比如，根据自己的判断，明天某只股票上涨的可能性为 80%，这就是一个主观概率。主观概率往往是基于你个人所掌握的信息、所具有的某种知识得出的。

5.1.2 随机变量及其概括性度量

现实生活中，有时需要研究一项试验结果的某些取值。比如，抽查 50 个产品，观察其中的次品数 X；统计国庆长假一个旅游景点的游客人数 X；等等。这里，X 取哪些值以及 X 取某些值的概率是多少，事先都是不知道的。但是，如果知道了一个随机变量的概率分布模型，就很容易确定一系列事件发生的概率。

1. 什么是随机变量

在很多领域，研究工作主要依赖于某类样本数据，而这些样本数据通常由某个变量的一个或多个观测值组成。比如，调查 100 个消费者，考察他们对饮料的偏好，并记录下喜欢某一特定品牌饮料的人数 X；调查一座写字楼，记录下每平方米的出租价格 X；等等。这样一些观察也就是统计上所说的试验。由于记录某次试验结果时事先并不知道 X 取哪一个值，因此称 X 为**随机变量**（random variable）。

随机变量是用数值来描述特定试验一切可能出现的结果，它的取值事先不能确定，具有随机性。例如抛掷一枚硬币，其结果就是一个随机变量 X，因为在抛掷之前并不知道出现的是正面还是反面，若用数值 1 表示正面朝上，0 表示反面朝上，则 X 可能取 0，也可能取 1。

有些随机变量只能取有限个值，称为**离散型随机变量**（discrete random variable）。有些则可以取一个或多个区间中的任何值，称为**连续型随机变量**（continuous random variable）。将随机变量的取值设想为数轴上的点，每次试验结果对应一个点。如果一个随机变量仅限于取数轴上有限个孤立的点，它就是离散型的；如果一个随机变量是在数轴上的一个或多个区间内取任意值，它就是连续型的。比如，在由 100 个消费者组成的样本中，喜欢某一特定品牌饮料的人数 X 只能取 0，1，2，…，100 这些数值之一；检查 50 件产品，合格品数 X 的取值可能为 0，1，2，3，…，50；一家餐馆营业一天，顾客人数 X 的取值可能为 0，1，2，3，…。这里的 X 只能取有限的数值，所以称 X 为离散型随机变量。相反，每平方米写字楼的出租价格 X，在理论上可以取大于 0 到无穷多个数值中的任何一个；检测某产品的使用寿命，产品使用的时间长度 X 的取值可以为 $X \geqslant 0$；某电话用户每次通话时间长度 X 的取值可以为 $X > 0$。这些都是连续型随机变量。

2. 随机变量的概括性度量

对于随机变量，也可以用与第 4 章介绍的平均数和方差类似的统计量来描述其水平和离散程度。描述随机变量平均取值的统计量称为**期望值**（expected value），而描述其离散程度的统计量称为方差。它们是对随机变量的概括性度量。

离散型随机变量 X 的期望值是 X 所有可能取值 $x_i(i=1, 2, \cdots)$ 与其相应的概率 $p_i(i=1, 2, \cdots)$ 乘积之和，用 μ 或 $E(X)$ 表示，即

$$\mu = E(X) = \sum_i x_i p_i \tag{5.2}$$

离散型随机变量 X 的方差等于 $(x_i - \mu)^2$ 与其相应的概率 p_i 乘积之和，用 σ^2 或 $D(X)$ 表示，即

$$\sigma^2 = D(X) = \sum_i (x_i - \mu)^2 p_i \tag{5.3}$$

随机变量 X 的标准差等于其方差的平方根，用 σ 或 $\sqrt{D(X)}$ 表示。

例 5-1

一家电脑配件供应商声称，它所提供的配件每 100 个中次品的个数 X 及相应的概率如表 5-1 所示。求该供应商配件次品数的期望值和标准差。

表 5-1　每 100 个配件中的次品数及概率分布

次品数 $(X = x_i)$	0	1	2	3
概率 (p_i)	0.75	0.12	0.08	0.05

解：根据表 5-1 中的数据得

$$\mu = E(X) = \sum_i x_i p_i = 0 \times 0.75 + 1 \times 0.12 + 2 \times 0.08 + 3 \times 0.05 = 0.43$$

$$\begin{aligned}\sigma^2 = D(X) &= \sum_i (x_i - \mu)^2 p_i \\ &= (0-0.43)^2 \times 0.75 + (1-0.43)^2 \times 0.12 + (2-0.43)^2 \times 0.08 \\ &\quad + (3-0.43)^2 \times 0.05 \\ &= 0.7051\end{aligned}$$

相应的标准差：

$$\sigma = 0.8397$$

对于概率密度函数为 $f(x)$ 的连续型随机变量，期望值为：

$$\mu = E(X) = \int_{-\infty}^{\infty} x f(x) \mathrm{d}x \tag{5.4}$$

方差为：

$$\sigma^2 = D(X) = \int_{-\infty}^{\infty} (x - \mu)^2 f(x) \mathrm{d}x \tag{5.5}$$

5.2　随机变量的概率分布

要知道随机变量能取哪些值，取这些值的概率有多大，就涉及随机变量的**概率分布**（probability distribution）。要计算出某一事件发生的概率，就必须知道随机变量分布的概率。常用的离散型概率分布有**二项分布**（binomial distribution）、**泊松分布**（Poisson distribution）和**超几何分布**（hypergeometric distribution）等，连续型概率分布有**正态分布**（normal distribution）、**均匀分布**（uniform distribution）和**指数分**

布（exponential distribution）等。本章主要介绍后面会用到的二项分布和正态分布。

5.2.1 二项分布

离散型随机变量 X 只取有限个可能的值 x_1，x_2，…，而且是以确定的概率取这些值，即 $P(X=x_i)=p_i(i=1, 2, \cdots)$。因此，可以列出 X 的所有可能取值 x_1，x_2，…，以及取每个值的概率 p_1，p_2，…，这就是离散型随机变量的概率分布。离散型随机变量的概率分布可以用表格形式表现出来，如表 5－2 所示。

表 5－2 离散型随机变量的概率分布

$X=x_i$	$x_1\ x_2\ x_3\ \cdots$
$P(X=x_i)=p_i$	$p_1\ p_2\ p_3\ \cdots$

离散型概率分布具有以下性质：(1) $p_i \geqslant 0$；(2) $\sum_i p_i = 1\ (i=1, 2, \cdots)$。假定知道一个离散型随机变量的概率分布，并能用一定的公式表达出来，就能根据这一分布计算出随机变量任意一个取值的概率。

二项分布是建立在 Bernoulli 试验基础上的。n 重 Bernoulli 试验满足下列条件：

(1) 一次试验只有两个可能结果，即“成功”和“失败”。这里的“成功”是指感兴趣的某种特征。比如，产品分为“合格品”与“不合格品”，如果对“合格品”感兴趣，则“成功”就表示“合格品”。

(2) 一次试验“成功”的概率为 p，“失败”的概率为 $q=1-p$，而且概率 p 对每次试验都是相同的。

(3) 试验是相互独立的，且可以重复进行 n 次。

在 n 次试验中，“成功”的次数对应一个离散型随机变量 X。这样，在 n 次 Bernoulli 试验中，出现“成功”的次数的概率分布就是二项分布，记为 $X \sim B(n, p)$。n 次试验中成功次数为 x 的概率可表示为：

$$P(X=x)=C_n^x p^x q^{n-x}, \quad x=0,1,2,\cdots,n \tag{5.6}$$

二项分布的期望值和方差分别为：

$$\mu=E(X)=np, \quad \sigma^2=D(X)=npq \tag{5.7}$$

例 5－2

已知一批产品的次品率为 4%，从中有放回地抽取 5 个。求 5 个产品中：(1) 没有次品的概率；(2) 恰好有 1 个次品的概率；(3) 有 3 个以下次品的概率。

解：抽取一个产品相当于一次试验，因此 $n=5$。由于是有放回地抽取，因此每次试验是独立的，每次抽取的次品率都是 4%。设 X 为抽取的次品数，显然 $X \sim B(n, p)$。根据式 (5.6) 有

(1) $P(X=0)=C_5^0\,(0.04)^0\,(1-0.04)^{5-0}=0.815\ 373$

(2) $P(X=1)=C_5^1\,(0.04)^1\,(1-0.04)^{5-1}=0.169\ 869$

$$
\begin{aligned}
(3)\ P(X<3) &= P(X=0)+P(X=1)+P(X=2) \\
&= C_5^0(0.04)^0(1-0.04)^{5-0}+C_5^1(0.04)^1(1-0.04)^{5-1} \\
&\quad +C_5^2(0.04)^2(1-0.04)^{5-2} \\
&= 0.815\,373+0.169\,869+0.014\,156 \\
&= 0.999\,398
\end{aligned}
$$

当试验次数 n 偏大时，计算随机变量取不同值的概率会显得烦琐，幸运的是，使用 Excel 中的【BINOM. DIST】函数很容易计算二项分布的概率，语法为：BINOM. DIST (number _ s，trials，probability _ s，cumulative)。操作步骤如文本框5 - 1所示。

文本框 5 - 1　　计算二项分布的概率

用【BINOM. DIST】函数计算二项分布的概率

第 1 步：将光标放在任意空白单元格，然后点击【公式】，点击插入函数【 *fx* 】。

第 2 步：在【选择类别】中选择【统计】，并在【选择函数】中点击【BINOM. DIST】，单击【确定】。

第 3 步：在【Number _ s】中输入试验成功次数。在【Trials】中输入试验总次数。在【Probability _ s】中输入每次试验的成功概率。在【Cumulative】中输入 0（或 FALSE），表示计算成功次数恰好等于指定数值的概率；输入 1（或 TRUE）表示计算成功次数小于或等于指定数值的累积概率。单击【确定】。比如，计算$X=0$的概率，界面如下图所示。

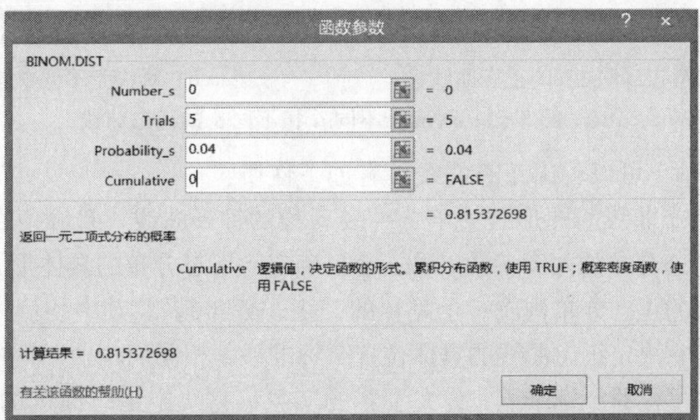

注：熟练的读者可以直接在 Excel 工作表的任意单元格中输入“=BINOM. DIST (0，5，0.04，0)”，得到相同的结果。

5.2.2　正态分布

正态分布最初是由高斯（Carl Friedrich Gauss，1777—1855）作为描述误差相对频数分布的模型提出的，因此又称高斯分布。现实生活中，有许多现象都可以由正态分布来描述，甚至在未知一个连续总体的分布时，我们总尝试假设该总体服从正态分布来进行分析。其他一些分布（如二项分布）概率的计算也可以利用正态分布来近似，而且由正态分布还可以推导出其他一些重要的统计分布，如 χ^2 分布、t 分布、F 分布等。

如果随机变量 X 的概率密度函数为：

$$f(x)=\frac{1}{\sqrt{2\pi\sigma^2}}e^{-\frac{1}{2\sigma^2}(x-\mu)^2},\quad -\infty<x<\infty \tag{5.8}$$

则称 X 为正态随机变量，或称 X 服从参数为 μ，σ^2 的正态分布，记作 $X\sim N(\mu,\ \sigma^2)$。

式（5.8）中 μ 是正态随机变量 X 的均值，它可为任意实数，σ^2 是 X 的方差，且 $\sigma>0$，$\pi=3.141\ 592\ 6$，$e=2.718\ 28$。

不同的 μ 值和不同的 σ 值对应于不同的正态分布，其概率密度函数所对应的曲线如图 5-1 所示。

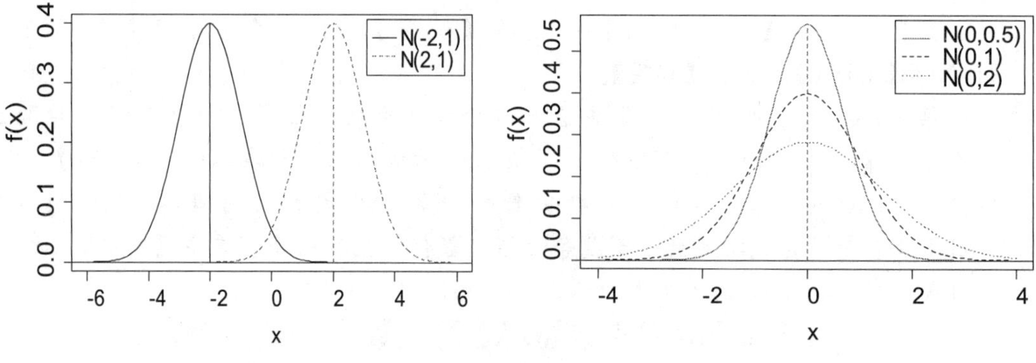

（a）对应于不同 μ 的正态曲线　　（b）对应于不同 σ 的正态曲线

图 5-1　对应于不同 μ 和不同 σ 的正态曲线

从图 5-1 可以看出正态曲线具有如下性质：

（1）正态曲线的图形是关于 $x=\mu$ 对称的钟形曲线，且峰值在 $x=\mu$ 处。

（2）正态分布的两个参数 μ 和 σ 一旦确定，正态分布的具体形式也就唯一确定，不同参数取值的正态分布构成一个完整的“正态分布族”。其中均值 μ 可以是实数轴上的任意数值，它决定正态曲线的具体位置，标准差 σ 相同而均值不同的正态曲线在坐标轴上体现为水平位移。标准差 σ 为大于零的实数，它决定正态曲线的“陡峭”或“扁平”程度。σ 越大，正态曲线越扁平；σ 越小，正态曲线越陡峭。

（3）当 X 的取值向横轴左右两个方向无限延伸时，正态曲线的左右两个尾端也无限渐近横轴，但理论上永远不会与之相交。

（4）正态随机变量在特定区间上取值的概率由正态曲线下的面积给出，而且其曲线下的总面积等于 1。

经验法则总结了正态分布在一些常用区间上的概率值，其图形如图 5-2 所示。

图 5-2 表明，正态随机变量落入其均值左右各 1 个标准差内的概率为 68.27%，

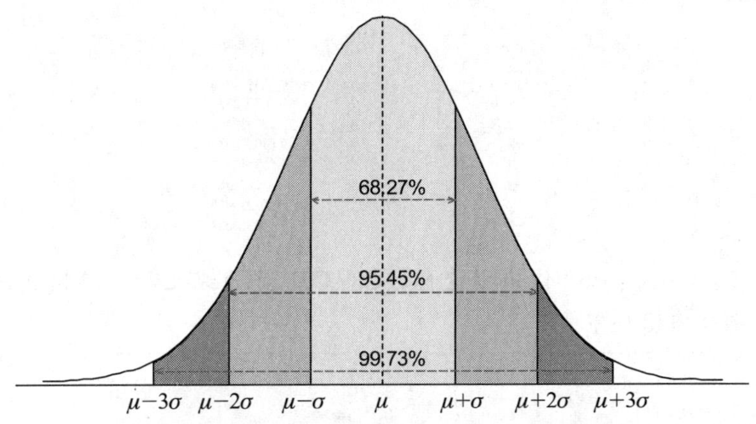

图 5-2 常用区间的正态概率值

落入其均值左右各 2 个标准差内的概率为 95.45%，落入其均值左右各 3 个标准差内的概率为 99.73%。

由于正态分布是一个分布族，对于任一服从正态分布的随机变量，通过 $Z=(x-\mu)/\sigma$ 标准化后的新随机变量服从均值为 0、标准差为 1 的**标准正态分布**（standard normal distribution），记为 $Z\sim N(0,1)$。

标准正态分布的概率密度函数用 $\varphi(x)$ 表示，有

$$\varphi(x)=\frac{1}{\sqrt{2\pi}}\mathrm{e}^{-\frac{1}{2}x^2},\quad -\infty<x<\infty \tag{5.9}$$

用 Excel 可以绘制标准正态分布概率密度函数曲线。首先根据正态分布函数【NORM. DIST】给出绘图所需的数据，然后进行绘图。具体的操作步骤如文本框 5-2 所示。

文本框 5-2　　绘制标准正态分布概率密度函数曲线

绘制标准正态分布概率密度函数曲线

第 1 步：在工作表的第 1 列 A3∶A63 输入一个等差数列，初始值为“−3”，步长为“0.1”，终值为“3”，作为标准化后的标准正态变量的值。

第 2 步：在单元格 B1 输入标准正态变量的均值 0，在单元格 D1 输入标准正态变量的标准差 1。

第 3 步：在单元格 B3 输入公式“=A3 * $D$1+ $B$1”，并将其复制到 B4∶B63 区域，作为未作标准化变换的正态变量的值。

第 4 步：在单元格 C3 输入公式“=NORMDIST(B3，$B$1，$D$1，0)”，并将其复制到 C4∶C63 区域，作为与 B4∶B63 区域正态变量的值相对应的正态分布概率密度函数的结果。准备好的数据如下图所示。

	A	B	C	D	E
1	均值=	0	标准差=	1	
2	z		x		
3	-3	-3	0.004431848		
4	-2.9	-2.9	0.005952532		
5	-2.8	-2.8	0.007915452		
6	-2.7	-2.7	0.010420935		
7	-2.6	-2.6	0.013582969		
8	-2.5	-2.5	0.0175283		
9	-2.4	-2.4	0.02239453		
10	-2.3	-2.3	0.028327038		

第 5 步：将 B3：B63 作为横坐标，C3：C63 作为纵坐标，绘制折线图，即可得到标准正态分布图如下。

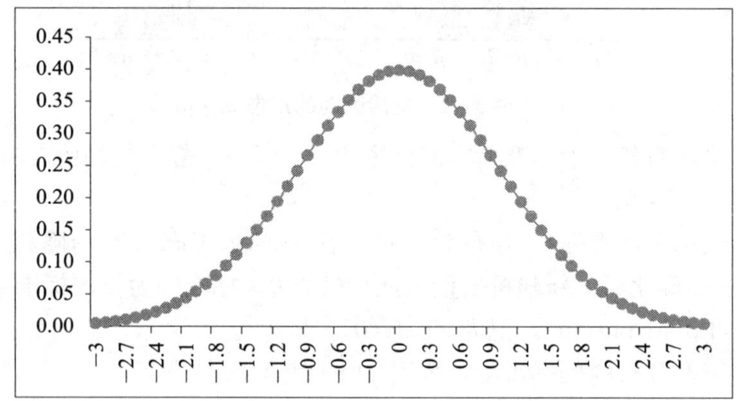

例 5－3

计算正态分布的概率及给定累积概率时正态分布的分位点。

（1）已知 $X \sim N(50, 10)$，计算 $P(X \geqslant 80)$ 和 $P(20 \leqslant X \leqslant 30)$。

（2）已知 $Z \sim N(0, 1)$，计算 $P(X \leqslant -2)$ 和 $P(X \geqslant 1.5)$。

（3）已知 $Z \sim N(0, 1)$，计算累积概率为 0.025 时，标准正态分布函数的反函数值 $z_{0.025}$；计算累积概率为 0.95 时，标准正态分布函数的反函数值 $z_{0.95}$。

解： 使用 Excel 中的【NORM. DIST】函数可以计算一般正态分布的概率，语法为 NORM. DIST(x，mean，standard _ dev，cumulative)。使用【NORM. S. DIST】函数可以计算标准正态分布的概率，语法为 NORM. S. DIST（z，cumulative）；使用【NORM. S. INV】函数可以计算累积概率为 α 时标准正态分布的反函数值 z，语法为 NORM. S. INV(probability)。操作步骤如文本框 5－3 所示。

文本框 5－3　　计算正态分布的概率和反函数值

用【NORM. DIST】函数计算一般正态分布的概率

第 1 步：将光标放在任意空白单元格，然后点击【公式】，点击插入函数【fx】。

第 2 步：在【选择类别】中选择【统计】，并在【选择函数】中点击【NORM. DIST】，单击【确定】。

第 3 步：在【X】中输入正态分布函数计算的区间点（即 X 值）。在【Mean】中输入正态分布的均值 。在【Standard _ dev】中输入正态分布的标准差 σ。在【Cumulative】中输入 1（或 TRUE）表示计算事件出现次数小于或等于指定数值的累积概率。单击【确定】。

注：熟练的读者可以直接在 Excel 工作表的任意单元格中输入“=NORM. DIST（x，mean，standard _ dev，cumulative)”，并输入相应的参数，得到相同的结果。

用【NORM. S. DIST】函数计算标准正态分布的概率

第 1 步：将光标放在任意空白单元格，然后点击【公式】，点击插入函数【fx】。

第 2 步：在【选择类别】中选择【统计】，并在【选择函数】中点击【NORM. S. DIST】，单击【确定】。

第 3 步：在【Z】中输入标准正态随机变量 Z 的值。在【Cumulative】中输入 1（或 TRUE），单击【确定】。

用【NORM. S. INV】函数计算累积概率为 α 时标准正态分布的反函数值 z

第 1 步：将光标放在任意空白单元格，然后点击【公式】，点击插入函数【fx】。

第 2 步：在【选择类别】中选择【统计】，并在【选择函数】中点击【NORM. S. INV】，单击【确定】。

第 3 步：在【Probability】中输入给定的概率值，单击【确定】。

按文本框 5 - 3 的步骤可得：

（1）$P(X \geqslant 80) = 1 - P(X < 80) = 1 - \text{NORM. DIST}(80,50,10,1)$
$= 0.001\,35$

$P(20 \leqslant X \leqslant 30) = P(\leqslant 30) - P(X \leqslant 20)$
$= \text{NORM. DIST}(30,50,10,1)$
$- \text{NORM. DIST}(20,50,10,1) = 0.021\,40$

（2）$P(X \leqslant -2) = \text{NORM. S. DIST}(-2,1) = 0.022\,75$

$P(X \geqslant 1.5) = 1 - P(X \leqslant 1.5) = \text{NORM. S. DIST}(1.5,1)$
$= 0.933\,193$

（3）$z_{0.025} = \text{NORM. S. INV}(0.025) = -1.959\,96$

$z_{0.95} = \text{NORM.S.INV}(0.95) = 1.644\ 854$

5.2.3 χ^2分布、t 分布和 F 分布

在实际问题中，有时为了分析的需要，统计学家会构造出某些新的随机变量。比如，把样本均值标准化后形成一个新的随机变量 t，样本方差除以总体方差得到一个随机变量 χ^2，两个样本方差比形成一个随机变量 F，等等。这些随机变量用 χ^2，t 和 F 来命名是因为它们分别服从统计中的 χ^2 分布、t 分布和 F 分布。这些分布都是由正态分布推导而来，在推断统计中具有独特的地位和作用。

1. χ^2分布

χ^2分布（chi-square distribution）是由阿贝（Abbe）于 1863 年首先提出的，后来由海尔墨特（Hermert）和卡尔·皮尔逊分别于 1875 年和 1900 年推导出来。

n 个独立标准正态随机变量平方和的分布称为具有 n 个自由度的 χ^2 分布，记为 $\chi^2(n)$。设 Z 为标准正态随机变量，令 $X = Z^2$，则 X 服从自由度为 1 的 χ^2分布，即 $X \sim \chi^2(1)$。一般地，对于 n 个独立标准正态随机变量Z_1^2，Z_2^2，…，Z_n^2，随机变量 $X = \sum_{i=1}^{n} Z_i^2$ 的分布为具有 n 个自由度的 χ^2 分布，记为 $X \sim \chi^2(n)$。

$\chi^2(n)$ 分布的形状取决于其自由度 n 的大小，通常为不对称右偏分布，但随着自由度的增大逐渐趋于对称，如图 5-3 所示。

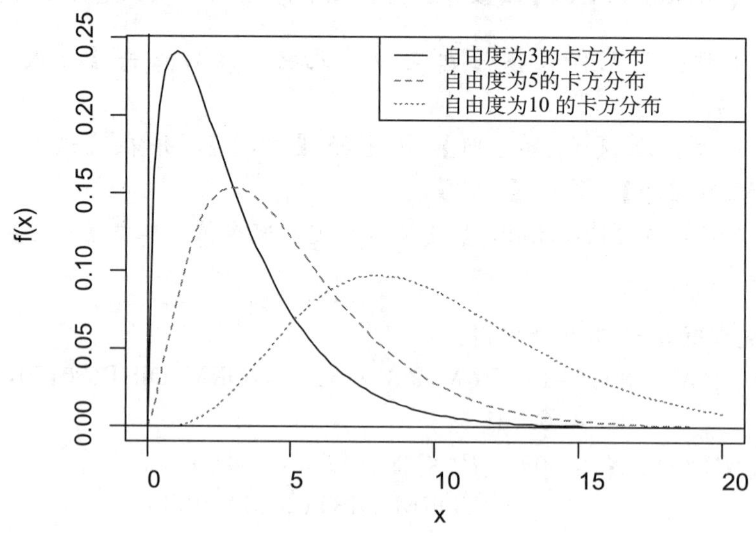

图 5-3 不同自由度的χ^2分布

χ^2 分布的概率即为曲线下面积。使用 Excel 函数可以计算 χ^2 分布的概率和分位点。由于 Excel 函数的操作步骤大同小异，与上述正态分布类似，限于篇幅不再列出详细步骤，只给出函数的语法和参数的含义，如表 5-3 所示。

表 5-3　χ^2 分布函数的参数含义及返回结果

函数	语法	参数的含义	返回结果
CHISQ. DIST	CHISQ. DIST (x，Deg_freedom，cumulative)	x 为 χ^2 值，Deg_freedom 为自由度，cumulative 为逻辑值，累积分布函数使用 TRUE，概率密度函数使用 FALSE	左尾概率
CHISQ. DIST. RT	CHISQ. DIST. RT (x，Deg_freedom)	同上	右尾概率
CHISQ. INV	CHISQ. INV (probability，Deg_freedom)	probability 为 χ^2 分布的累积概率	左尾 χ^2 值
CHISQ. INV. RT	CHISQ. INV. RT (probability，Deg_freedom)	同上	右尾 χ^2 值

例 5-4

计算：(1) 自由度为 15，χ^2 值小于 10 的概率；(2) 自由度为 25，χ^2 值大于 30 的概率；(3) 自由度为 10，累积概率为 0.05 时 χ^2 分布左尾的 χ^2 值；(4) 自由度为 10，右尾概率为 0.025 时 χ^2 分布右尾的 χ^2 值。

解： (1)CHISQ. DIST(10,15,1) = 0.180 26

(2)CHISQ. DIST. RT(30,25) = 0.011 921

(3)CHISQ. INV(0.05,10) = 3.940 299

(4)CHISQ. INV. RT(0.025,10) = 20.483 18

右尾概率为 α 的右尾 χ^2 值显然等于累积概率为 $1-\alpha$ 的左尾 χ^2 值。即 CHISQ. INV. RT(α，Deg_freedom)=CHISQ. INV(1−α，Deg_freedom)。假定计算自由度为 10，右尾概率 $\alpha=0.05$ 时的右尾 χ^2 值，CHISQ. INV. RT (0.05，10)=CHISQ. INV(0.95，10)=18.307 04。

2. *t* 分布

***t* 分布**（*t*-distribution）的提出者是威廉·戈塞特（William Gosset），由于他经常用笔名“student”发表文章，用 t 表示样本均值经标准化后的新随机变量，因此称为 t 分布，也称为**学生 *t* 分布**（student's t）。

设随机变量 $Z\sim N(0,\ 1)$，$X\sim\chi^2(n)$，且 Z 与 X 独立，则称 $T=\dfrac{Z}{\sqrt{X/n}}$ 为自由度为 n 的 t 分布，记为 $T\sim t(n)$。

t 分布是类似于标准正态分布的一种对称分布，但它的分布曲线通常要比标准正态分布曲线平坦和分散。一个特定的 t 分布依赖于称为自由度的参数。随着自由度的增大，t 分布逐渐趋于标准正态分布，如图 5-4 所示。

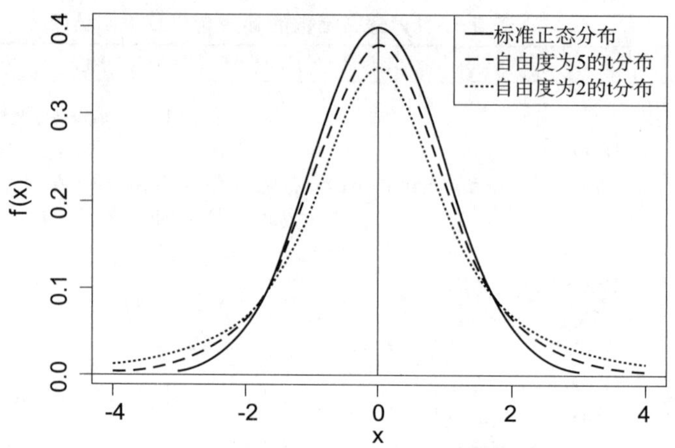

图 5-4　不同自由度的 t 分布与标准正态分布的比较

当正态总体标准差未知时，在小样本条件下对总体均值的估计和检验要用到 t 分布。t 分布的概率即为曲线下面积。使用 Excel 函数可以计算 t 分布的概率和分位点。该函数的语法及其参数的含义如表 5-4 所示。

表 5-4　t 分布函数的参数含义及返回结果

函数	语法	参数的含义	返回结果
T. DIST	T. DIST (X，Deg _ freedom，cumulative)	X 为 t 值，Deg _ freedom 为自由度，cumulative 为逻辑值，累积分布函数使用 TRUE，概率密度函数使用 FALSE	左尾概率
T. DIST. RT	T. DIST. RT (X，Deg _ freedom)	同上	右尾概率
T. DIST. 2T	T. DIST. 2T (X，Deg _ freedom)	同上	双尾概率
T. INV	T. INV (probability，Deg _ freedom)	probability 为 t 分布的概率	左尾 t 值
T. INV. 2T	T. INV. 2T (probability，Deg _ freedom)	同上	双尾 t 值

例 5-5

计算：(1) 自由度为 10，t 值小于－2 的概率；(2) 自由度为 15，t 值大于 3 的概率；(3) 自由度为 12，t 值等于 2.5 的双尾概率；(4) 自由度为 25，t 分布累积概率为 0.025 时的左尾 t 值；(5) 自由度为 20，右尾概率为 0.05 时的 t 值。

解：(1) T. DIST(－2,10,1) ＝ 0.036 694

(2)T. DIST. RT(3,15) ＝ 0.004 486

(3)T. DIST. 2T(2.5,12) ＝ 0.027 915

(4)T. INV(0.025,25) ＝－2.059 54

(5)T. INV. 2T(0.05,20) ＝ 2.085 963

在给定累积概率时，t 分布的左尾 t 值与右尾 t 值符号相反，绝对值相等。

3. F 分布

***F* 分布**（*F*-distribution）是为纪念著名统计学家费希尔（R. A. Fisher）以其姓氏的第一个字母命名的。它是两个 χ^2 分布的比。设 $U \sim \chi^2(n_1)$，$V \sim \chi^2(n_2)$，且 U 和 V 相互独立，则 $F=\dfrac{U/n_1}{V/n_2}$ 服从自由度为 n_1 和 n_2 的 F 分布，记为 $F \sim F(n_1, n_2)$。

F 分布的图形与 χ^2 分布类似，其形状取决于两个自由度，如图 5-5 所示。

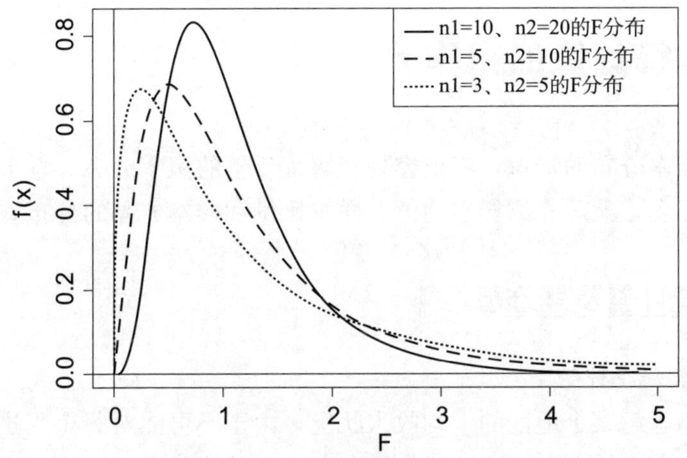

图 5-5　不同自由度的 *F* 分布

F 分布通常用于比较不同总体的方差是否有显著差异。F 分布的概率即为曲线下面积。使用 Excel 函数可以计算给定 F 值及自由度 n_1 和 n_2 时 F 分布的概率，以及给定概率及自由度 n_1 和 n_2 时的 F 值。该函数的语法及其参数的含义如表 5-5 所示。

表 5-5　*F* 分布函数的参数含义及返回结果

函数	语法	参数的含义	返回结果
F. DIST	F. DIST（x，Deg _ freedom1，Deg _ freedom2，cumulative）	x 为 F 值，Deg _ freedom1 为分子自由度，Deg _ freedom2 为分母自由度，cumulative 为逻辑值，累积分布函数使用 TRUE，概率密度函数使用 FALSE	左尾概率
F. DIST. RT	F. DIST. RT（x，Deg _ freedom1，Deg _ freedom2）	同上	右尾概率
F. INV	F. INV（probability，Deg _ freedom1，Deg _ freedom2）	probability 为 F 分布的累积概率	左尾 F 值
F. INV. RT	F. INV. RT（probability，Deg _ freedom1，Deg _ freedom2）	同上	右尾 F 值

 **例 5-6**

计算：（1）分子自由度为 10，分母自由度为 8，F 值小于 3 的概率；（2）分子自

由度为 18，分母自由度为 15，F 值大于 2.5 的概率；（3）分子自由度为 25，分母自由度为 20，F 分布累积概率为 0.05 时的左尾 F 值；（4）分子自由度为 25，分母自由度为 20，F 分布右尾概率为 0.05 时的右尾 F 值。

解：(1)F.DIST(3,10,8,1) = 0.933 549

(2)F.DIST.RT(2.5,18,15) = 0.039 45

(3)F.INV(0.05,25,20) = 0.498 139

(4)F.INV.RT(0.05,25,20) = 2.073 92

5.3 样本统计量的概率分布

有了概率分布的知识，就很容易理解统计量的概率分布。本节首先介绍统计量及其分布的概念，然后介绍样本均值、样本比例和样本方差的分布。

5.3.1 统计量及其分布

1. 参数和统计量

如果想了解某个地区的人均收入状况，由于不可能对每个人进行调查，因而也就无法知道该地区的人均收入。这里“该地区的人均收入”就是总体**参数**（parameter），它是对总体特征的某个概括性度量。

参数通常是未知的，但又是想要了解的总体的某个特征值。如果只研究一个总体，所关心的参数通常有总体均值、总体方差、总体比例等。在统计中，总体参数通常用希腊字母表示。比如，总体均值用 μ（mu）表示，总体方差用 σ^2（sigma square）表示，总体比例用 π（pi）表示。

总体参数虽然是未知的，但可以利用样本信息来推断。比如，从某地区随机抽取 2 000 个家庭组成一个样本，根据这些家庭的平均收入推断该地区所有家庭的平均收入。这里“2 000 个家庭的平均收入”就是一个**统计量**（statistic），它是根据样本数据计算的用于推断总体的某个量，是对样本特征的某个概括性度量。显然，统计量的取值会因样本不同而变化，因此是样本的函数，也是一个随机变量。但在抽取一个特定的样本后，统计量的值就可以计算出来。

就一个样本而言，统计量通常有样本均值、样本方差、样本比例等。样本统计量通常用英文字母表示。比如，样本均值用 $\bar{x}$ 表示，样本方差用 s^2 表示，样本比例用 p 表示。

2. 统计量的概率分布

既然统计量是一个随机变量，那么它就有一定的概率分布。样本统计量的概率分布也称**抽样分布**（sampling distribution），它是由样本统计量的所有可能取值形成的相对频数分布。但由于现实中不可能将所有可能的样本都抽取出来，因此，统计量的概率分布实际上是一种理论分布。

根据统计量来推断总体参数具有某种不确定性，但我们可以给出这种推断的可靠性，而度量这种可靠性的依据正是统计量的概率分布，并且我们确知这种分布的某些性质。因此，统计量的概率分布提供了该统计量长远而稳定的信息，这构成了推断总体参数的理论基础。

5.3.2　样本均值的分布

设总体共有 N 个元素（个体），从中抽取样本量为 n 的随机样本，在有放回抽样条件下，共有 N^n 个可能的样本，在无放回抽样条件下，共有 $C_N^n=\frac{n!}{n!(N-n)!}$ 个可能的样本。将所有可能的样本均值都算出来，由这些样本均值形成的分布就是样本均值的概率分布，或称样本均值的抽样分布。但现实中不可能将所有的样本都抽取出来，因此，样本均值的概率分布实际上是一种理论分布。当样本量较大时，统计证明它近似服从正态分布。下面通过一个例子说明样本均值的概率分布。

例 5-7

设一个总体含有 5 个元素，取值分别为：$x_1=2$，$x_2=4$，$x_3=6$，$x_4=8$，$x_5=10$。从该总体中采取重复抽样方法抽取样本量为 $n=2$ 的所有可能样本，得出样本均值 $\bar{x}$ 的概率分布。

解： 首先，计算出总体的均值和方差如下：

$$\mu=\frac{\sum_{i=1}^{5}x_i}{N}=\frac{30}{5}=6,\quad \sigma^2=\frac{\sum_{i=1}^{5}(x_i-\mu)^2}{N}=\frac{40}{5}=8$$

从总体中采取重复抽样方法抽取容量为 $n=2$ 的随机样本，共有 $5^2=25$ 个可能的样本。计算出每一个样本的均值 $\bar{x}_i$，结果如表 5-6 所示。

表 5-6　25 个可能的样本及其均值 $\bar{x}$

样本序号	样本元素 1	样本元素 2	样本均值
1	2	2	2
2	2	4	3
3	2	6	4
4	2	8	5
5	2	10	6
6	4	2	3
7	4	4	4
8	4	6	5
9	4	8	6

续表

样本序号	样本元素 1	样本元素 2	样本均值
10	4	10	7
11	6	2	4
12	6	4	5
13	6	6	6
14	6	8	7
15	6	10	8
16	8	2	5
17	8	4	6
18	8	6	7
19	8	8	8
20	8	10	9
21	10	2	6
22	10	4	7
23	10	6	8
24	10	8	9
25	10	10	10

每个样本被抽中的概率相同，均为 1/25。设样本均值的均值（期望值）为 $\mu_{\bar{x}}$，样本均值的方差为 $\sigma_{\bar{x}}^2$。根据表 5－6 中的样本均值得

$$\mu_{\bar{x}}=\frac{\sum_{1}^{25}\bar{x}}{25}=6,\quad \sigma_{\bar{x}}^2=\frac{\sum_{1}^{25}(\bar{x}-\mu_{\bar{x}})^2}{25}=4$$

与总体均值 μ 和总体方差 σ^2 比较，不难发现：

$$\mu_{\bar{x}}=\mu=6,\quad \sigma_{\bar{x}}^2=\frac{\sigma^2}{n}=\frac{8}{2}=4$$

由此可见，样本均值的均值（期望值）等于总体均值，样本均值的方差等于总体方差的 $1/n$。样本均值的分布与总体分布如图 5－6 所示。

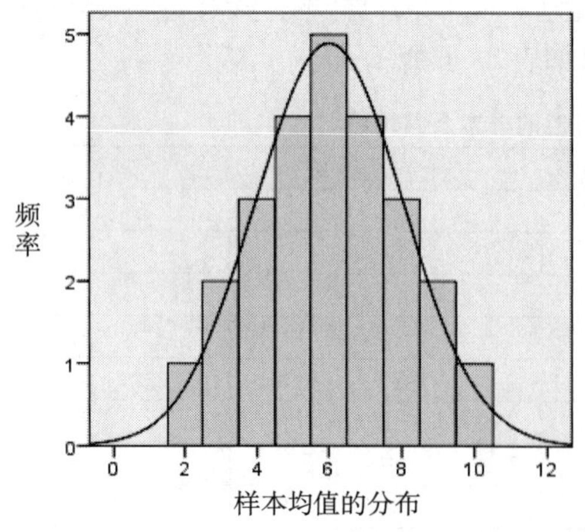

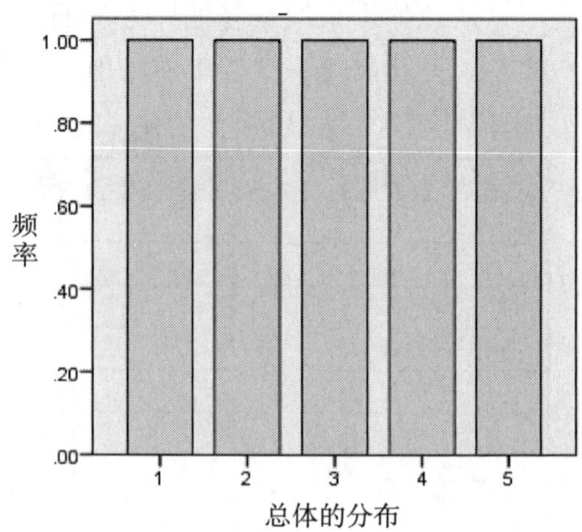

图 5－6　样本均值的分布与总体分布的比较

由图5-6不难看出，尽管总体为均匀分布，但样本均值的分布在形状上近似正态分布。

样本均值的分布与抽样所依据的总体的分布及样本量 n 的大小有关。统计证明，如果总体是正态分布，无论样本量的大小如何，样本均值的分布都近似服从正态分布。如果总体不是正态分布，随着样本量 n 的增大（通常要求 $n \geqslant 30$），样本均值的概率分布仍趋于正态分布，其分布的期望值为总体均值 μ，方差为总体方差的 $1/n$。这就是统计上著名的**中心极限定理**（central limit theorem）。这一定理可以表述为：从均值为 μ、方差为 σ^2 的总体中，抽取样本量为 n 的所有随机样本，当 n 充分大时（通常要求 $n \geqslant 30$），样本均值的分布近似服从期望值为 μ、方差为 σ^2/n 的正态分布，即 $\bar{x} \sim N(\mu, \sigma^2/n)$。等价地有 $\dfrac{\bar{x}-\mu}{\sigma/\sqrt{n}} \sim N(0,1)$。

如果总体不是正态分布，当 n 为小样本时（通常 $n < 30$），样本均值的分布则不服从正态分布。样本均值的分布与总体分布及样本量的关系可以用图5-7来描述。

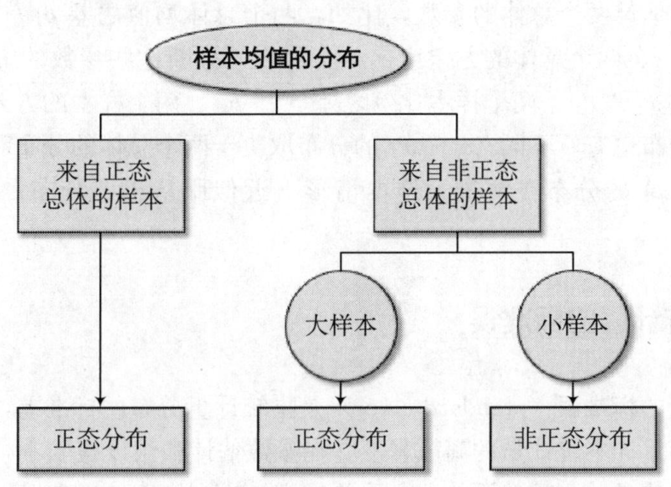

图5-7 样本均值的分布与总体分布及样本量的关系

5.3.3 其他统计量的分布

在统计分析中，许多情形下要进行比例估计。**比例**（proportion）是指总体（或样本）中具有某种属性的个体与全部个体之和的比值。例如，一个班级的学生按性别分为男、女两类，男生人数与全班总人数之比就是比例，女生人数与全班总人数之比也是比例。再如，产品可分为合格品与不合格品，合格品（或不合格品）与全部产品总数之比就是比例。

设总体有 N 个元素，具有某种属性的元素个数为 N_0，具有另一种属性的元素个数为 N_1，总体比例用 π 表示，则有 $\pi = N_0/N$，或有 $N_1/N = 1-\pi$。相应地，样本比例用 p 表示，同样有 $p=n_0/n$，$n_1/n=1-p$。

从一个总体中重复选取样本量为 n 的样本，由样本比例的所有可能取值形成的分布就是样本比例的概率分布。统计证明，当样本量很大时（通常要求 $np \geqslant 10$ 和 $n(1-p) \geqslant 10$），样本比例分布可用正态分布近似，p 的期望值 $E(p)=\pi$，方差为 $\sigma_p^2=\frac{\pi(1-\pi)}{n}$，即

$$p \sim N\left(\pi, \frac{\pi(1-\pi)}{n}\right)$$

等价地有

$$\frac{p-\pi}{\sqrt{\pi(1-\pi)/n}} \sim N(0,1)$$

样本方差是如何分布的呢？统计证明，对于来自正态总体的简单随机样本，比值 $(n-1)s^2/\sigma^2$ 服从自由度为 $n-1$ 的 χ^2 分布，即

$$\chi^2=\frac{(n-1)s^2}{\sigma^2} \sim \chi^2(n-1)$$

如果要估计两个总体的参数，比如，两个总体均值之差 $\mu_1-\mu_2$、两个总体比例之差 $\pi_1-\pi_2$、两个总体的方差比 σ_1^2/σ_2^2，那么，推断这些参数的统计量分别是两个样本均值之差 $\bar{x}_1-\bar{x}_2$、两个样本比例之差 p_1-p_2、两个样本的方差比 s_1^2/s_2^2。这些样本统计量的分布也有所不同。$\bar{x}_1-\bar{x}_2$ 的分布取决于两个总体的分布和两个样本的样本量大小；p_1-p_2 的分布在两个大样本情形下近似服从正态分布；s_1^2/s_2^2 的分布则服从 F 分布。

5.3.4 统计量的标准误

统计量的**标准误**（standard error）是指统计量分布的标准差，也称标准误差。标准误用于衡量样本统计量的离散程度，在参数估计和假设检验中，它是用于衡量样本统计量与总体参数之间差距的一个重要尺度。样本均值的标准误用 $\sigma_{\bar{x}}$ 或 SE 表示，计算公式为：

$$\sigma_{\bar{x}}=\frac{\sigma}{\sqrt{n}} \tag{5.10}$$

当总体标准差 σ 未知时，可用样本标准差 s 代替计算，这时计算的标准误也称**估计标准误**（standard error of estimation）。由于实际应用中总体 σ 通常是未知的，所计算的标准误实际上都是估计标准误，因此估计标准误就简称为标准误（统计软件中得到的都是估计标准误）。

相应地，样本比例的标准误可表示为：

$$\sigma_p=\sqrt{\frac{\pi(1-\pi)}{n}} \tag{5.11}$$

当总体比例的方差 $\pi(1-\pi)$ 未知时，可用样本比例的方差 $p(1-p)$ 代替。

标准误与第 4 章介绍的标准差是两个不同的概念。标准差是根据原始观测值计算

的，反映一组原始数据的离散程度。而标准误是根据样本统计量计算的，反映统计量的离散程度。

□ 习题

5.1 消费者协会经过调查发现，某品牌空调器出现重要缺陷的产品数的概率分布如下：

X	0	1	2	3	4	5	6	7	8	9	10
P	0.041	0.130	0.209	0.223	0.178	0.114	0.061	0.028	0.011	0.004	0.001

根据上表数据分别计算：

(1) 有 2～5 台（包括 2 台与 5 台在内）空调器出现重要缺陷的概率。

(2) 只有不到 2 台空调器出现重要缺陷的概率。

(3) 有超过 5 台空调器出现重要缺陷的概率。

5.2 设 X 是参数 $n=4$ 和 $p=0.2$ 的二项随机变量。求以下概率：

(1) $P(X=2)$；(2) $P(X\leqslant 2)$。

5.3 计算以下概率和分位点：

(1) $X\sim N(500,\ 20^2)$，$P(X\geqslant 510)$；$P(400\leqslant X\leqslant 450)$。

(2) $Z\sim N(0,\ 1)$，$P(0\leqslant Z\leqslant 1.2)$；$P(0.48\leqslant Z\leqslant 0)$；$P(Z\geqslant 1.2)$。

(3) 标准正态分布累积概率为 0.95 时的反函数值 z。

5.4 计算以下概率和分位点：

(1) $X\sim t(df)$，$df=15$，t 值小于 -1.5 的概率；$df=20$，t 值大于 2 的概率；$df=30$，t 分布右尾概率为 0.05 时的 t 值。

(2) $X\sim\chi^2(df)$，$df=8$，χ^2 值小于 12 的概率；$df=20$，χ^2 值大于 18 的概率；$df=15$，χ^2 分布右尾概率为 0.025 时的反函数值。

(3) $X\sim F(df1,\ df2)$，$df1=15$，$df=10$，F 值小于 3.5 的概率；$df1=12$，$df2=8$，F 值大于 3 的概率；$df1=20$，$df2=16$，F 分布右尾概率为 0.025 时的 F 值。

第 6 章 参数估计

Chapter 6

思考一下

- 北京同仁堂生产的“六味地黄丸”药品外包装上标示：每瓶装 360 粒，每 100 粒重 20 克。如果每次拿出 100 粒进行量重，不一定恰好就是 20 克。假定你做 10 次量重试验，能知道每 100 粒的平均重量范围是多少吗？
- 一家电视台有一档《每周质量报告》节目，会对所关注的商品进行检测。在对某种商品的检测中，随机抽取 10 件产品，发现有 2 件不合格，由此得出不合格率为 20%。你相信这样的质量报告吗？
- 有两个品牌的五号电池，它们的平均使用寿命（小时）差不多，但一个品牌的寿命方差为 10 小时，另一个品牌的寿命方差为 8 小时。你认为哪个更好？
- 2016 年 11 月的美国总统大选，之前的民意调查大多认为支持希拉里的人数多于支持特朗普的人数，希拉里获胜的可能性超过 90%，但竞选结果却是特朗普获胜。你认为民意调查可靠吗？

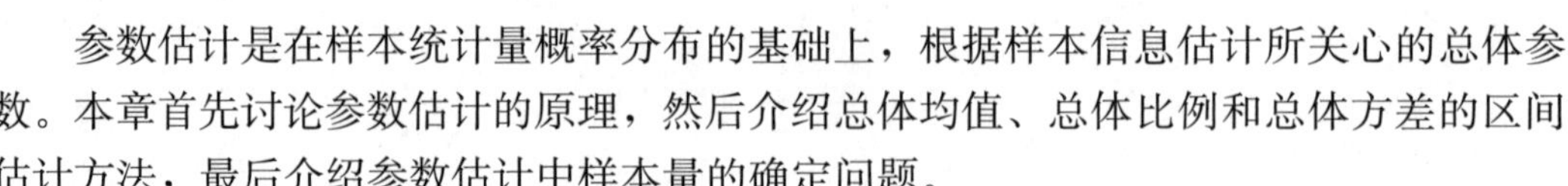

参数估计是在样本统计量概率分布的基础上，根据样本信息估计所关心的总体参数。本章首先讨论参数估计的原理，然后介绍总体均值、总体比例和总体方差的区间估计方法，最后介绍参数估计中样本量的确定问题。

6.1　参数估计的原理

参数估计（parameter estimation）是用样本统计量去估计总体的参数。比如，用样本均值 $\bar{x}$ 估计总体均值 μ，用样本比例 p 估计总体比例 π，用样本方差 s^2 估计总体方差 σ^2，等等。如果将总体参数用符号 θ 表示，用于估计参数的统计量用 $\hat{\theta}$ 表示，当用 $\hat{\theta}$ 估计 θ 时，$\hat{\theta}$ 也称**估计量**（estimator），而根据一个具体的样本计算出来的估计量的数值称为**估计值**（estimate）。比如，要估计一个地区的家庭人均收入，从该地区抽取一个由若干家庭组成的随机样本，这里“该地区所有家庭的年平均收入”就是参数，用 θ 表示，根据样本计算的平均收入 $\bar{x}$ 就是一个估计量，用 $\hat{\theta}$ 表示，假定计算出来的样本平均收入为 15 000 元，这个 15 000 元就是估计量的具体数值，称为估计值。

6.1.1　点估计与区间估计

参数估计有点估计和区间估计两种方法。

1. 点估计

点估计（point estimate）就是将估计量 $\hat{\theta}$ 的某个取值直接作为总体参数 θ 的估计值。比如，将样本均值 $\bar{x}$ 直接作为总体均值 μ 的估计值，将样本比例 p 直接作为总体比例 π 的估计值，样本方差 s^2 直接作为总体方差 σ^2 的估计值，等等。假定要估计一个学院学生的平均考试分数，根据抽出的一个随机样本计算的平均分数为 80 分，将 80 分作为全学院平均考试分数的一个估计值，这就是点估计。再比如，要估计一批产品的合格率，根据抽样计算的合格率为 98%，将 98%直接作为这批产品合格率的估计值，这也是点估计。

由于样本是随机抽取的，因此由一个具体的样本得到的估计值很可能不同于总体参数。点估计的缺陷是无法给出估计的可靠性，也无法说出点估计值与总体参数真实值接近的程度，因为一个点估计量的可靠性是由其抽样分布的标准误来衡量的。因此，我们不能完全依赖于点估计值，而应围绕点估计值构造出总体参数的一个区间。

2. 区间估计

假定参数是射击中靶心的位置，进行一次射击（一个点估计），打在靶心环位置上的可能性很小，但打在靶子上的可能性很大，用打在靶上的这个点画出一个区域，这个区域包含靶心的可能性就很大，区间估计寻找的正是这样一个区域。

区间估计（interval estimate）是在点估计的基础上给出总体参数估计的一个估计区间，该区间通常是由样本统计量加减**估计误差**（estimate error）得到的。与点估计不同，进行区间估计时，根据样本统计量的抽样分布，可以对统计量与总体参数的接近程度给出一个概率度量。下面以总体均值的区间估计为例来说明区间估计的基本原理。

由样本均值的抽样分布可知，在重复抽样或无限总体抽样的情况下，样本均值的期望值等于总体均值，即 $E(\bar{x})=\mu$，样本均值的标准误为 $\sigma_{\bar{x}}=\sigma/\sqrt{n}$。由此可知，样本均值 $\bar{x}$ 落在总体均值 μ 的两侧各 1 个标准误范围内的概率为 0.682 7；落在 2 个标准误范围内的概率为 0.954 5；落在 3 个标准误范围内的概率为 0.997 3。实际上，可以求出样本均值 $\bar{x}$ 落在总体均值 μ 的两侧任何倍数的标准误范围内的概率。比如，样本均值 $\bar{x}$ 落在总体均值 μ 的两侧 1.65 倍的标准误、1.96 倍的标准误和 2.58 倍的标准误范围内的概率分别为 90%，95%和 99%。这意味着，约有 90%，95%和 99%的样本均值会落在 μ 的两侧各 1.65 个标准误、1.96 个标准误和 2.58 个标准误的范围内。

但实际估计时，情况恰好相反。$\bar{x}$ 是已知的，而 μ 是未知的，也正是将要估计的。由于 $\bar{x}$ 与 μ 的距离是对称的，如果某个 $\bar{x}$ 落在 μ 的 1.96 个标准误范围内，反过来，μ 也被包括在以 $\bar{x}$ 为中心两侧 1.96 个标准误的范围内。这意味着，约有 95%的样本均值所构造的 1.96 个标准误的区间会包括 μ。举例来说，如果抽取 100 个样本来估计总体均值，由 100 个样本所构造的 100 个区间中，约有 95 个区间包含总体均值，另外 5 个区间则不包含总体均值。图 6-1 给出了区间估计的示意图。

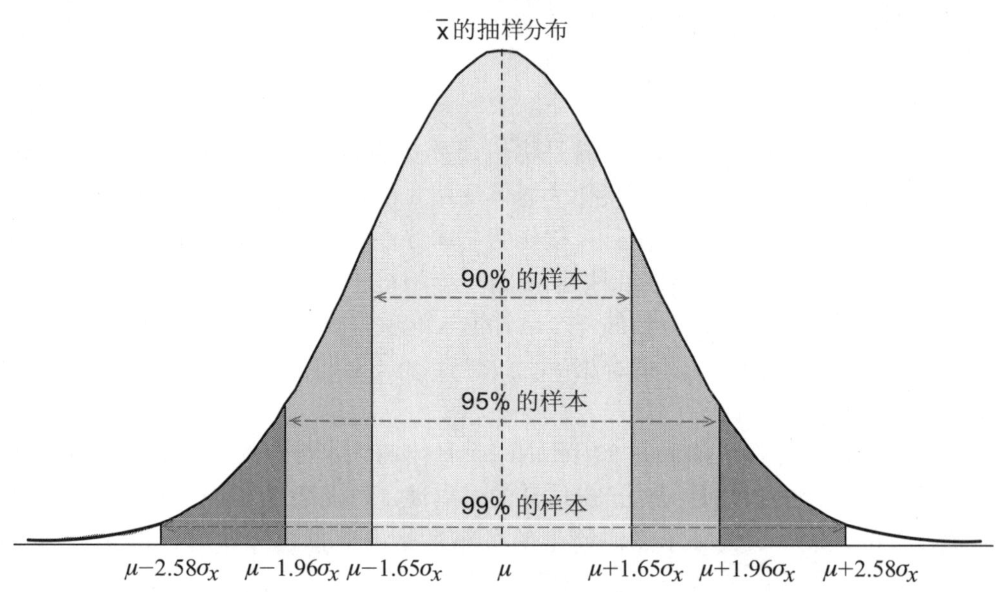

图 6-1　区间估计示意图

在区间估计中，由样本估计量构造出的总体参数在一定置信水平下的估计区间称为**置信区间**（confidence interval），其中，区间的最小值称为置信下限，最大值称为置信上限。由于统计学家在某种程度上确信这个区间会包含真正的总体参数，因此给它取名为置信区间。假定抽取 100 个样本构造出 100 个置信区间，这 100 个区间中有 95%的区间包含总体参数的真值，有 5%没包含，则 95%这个值称为**置信水平**（confidence level）。一般地，如果将构造置信区间的步骤重复多次，置信区间中包含总体参数真值的次数所占的比例称为置信水平，也称置信度或**置信系数**（confidence coefficient）。统计上，常用的置信水平有 90%，95%和 99%。有关置信区间的概念可用下面的图 6-2 来表示。

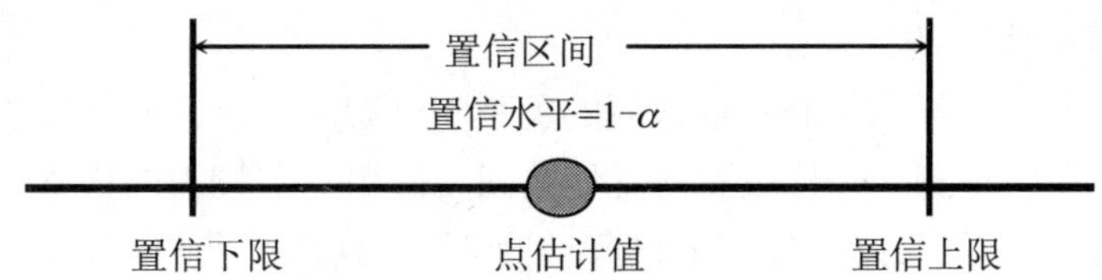

图 6-2　置信区间示意图

如果用某种方法构造的所有区间中有 $(1-\alpha)\%$ 的区间包含总体参数的真值，$\alpha\%$ 的区间不包含总体参数的真值，那么，用该方法构造的区间称为置信水平为 $(1-\alpha)\%$ 的置信区间。如果 $\alpha=5\%$，那么所构造的区间称为置信水平为 95%的置信区间。

由于总体参数的真值是固定的，而用样本构造的估计区间是不固定的，因此置信区间是一个随机区间，它会因样本的不同而变化，而且不是所有的区间都包含总体参数。在实际估计时，往往只抽取一个样本，此时所构造的是与该样本相联系的一定置信水平（比如 95%）下的置信区间。我们只能希望这个区间是大量包含总体参数真值的区间中的一个，但它也可能是少数几个不包含总体参数真值的区间中的一个。比如，从一个均值 (μ) 为 50、标准差为 5 的正态总体中，抽取 $n=10$ 的 100 个随机样本，得到 μ 的 100 个 95%的置信区间，如图 6-3 所示。

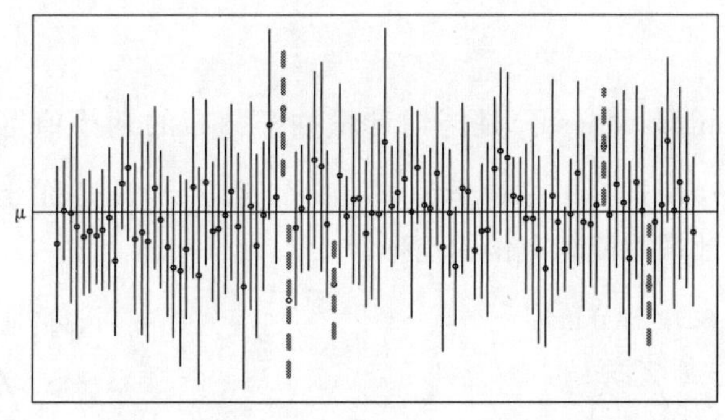

图 6-3　重复构造出的 μ 的 100 个置信区间

图 6-3 中每个区间中间的点表示 μ 的点估计，即样本均值 $\bar{x}$。可以看出 100 个区间中有 95 个区间包含总体均值，有 5 个区间（用粗虚线表示的置信区间）没有包含总体均值，因此称该区间为置信水平为 95%的置信区间。但要注意的是，95%的置信区间不是指任意一次抽取的 100 个样本就恰好有 95 个区间包含总体均值，而是指反复抽取的多个样本中包含总体参数区间的比例。这 100 个置信区间也可能都包含总体均值，也可能有更多的区间未包含总体均值。由于实际估计只抽取了一个样本，由该样本所构造的区间是一个常数区间，我们无法知道这个区间是否包含总体参数的真值，因为它可能是包含总体均值的 95 个区间中的一个，也可能是未包含总体均值的 5

个区间中的一个。因此，一个特定的区间总是“绝对包含”或“绝对不包含”参数的真值，不存在“以多大的概率包含总体参数”的问题。置信水平只是告诉我们在多次估计得到的区间中大概有多少个区间包含了参数的真值，而不是针对所抽取的这个样本构建的区间而言的。

从置信水平、样本量和置信区间的关系不难看出，在其他条件不变时，使用一个较高的置信水平会得到一个比较宽的置信区间，使用一个较大的样本则会得到一个较准确（较窄）的区间。换言之，较宽的区间会有更大的可能性包含参数。但实际应用中，过宽的区间往往没有实际意义。比如，天气预报说“下一年的降雨量是 0～10 000mm”，虽然这很有把握，但有什么意义呢？要求过于准确（过窄）的区间同样不一定有意义，因为过窄的区间虽然看上去很准确，但把握性会降低，除非无限制地增加样本量，而现实中样本量总是受限的。由此可见，区间估计总是要给结论留些余地。

6.1.2　评价估计量的标准

用于估计总体 θ 的估计量 $\hat{\theta}$ 可以有很多。比如，可以将样本均值作为总体均值的估计量，也可以将样本中位数作为总体均值的估计量，等等。那么，究竟将哪种估计量作为总体参数的估计呢？自然要选择估计效果比较好的估计量。什么样的估计量才算是好的估计量呢？这就需要有一定的评价标准。统计学家给出了评价估计量的一些标准，主要有以下几个。

1. 无偏性

无偏性（unbiasedness）是指估计量抽样分布的期望值等于被估计的总体参数。设总体参数为 θ，所选择的估计量为 $\hat{\theta}$，如果 $E(\hat{\theta})=\theta$，则称 $\hat{\theta}$ 为 θ 的无偏估计量。图 6－4 给出了估计量无偏和有偏的情形。

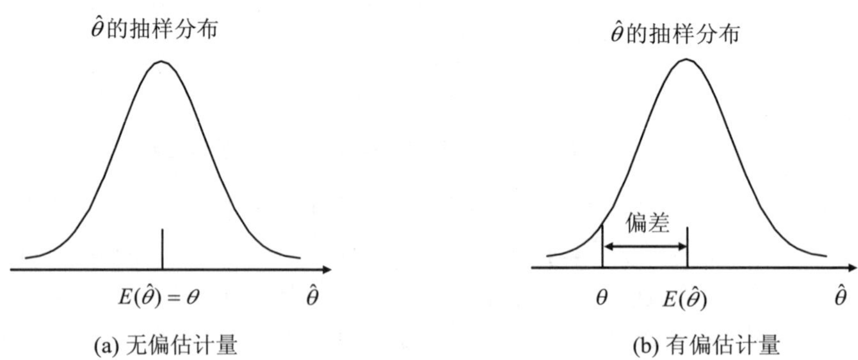

图 6－4　无偏和有偏估计量的情形

由样本均值的抽样分布可知，$E(\bar{x})=\mu$，$E(p)=\pi$，$E(s^2)=\sigma^2$，因此 $\bar{x}$，p，s^2 分别是总体均值 μ、总体比例 π、总体方差 σ^2 的无偏估计量。

2. 有效性

有效性（efficiency）是指估计量的方差大小。一个无偏的估计量并不意味着它就非常接近被估计的总体参数，估计量与参数的接近程度是用估计量的方差（或标准误）来度量的。同一总体参数的多个无偏估计量中，有更小方差的估计量更有效。假定有两个用于估计总体参数的无偏估计量，分别用 $\hat{\theta}_1$ 和 $\hat{\theta}_2$ 表示，它们的方差分别用 $D(\hat{\theta}_1)$ 和 $D(\hat{\theta}_2)$ 表示，如果 $\hat{\theta}_1$ 的方差小于 $\hat{\theta}_2$ 的方差，即 $D(\hat{\theta}_1) < D(\hat{\theta}_2)$，就认为 $\hat{\theta}_1$ 是比 $\hat{\theta}_2$ 更有效的估计量。在无偏估计的条件下，估计量的方差越小，估计就越有效。图 6－5 给出了两个无偏估计量 $\hat{\theta}_1$ 和 $\hat{\theta}_2$ 的抽样分布。可以看到，$\hat{\theta}_1$ 的方差比 $\hat{\theta}_2$ 的方差小，因此 $\hat{\theta}_1$ 的值比 $\hat{\theta}_2$ 的值更接近总体参数，表明 $\hat{\theta}_1$ 是比 $\hat{\theta}_2$ 更有效的估计量。

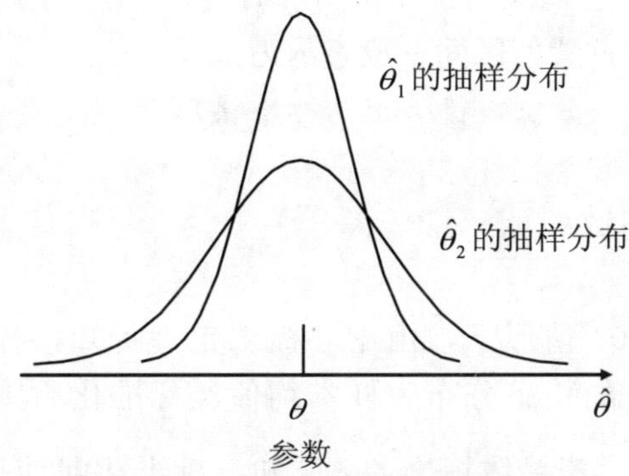

图 6－5　两个无偏估计量的抽样分布

3. 一致性

一致性（consistency）是指随着样本量的无限增大，统计量收敛于所估计总体的参数。换言之，一个大样本给出的估计量更接近总体参数。由于样本均值的标准误 $\sigma_{\bar{x}} = \sigma/\sqrt{n}$ 与样本量大小有关，样本量越大，$\sigma_{\bar{x}}$ 的值就越小，因此可以说，大样本量给出的估计量很接近总体均值 μ。从这个意义上说，样本均值是总体均值的一个一致估计量。对于一致性，也可以用图 6－6 直观地说明它的意义。

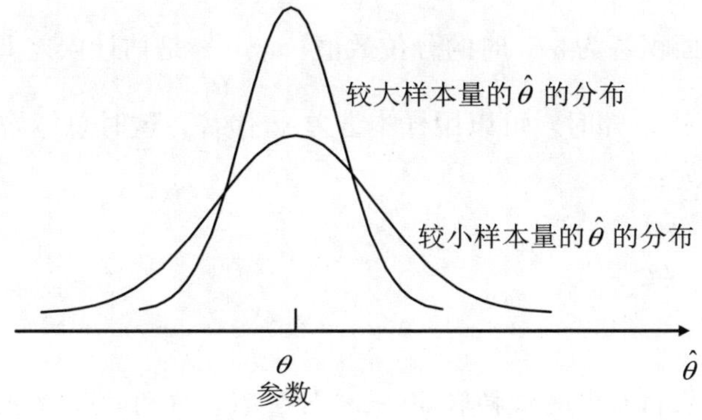

图 6－6　两个不同样本量的抽样分布

6.2 总体均值的区间估计

在对总体均值进行区间估计时，需要考虑总体是否服从正态分布、总体方差是否已知、用于估计的样本是大样本（$n \geqslant 30$）还是小样本（$n < 30$）等几种情况。但不管是哪种情况，总体均值的置信区间都是由样本均值加减估计误差得到的。那么，怎样计算估计误差呢？估计误差由两部分组成：一是点估计量的标准误，它取决于样本统计量的抽样分布。二是估计过程中所要求的置信水平为 $1-\alpha$，统计量分布两侧面积各为 $\alpha/2$ 时的分位数值，它取决于事先所要求的可靠程度。用 E 表示估计误差，总体均值在 $1-\alpha$ 置信水平下的置信区间一般表示为：

$$\bar{x} \pm E = \bar{x} \pm (\text{分位数值} \times \bar{x} \text{ 的标准误}) \tag{6.1}$$

6.2.1 大样本的估计

在大样本（$n \geqslant 30$）情形下，由中心极限定理可知，样本均值 $\bar{x}$ 近似服从期望值为 μ、方差为 σ^2/n 的正态分布。样本均值经标准化后则服从标准正态分布，即 $z=\dfrac{\bar{x}-\mu}{\sigma/\sqrt{n}} \sim N(0,1)$。若总体标准差 σ 已知，标准化时使用 σ；若 σ 未知，则用样本标准差 s 代替。因此，可以由正态分布构建总体均值在 $1-\alpha$ 置信水平下的置信区间。

当总体方差 σ^2 已知时，总体均值 μ 在 $1-\alpha$ 置信水平下的置信区间为：

$$\bar{x} \pm z_{\alpha/2}\frac{\sigma}{\sqrt{n}} \tag{6.2}$$

式中，$\bar{x}-z_{\alpha/2}\dfrac{\sigma}{\sqrt{n}}$ 为置信下限，$\bar{x}+z_{\alpha/2}\dfrac{\sigma}{\sqrt{n}}$ 为置信上限；α 是事先确定的一个概率值，它是总体均值不包括在置信区间中的概率；$1-\alpha$ 为置信水平，α 为显著性水平；$z_{\alpha/2}$ 是标准正态分布两侧面积各为 $\alpha/2$ 时的分位数值；$z_{\alpha/2}\dfrac{\sigma}{\sqrt{n}}$ 是估计误差 E。

当总体方差 σ^2 未知时，可以用样本方差 s^2 代替，这时总体均值 μ 在 $1-\alpha$ 置信水平下的置信区间为：

$$\bar{x} \pm z_{\alpha/2}\frac{s}{\sqrt{n}} \tag{6.3}$$

 **例 6-1**

从某批次袋装食品中随机抽取 50 袋进行检测，得到的每袋重量如表 6-1 所示。

表 6-1　50 袋食品的重量数据　单位：克

489.9	494.5	499.3	499.6	503.1	497.7	499.1	499.6	494.1	500.9
500.3	501.0	494.8	496.6	484.5	501.2	499.6	498.1	504.2	501.7
505.7	500.7	497.1	500.4	501.1	499.8	501.0	500.3	500.8	501.1
509.3	509.3	503.5	507.1	505.8	500.2	494.4	505.0	502.0	496.5
495.0	495.7	501.8	498.4	502.2	502.6	500.8	493.4	508.6	490.6

估计该批食品平均重量的 95%的置信区间：(1) 假定总体标准差为 25 克。(2) 假定总体方差未知。

解：(1) 已知 $\sigma=5$，$n=50$，$1-\alpha=95\%$，$z_{\alpha/2}=1.96$。由样本数据计算得：$\bar{x}=499.8$。根据式 (6.2) 得

$$\bar{x}\pm z_{\alpha/2}\frac{\sigma}{\sqrt{n}}=499.8\pm1.96\times\frac{5}{\sqrt{50}}=499.8\pm1.3859$$

即 (498.414，501.186)，该批食品平均重量的 95%的置信区间为 498.414～501.186 克。

(2) 由于总体方差未知，需要用样本方差代替。由样本数据计算得：$s=4.83$。根据式 (6.3) 得

$$\bar{x}\pm z_{\alpha/2}\frac{s}{\sqrt{n}}=499.8\pm1.96\times\frac{4.83}{\sqrt{50}}=499.8\pm1.3388$$

即 (498.461，501.139)，该批食品平均重量的 95%的置信区间为 498.461～501.139 克。

在大样本情形下，估计误差 E 可以由 Excel 中的【CONFIDENCE. NORM】函数求得，语法为：CONFIDENCE. NORM(alpha，standard _ dev，size)。其中，alpha 为显著性水平，1－alpha 为置信水平，standard _ dev 为已知的总体标准差（未知时用样本标准差代替），size 为样本量。例如，CONFIDENCE. NORM(0.05，5，50)＝1.385 904。用样本标准差代替时有 CONFIDENCE. NORM (0.05，4.83，50)＝1.338 783，与手工计算结果相同。

6.2.2　小样本的估计

在小样本 ($n<30$) 情形下，对总体均值的估计都是建立在总体服从正态分布的假定前提下。如果正态总体的 σ 已知，样本均值经标准化后仍然服从标准正态分布，此时可根据正态分布使用式 (6.2) 建立总体均值的置信区间。如果正态总体的 σ 未知，则用样本标准差 s 代替，这时样本均值经过标准化后服从自由度为 $n-1$ 的 t 分布，即 $t=\frac{\bar{x}-\mu}{s/\sqrt{n}}\sim t(n-1)$。因此需要使用 t 分布构建总体均值的置信区间。在 $1-\alpha$ 置信水平下，总体均值的置信区间为：

$$\bar{x}\pm t_{\alpha/2}\frac{s}{\sqrt{n}}\tag{6.4}$$

 例 6 - 2

从某种型号的手机电池中随机抽取 10 块，测得其使用寿命如表 6 - 2 所示。

表 6 - 2　10 块手机电池的使用寿命数据　　单位：小时

10 018	10 638	9 803	10 488	11 192
9 727	9 907	9 234	10 282	9 073

假定电池使用寿命服从正态分布，建立该种型号手机电池平均使用寿命的 95%的置信区间。(1) 假定总体标准差为 500 小时。(2) 假定总体标准差未知。

解：(1) 虽然为小样本，但总体方差已知，因此可按式 (6.2) 计算置信区间。由 Excel 中的【NORM. S. INV】函数得：$z_{\alpha/2}$ = NORM. S. INV(0. 975) = 1. 959 96。由样本数据计算得：$\bar{x}=10\ 036.2$。根据式 (6.2) 得

$$\bar{x}\pm z_{\alpha/2}\frac{\sigma}{\sqrt{n}}=10\ 036.2\pm 1.959\ 96\times\frac{500}{\sqrt{10}}=10\ 036.2\pm 309.897\ 5$$

即 (9 726.303，10 346.1)。该批手机电池平均使用寿命的 95%的置信区间为 9 726.303 ～ 10 346.1 小时。

由 Excel 中的【CONFIDENCE. NORM】函数得到估计误差 E =CONFIDENCE. NORM (0.05，500，10) =309.897 5，与手工计算结果一致。

(2) 由于是小样本，且总体标准差未知，因此需要用 t 分布建立置信区间。由 Excel 中的【T. INV. 2T】函数得：T. INV. 2T(0. 05，9)=2. 262 157。由样本数据计算得：$\bar{x}$=10 036. 2，s=641. 254 6。根据式 (6.4) 得

$$\bar{x}\pm t_{\alpha/2}\frac{s}{\sqrt{n}}=10\ 036.2\pm 2.262\ 157\times\frac{641.254\ 6}{\sqrt{10}}=10\ 036.2\pm 458.725\ 9$$

即 (9 577.474，10 494.926)，该批手机电池平均使用寿命的 95%的置信区间为 9 577.474～10 494.926小时。

在小样本情形下，估计误差 E 可以由 Excel 中的【CONFIDENCE. T】函数求得，语法为：CONFIDENCE. T(alpha，standard _ dev，size)。其中，alpha 为显著性水平，1−alpha 为置信水平，standard _ dev 为样本标准差，size 为样本量。例如，对于上述问题 (2) 有：CONFIDENCE. T(0. 05，641. 254 6，10) =458. 725 9。与手工计算结果相同。

表 6 - 3 总结了总体均值区间估计的一些公式。

表 6 - 3　不同情况下总体均值的区间估计

总体分布	样本量	σ 已知	σ 未知
正态分布	大样本 ($n\geqslant 30$)	$\bar{x}\pm z_{\alpha/2}\frac{\sigma}{\sqrt{n}}$	$\bar{x}\pm z_{\alpha/2}\frac{s}{\sqrt{n}}$
	小样本 ($n<30$)	$\bar{x}\pm z_{\alpha/2}\frac{\sigma}{\sqrt{n}}$	$\bar{x}\pm t_{\alpha/2}\frac{s}{\sqrt{n}}$
非正态分布	大样本 ($n\geqslant 30$)	$\bar{x}\pm z_{\alpha/2}\frac{\sigma}{\sqrt{n}}$	$\bar{x}\pm z_{\alpha/2}\frac{s}{\sqrt{n}}$

6.3　总体比例的区间估计

这里只讨论大样本情形下总体比例的估计问题。[①] 由样本比例 p 的抽样分布可知，当样本量足够大时，比例 p 近似服从期望值为 $E(p)=\pi$、方差为 $\sigma_p^2=\dfrac{\pi(1-\pi)}{n}$ 的正态分布。样本比例经标准化后则服从标准正态分布，即 $z=\dfrac{p-\pi}{\sqrt{\pi(1-\pi)/n}}\sim N(0,1)$。因此，可由正态分布建立总体比例的置信区间。与总体均值的区间估计类似，总体比例的置信区间是 π 的点估计值 p 加减估计误差得到的。用 E 表示估计误差，π 在 $1-\alpha$ 置信水平下的置信区间一般表示为：

$$p\pm E=p\pm(\text{分位数值}\times p\text{ 的标准误})\tag{6.5}$$

因此，总体比例 π 在 $1-\alpha$ 置信水平下的置信区间为：

$$p\pm z_{\alpha/2}\sqrt{\frac{p(1-p)}{n}}\tag{6.6}$$

式中，$z_{\alpha/2}$ 是标准正态分布上两侧面积各为 $\alpha/2$ 时的 z 值；$z_{\alpha/2}\sqrt{\dfrac{p(1-p)}{n}}$ 是估计误差 E。

例 6-3

某电视频道想要估计观看某档娱乐节目的人群中女性所占的比例，随机抽取 100 名观众，其中 65 人为女性。用 95%的置信水平估计观看该档娱乐节目的人群中女性比例的置信区间。

解： 由抽样结果计算的样本比例为 $p=65/100=65\%$。由 Excel 中的【NORM. S. INV】函数得：NORM. S. INV(0.975)=1.959 96。根据式（6.6）得

$$65\%\pm1.959\,96\times\sqrt{\frac{65\%\times(1-65\%)}{100}}=65\%\pm0.093\,484\,1$$

即（55.65%，74.35%），观看该档娱乐节目的人群中女性比例 95%的置信区间为 55.65%～74.35%。

6.4　总体方差的区间估计

估计总体方差时，首先假定总体服从正态分布。其原理与总体均值和总体比例的区间估计不同，不再是点估计量±估计误差。由于样本方差的抽样分布服从自由度为

---

① 对于总体比例的估计，确定样本量是否“足够大”的一般经验规则是：区间 $p\pm2\sqrt{p(1-p)/2}$ 中不包含 0 或 1，或者要求 $np\geqslant10$ 和 $n(1-p)\geqslant10$。

$n-1$ 的 χ^2 分布，因此需要用 χ^2 分布构造总体方差的置信区间。χ^2 分布是不对称分布，无法由点估计值±估计误差得到总体方差的置信区间。

怎样构造总体方差的置信区间呢？若给定置信水平（$1-\alpha$）%，用 χ^2 分布构造总体方差 σ^2 的置信区间的原理可用图 6-7 表示。

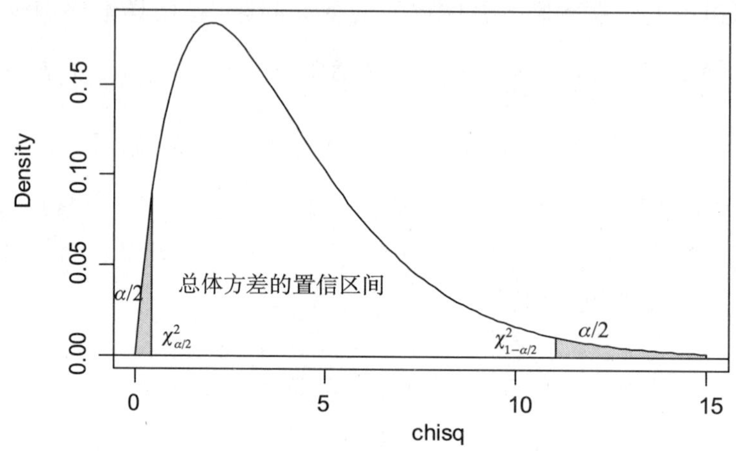

图 6-7　总体方差（1−α）%的置信区间

由图 6-7 可以看出，建立总体方差 σ^2 的置信区间，也就是要找到一个 χ^2 值，使其满足 $\chi^2_{\alpha/2}\leqslant\chi^2\leqslant\chi^2_{1-\alpha/2}$，由于 $\frac{(n-1)s^2}{\sigma^2}\sim\chi^2(n-1)$，可用它来代替 χ^2，于是有

$$\chi^2_{\alpha/2}\leqslant\frac{(n-1)s^2}{\sigma^2}\leqslant\chi^2_{1-\alpha/2} \tag{6.7}$$

根据式（6.7）可推导出总体方差 σ^2 在（$1-\alpha$）% 置信水平下的置信区间：

$$\frac{(n-1)s^2}{\chi^2_{1-\alpha/2}}\leqslant\sigma^2\leqslant\frac{(n-1)s^2}{\chi^2_{\alpha/2}} \tag{6.8}$$

例 6-4

沿用例 6-2。以 95%的置信水平建立该种型号手机电池使用寿命方差的置信区间。

解：根据样本数据计算的样本方差 $s^2=411\ 207.511\ 1$。显著性水平 $\alpha=0.05$，自由度 $n-1=10-1=9$。由 Excel 中的【CHISQ. INV】函数得：χ^2 分布的左尾临界 $\chi^2_{(\alpha/2)}=\chi^2_{0.025}(9)=$ CHISQ. INV（0.025，9）＝2.700 389；右尾临界值 $\chi^2_{0.025}(9)=$ CHISQ. INV. RT(0.025，9)＝19.022 77。

总体方差 σ^2 的置信区间为：

$$\frac{(10-1)\times 411\ 207.511\ 1}{19.022\ 77}\leqslant\sigma^2\leqslant\frac{(10-1)\times 411\ 207.511\ 1}{2.700\ 389}$$

即 $194\ 549.353\ 2\leqslant\sigma^2\leqslant 1\ 370\ 494.250\ 6$。相应地，总体标准差的置信区间为 $441.077\ 5\leqslant\sigma\leqslant 1\ 170.681\ 1$。该种型号手机电池使用寿命方差 95%的置信区间为 441.077 5～1 170.681 1小时。

6.5 样本量的确定

在进行参数估计之前，首先应确定一个适当的样本量。究竟应该抽取一个多大的样本来估计总体参数呢？在进行估计时，总是希望提高估计的可靠程度。但在一定的样本量下，要提高估计的可靠程度，就需要给出较高的置信水平以扩大置信区间，但相应的准确性会下降。如果想要提高估计的准确性，在不降低置信水平的条件下，就需要增加样本量以缩小置信区间，但样本量的增加也会受到许多限制。通常，样本量的确定与可以容忍的置信区间的宽度以及对此区间设置的置信水平有一定关系。因此，如何确定一个适当的样本量，也是参数估计中需要考虑的问题。

6.5.1 估计总体均值时样本量的确定

总体均值的置信区间由样本均值 $\bar{x}$ 和估计误差两部分组成。在重复抽样或无限总体抽样条件下，估计误差为 $E=z_{\alpha/2}=\frac{\sigma}{\sqrt{n}}$。$z_{\alpha/2}$ 的值和样本量 n 共同确定了估计误差的大小。一旦确定了置信水平 $1-\alpha$，$z_{\alpha/2}$ 的值就确定了。对于给定的 $z_{\alpha/2}$ 的值和总体标准差 σ，可以确定任一允许的估计误差所需的样本量。令 E 代表允许的估计误差，可以推导出所需样本量的计算公式如下：

$$n=\frac{(z_{\alpha/2})^2\sigma^2}{E^2} \tag{6.9}$$

式中的 E 值是使用者在给定的置信水平下可以接受的估计误差。如果能求出 σ 的具体值，就可以用上面的公式计算所需的样本量。如果 σ 的值未知，可以用以前相同或类似的样本的标准差来代替；也可以用试验调查的办法，选择一个初始样本，将该样本的标准差作为 σ 的估计值。

从式（6.9）可以看出，样本量与置信水平成正比，在其他条件不变的情况下，置信水平越大，所需的样本量就越大；样本量与总体方差成正比，总体的差异越大，所需的样本量就越大；样本量与估计误差的平方成反比，即允许的估计误差的平方越大，所需的样本量就越小。简言之，要有一个很有把握或精度很高的估计，就需要更大的样本量。

注意：根据式（6.9）计算出的样本量不一定是整数，通常是将样本量取成较大的整数，也就是将小数点后的数值一律进位成整数，如 24.68 取 25，24.32 也取 25。

例 6－5

拥有工商管理学士学位的大学毕业生月薪的标准差大约为 2 000 元，假定想要估计月薪 95%的置信区间，允许的估计误差不超过 400 元，应抽取多大的样本量？

解：已知 $\sigma=2\ 000$，$E=400$，$z_{\alpha/2}=1.96$。根据式（6.9）得

$$n=\frac{1.96^2\times 2\ 000^2}{400^2}=96.04\approx 97$$

即应抽取 97 人作为样本。

6.5.2 估计总体比例时样本量的确定

与估计总体均值时样本量的确定方法类似，在重复抽样或无限总体抽样条件下，估计总体比例置信区间的估计误差为 $z_{\alpha/2}\sqrt{\frac{\pi(1-\pi)}{n}}$，$z_{\alpha/2}$的值、总体比例 π 和样本量 n 共同确定了估计误差的大小。由于总体比例的值是固定的，因此估计误差由样本量确定，样本量越大，估计误差就越小，估计的精度也就越高。对于给定的 $z_{\alpha/2}$ 的值，可以计算出一定的允许估计误差条件下所需的样本量。令 E 代表允许的估计误差，可以推导出估计总体比例时所需的样本量，计算公式如下：

$$n=\frac{(z_{\alpha/2})^2\cdot\pi(1-\pi)}{E^2} \tag{6.10}$$

式中的估计误差 E 由使用者事先确定。大多数情况下，E 的取值一般应小于 0.10。如果能够求出 π 的具体值，就可以用上面的公式计算所需的样本量。如果 π 的值未知，可以用类似的样本比例来代替，也可以用试验调查的办法，选择一个初始样本，将该样本的比例作为 π 的估计值。当 π 的值无法知道时，通常取使 $\pi(1-\pi)$ 最大的值 0.5。

例 6-6

根据以往的生产统计，某种产品的合格率约为 90%。现要求估计误差不超过 5%，在求 95%的置信区间时，应抽取多少个产品作为样本？

解：已知 $\pi=90\%$，$E=5\%$，$z_{\alpha/2}=1.96$。根据式（6.10）得

$$n=\frac{1.96^2\times 0.9(1-0.9)}{0.05^2}=138.3\approx 139$$

即应抽取 139 个产品作为样本。

□ 习题

6.1 为调查每天上班乘坐地铁所花费的时间，在某城市乘坐地铁的上班族中随机抽取 50 人，得到他们每天上班乘坐地铁所花费时间的数据（单位：分钟）如下。

53	20	79	43	63
48	66	49	52	88

49	47	97	56	51
69	97	50	48	72
79	68	71	62	31
54	40	46	71	78
73	58	58	46	86
87	53	90	64	64
43	56	77	46	83
62	60	42	53	57

计算乘坐地铁平均花费时间的置信区间：

(1) 假定总体标准差为 20 分钟，置信水平为 95%。

(2) 假定总体标准差未知，置信水平为 90%。

6.2　同一种商品在不同购物网站上的销售价格是不同的。下面是随机抽取的 12 家网站上同一种商品的销售价格数据（单位：元）。

107	102	90	106	94	97	96	85	90	102	120	99

计算该商品平均销售价格的置信区间：

(1) 假定总体标准差为 10 元，置信水平为 95%。

(2) 假定总体标准差未知，置信水平为 90%。

(3) 假定想要估计销售价格均值的 95%的置信区间，允许的估计误差不超过 15 元，应抽取多大的样本量？

6.3　某居民小区共有居民 500 户，小区管理者准备采用一项新的供水设施，想了解居民是否赞成。采取重复抽样方法随机抽取了 50 户，其中 32 户赞成，18 户反对。

(1) 求总体中赞成新措施的户数比例的置信区间，置信水平为 95%。

(2) 如果小区管理者预计赞成的比例能达到 80%，要求估计误差不超过 10%。应抽取多少户进行调查？

6.4　计算习题 6.3 的销售价格方差和标准差的 95%的置信区间。

第 7 章 假设检验

Chapter 7

思考一下

- 330 毫升罐装的可口可乐外包装上标明：每百毫升中钠的含量为 12 毫克。你相信标签上的说法吗？如果不相信，你会怎么做？
- 一种沙棘汁饮料的外包装上标明：每 100 毫升中果汁的含量大于等于 30%，你会如何判断这一说法的真伪？
- 随机抽取 20 人，调查他们对某项公共交通改革措施的看法，结果是 95%的人支持该项改革。你相信这一结果吗？理由是什么？

假设检验是推断统计的另一项重要内容，它与参数估计类似，但角度不同。参数估计是利用样本信息推断未知的总体参数，假设检验则是先对总体参数提出一个假设值，然后利用样本信息判断这一假设是否成立。本章首先介绍假设检验的基本步骤，然后介绍总体均值、总体比例和总体方差的检验方法。

7.1 假设检验的步骤

假设检验的基本思路是：首先对总体提出某种假设，然后抽取样本获得数据，再根据样本提供的信息判断假设是否成立。

7.1.1　提出假设

假设（hypothesis）是对总体的某种看法。在参数检验中，假设就是对总体参数的具体数值所作的陈述。比如，虽然不知道一批灯泡的平均使用寿命是多少，不知道一批产品的合格率是多少，不知道全校学生月生活费支出的方差是多少，但可以事先提出一个假设值。比如，这批灯泡的平均使用寿命是 8 000 小时，这批产品的合格率是 96%，全校学生月生活费支出的方差是 10 000，等等，这些陈述就是对总体参数提出的假设。

假设检验（hypothesis test）是在对总体提出假设的基础上，利用样本信息判断假设是否成立的统计方法。比如，假设全校学生月生活费支出的均值是 1 500 元，然后从全校学生中抽取一个样本，根据样本信息检验月平均生活费支出是否为 1 500 元，这就是假设检验。

做假设检验时，首先要提出两种假设，即原假设和备择假设。

原假设（null hypothesis）是研究者想收集证据予以推翻的假设，用 H_0 表示。原假设所表达的含义通常是参数没有变化或变量之间没有关系，因此等号"＝"总是放在原假设上。以总体均值的检验为例，设参数的假设值为μ_0，原假设总是写成$H_0:\mu=\mu_0$，$H_0:\mu\geqslant\mu_0$或$H_0:\mu\leqslant\mu_0$。原假设最初被假设是成立的，之后根据样本数据确定是否有足够的证据拒绝原假设。

备择假设（alternative hypothesis）通常是研究者想收集证据予以支持的假设，用 H_1 或 H_a 表示。备择假设所表达的含义通常是总体参数发生了变化或变量之间有某种关系。以总体均值的检验为例，备择假设的形式总是$H_1:\mu\neq\mu_0$，$H_1:\mu<\mu_0$或$H_1:\mu>\mu_0$。备择假设通常用于表达研究者自己倾向于支持的看法。研究者想办法收集证据拒绝原假设，以支持备择假设。

在假设检验中，如果备择假设没有特定的方向，并含有符号"≠"，这样的假设检验称为双侧检验或**双尾检验**（two-tailed test）。如果备择假设具有特定的方向，并含有符号"＞"或"＜"，这样的假设检验称为单侧检验或**单尾检验**（one-tailed test）。备择假设含有"＜"符号的单侧检验称为左侧检验，备择假设含有"＞"符号的单侧检验则称为右侧检验。

下面通过几个例子来说明确定原假设和备择假设的大概思路。

例 7－1

一种零件的标准直径为 50mm，为对生产过程进行控制，质量监测人员定期对一台加工机床进行检查，确定这台机床生产的零件是否符合标准要求。如果零件的平均直径大于或小于 50mm，表示生产过程不正常，必须进行调整。陈述用来检验生产过程是否正常的原假设和备择假设。

解：设这台机床生产的所有零件平均直径的真值为μ。若$\mu=50$，表示生产过程正常，若$\mu>50$或$\mu<50$，表示生产过程不正常，研究者要检验这两种可能情形中的任

何一种。因此，研究者想收集证据予以推翻的假设应该是“生产过程正常”，而想收集证据予以支持的假设是“生产过程不正常”（因为如果研究者事先认为生产过程正常，也就没有必要进行检验了），所以建立的原假设和备择假设应为：

$$H_0:\mu = 50\text{（生产过程正常）}；H_1:\mu \neq 50\text{（生产过程不正常）}$$

例 7-2

产品的外包装上都贴有标签，标签上通常标有该产品的性能说明、成分指标等信息。农夫山泉 550mL 瓶装饮用天然水外包装标签上标明：每 100mL（毫升）钙的含量≥400μg（微克）。如果是消费者做检验，应该提出怎样的原假设和备择假设？如果是生产厂家自己做检验，又会提出怎样的原假设和备择假设？

解：设每 100mL 水中钙的含量均值为 μ。消费者做检验的目的是想寻找证据推翻标签中的说法，即 $\mu \geqslant 400\mu g$（如果对标签中的数值没有质疑，也就没有检验的必要了），想支持的观点则是标签中的说法不正确，即 $\mu < 400\mu g$。因此，提出的原假设和备择假设应为：

$$H_0:\mu \geqslant 400\text{（标签中的说法正确）}；H_1:\mu < 400\text{（标签中的说法不正确）}$$

如果是生产厂家自己做检验，自然会想办法支持自己的看法，也就是想寻找证据证明标签中的说法是正确的，即 $\mu > 400$，想推翻的观点则是 $\mu \leqslant 400$，因此，会提出与消费者观点不同（方向相反）的原假设和备择假设，即

$$H_0:\mu \leqslant 400\text{（标签中的说法不正确）}；H_1:\mu > 400\text{（标签中的说法正确）}$$

例 7-3

一家研究机构认为，某城市网上购物家庭的比例超过 80%。为验证这一估计是否正确，该研究机构随机抽取了若干家庭进行检验。试陈述用于检验的原假设和备择假设。

解：设网上购物家庭的比例真值为 π。显然，研究者想收集证据予以支持的假设是“该城市网上购物家庭的比例超过 80%”。因此，建立的原假设和备择假设应为：

$$H_0:\pi \leqslant 80\%；H_1:\pi > 80\%$$

通过上面的例子可以看出，原假设和备择假设是一个完备事件组，而且相互对立。这意味着，在一项检验中，原假设和备择假设必有一个成立，而且只有一个成立。此外，假设的确定带有一定的主观色彩，因为研究者想推翻的假设和研究者想支持的假设最终仍取决于研究者本人的意向。所以，即使是对同一个问题，也可能由于研究目的不同提出截然不同的假设。但无论怎样，只要假设的建立符合研究者的最终目的便是合理的。

7.1.2 确定显著性水平

假设检验是根据样本信息做出决策，因此，无论是拒绝还是不拒绝原假设，都有可能犯错误。研究者总是希望做出正确的决策，但决策建立在样本信息的基础之上，而样本又是随机的，因而就有可能犯错误。

原假设和备择假设不能同时成立，决策的结果是要么拒绝原假设，要么不拒绝原假设。决策时总是希望当原假设正确时没有拒绝它，当原假设不正确时拒绝它，但实际上很难保证不犯错误。一种情形是，原假设是正确的却拒绝了它，这时所犯的错误称为**第Ⅰ类错误**（type Ⅰ error），犯第Ⅰ类错误的概率记为 α，因此也称 α 错误。另一种情形是，原假设是错误的却没有拒绝它，这时所犯的错误称为**第Ⅱ类错误**（type Ⅱ error），犯第Ⅱ类错误的概率记为 β，因此也称 β 错误。

在假设检验中，只要做出拒绝原假设的决策，就有可能犯第Ⅰ类错误，只要做出不拒绝原假设的决策，就有可能犯第Ⅱ类错误。直观地说，这两类错误的概率之间存在这样的关系：在样本量不变的情形下，要减小 α 就会使 β 增大，而要减小 β 就会使 α 增大，两类错误就像一个跷跷板。人们自然希望犯两类错误的概率都尽可能小，但实际上难以做到。使 α 和 β 同时减小的唯一办法是增加样本量，但样本量的增加又会受许多因素的限制，所以人们只能在两类错误的发生概率之间进行平衡，以使 α 和 β 控制在能够接受的范围内。一般来说，对于一个固定的样本，如果犯第Ⅰ类错误的代价比犯第Ⅱ类错误的代价高，则将犯第Ⅰ类错误的概率定得低些较为合理；反之，则可以将犯第Ⅰ类错误的概率定得高些。那么，检验时先控制哪类错误呢？一般来说，发生哪一类错误的后果更严重，就应该先控制哪类错误发生的概率。但由于犯第Ⅰ类错误的概率可以由研究者事先控制，而犯第Ⅱ类错误的概率相对难以计算，因此在假设检验中，人们往往先控制第Ⅰ类错误的发生概率。

假设检验中，犯第Ⅰ类错误的概率也称**显著性水平**（level of significance），记为 α。它是人们事先确定的犯第Ⅰ类错误概率的最大允许值。显著性水平 α 越小，犯第Ⅰ类错误的可能性自然就越小，但犯第Ⅱ类错误的可能性随之增大。实际应用中，究竟确定一个多大的显著性水平值合适呢？一般情形下，人们认为犯第Ⅰ类错误的后果更严重，因此通常会取一个较小的 α 值（一般要求 α 可以取小于或等于 0.1 的任何值）。英国统计学家费希尔在他的研究中把小概率的标准定为 0.05，所以人们通常选择显著性水平为 0.05 或比 0.05 更小的概率，当然也可以取其他值。实际中常用的显著性水平有 $\alpha=0.01$，$\alpha=0.05$，$\alpha=0.1$。

7.1.3　做出决策

提出具体的假设之后，研究者需要提供可靠的证据来支持他所关注的备择假设。在例 7－2 中，如果你想证实产品标签上的说法不属实，即检验假设：$H_0:\mu\geqslant 400$；$H_1:\mu< 400$，抽取一个样本得到的样本均值为 390μg，你是否拒绝原假设呢？如果样本均值是 410μg，你是否就不拒绝原假设呢？做出拒绝或不拒绝原假设的依据是什么？传统检验中，决策依据的是样本统计量，现代检验中，人们直接根据样本数据算出犯第Ⅰ类错误的概率，即 ***P* 值**（*P*-value）。检验时做出决策的依据是：原假设成立时小概率事件不应发生，如果小概率事件发生了，就应当拒绝原假设。统计上，通常把 $P\leqslant 0.1$ 的值统称为小概率。

1. 用统计量决策（传统做法）

传统决策方法是首先根据样本数据计算出用于决策的**检验统计量**（test statistic）。比如要检验总体均值，我们自然会想到要用样本均值作为判断标准。但样本均值 $\bar{x}$ 是总体均值 μ 的一个点估计量，它并不能直接作为判断的依据，只有经标准化后才能用于度量它与原假设的参数值之间的差异程度。对于总体均值和总体比例的检验，在原假设 H_0 为真的条件下，根据点估计量的抽样分布可以得到**标准化检验统计量**（standardized test statistic）。其计算公式为：

$$\text{标准化检验统计量} = \frac{\text{点估计量} - \text{假设值}}{\text{点估计量的标准误}} \tag{7.1}$$

标准化检验统计量反映了点估计值（比如样本均值）与假设的总体参数（比如假设的总体均值）相比相差多少个标准误。虽然检验统计量是一个随机变量，随样本观测结果的不同而变化，但只要已知一组特定的样本观测结果，检验统计量的值也就唯一确定了。

有了检验统计量就可以建立决策准则。根据事先设定的显著性水平 α，可以在统计量的分布上找到相应的**临界值**（critical value）。由显著性水平和相应的临界值围成的一个区域称为**拒绝域**（rejection region）。如果统计量的值落在拒绝域内就拒绝原假设，否则就不拒绝原假设。拒绝域的大小与设定的显著性水平有关。当样本量固定时，拒绝域随 α 的减小而减小。显著性水平、拒绝域和临界值的关系可用图 7-1 来表示。

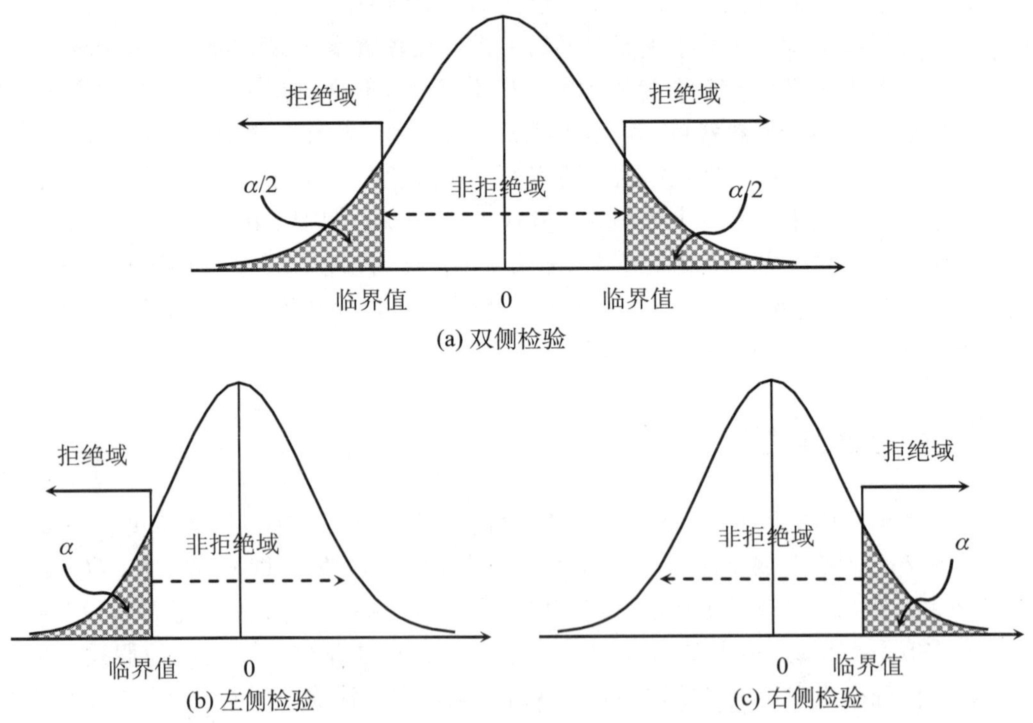

图 7-1　显著性水平、拒绝域和临界值

从图 7-1 可以得出利用统计量做检验时的决策准则。

双侧检验：｜统计量｜＞临界值，拒绝原假设。

左侧检验：统计量的值＜－临界值，拒绝原假设。

右侧检验：统计量的值＞临界值，拒绝原假设。

介绍传统的统计量决策方法只是为了帮助读者理解假设检验的原理，不推荐使用。

2. 用 P 值决策（现代做法）

统计量检验是根据事先设定的显著性水平 α 围成的拒绝域做出决策，不论检验统计量的值是大还是小，只要它落入拒绝域就拒绝原假设，否则就不拒绝原假设。这样，无论统计量落在拒绝域的什么位置，也只能说犯第Ⅰ类错误的概率是 α。但实际上，α 是犯第Ⅰ类错误的上限控制值，统计量落在拒绝域的不同位置，决策时所犯第Ⅰ类错误的概率是不同的。如果能把犯第Ⅰ类错误的真实概率算出来，就可以直接用这个概率做出决策，而不需要考虑事先设定的显著性水平 α。这个犯第Ⅰ类错误的真实概率就是 P 值，它是指当原假设是正确的时，所得到的样本结果像实际观测结果那么极端或更极端的概率，也称**观察到的显著性水平**（observed significance level）或实际显著性水平。图 7－2 显示了拒绝原假设时的 P 值与设定显著性水平 α 的比较。

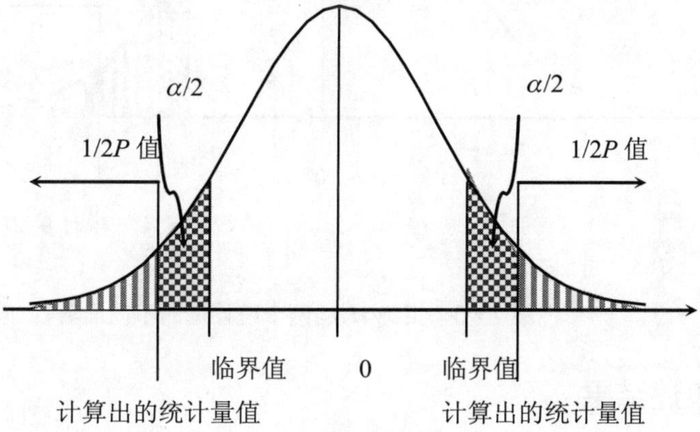

(a) 双侧检验

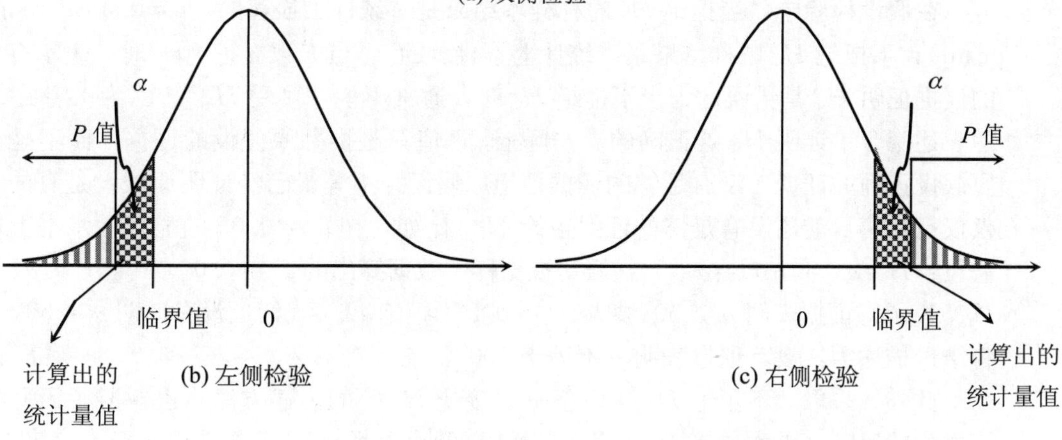

(b) 左侧检验　(c) 右侧检验

图 7－2　P 值与设定的显著性水平 α 的比较

用 P 值决策的规则很简单：如果 $P<\alpha$，拒绝 H_0；如果 $P>\alpha$，不拒绝 H_0（双侧检验将两侧面积的总和定义为 P）。

P 值决策优于统计量决策。与传统的统计量决策相比，P 值决策提供了更多的信息。比如，根据事先确定的 α 进行决策时，只要统计量的值落在拒绝域，无论它在哪个位置，拒绝原假设的结论都是一样的（只能说犯第Ⅰ类错误的概率是 α）。但实际上，统计量落在拒绝域不同的地方，实际的显著性是不同的。比如，统计量落在临界值附近与落在远离临界值的地方，实际的显著性有较大差异。而 P 值是根据实际统计量算出的显著性水平，它告诉我们实际的显著性水平是多少。图 7－3 显示了拒绝原假设时的两个不同统计量的值及其 P 值，容易看出统计量决策与 P 值决策的差异。

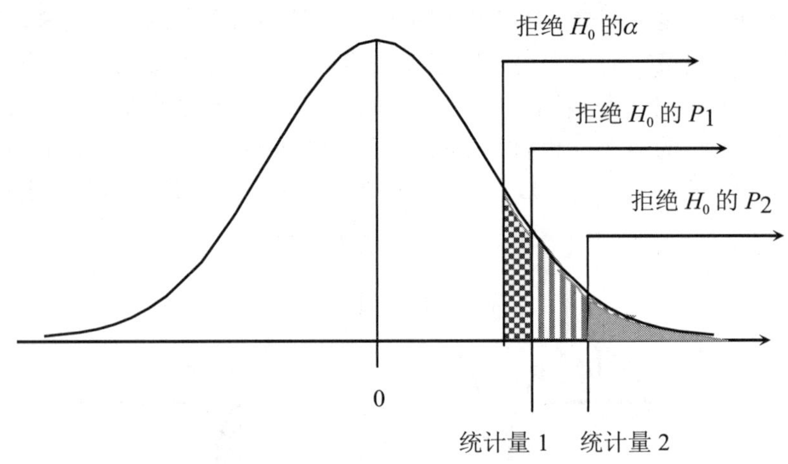

图 7－3　拒绝 H_0 的两个统计量的不同显著性

7.1.4　表述结果

在假设检验中，当拒绝 H_0 时称样本结果是**“统计上显著的”**（statistically significant）；不拒绝 H_0 则称结果是“统计上不显著的”。当 $P<\alpha$ 拒绝 H_0 时，表示有足够的证据证明 H_0 是错误的；当不拒绝 H_0 时，通常不说“接受 H_0”。因为“接受 H_0”的表述隐含了证明 H_0 是正确的。实际上，P 值只是推翻原假设的证据，而不是证明原假设正确的证据。没有足够的证据拒绝原假设并不等于已经证明原假设是真的，它仅仅意味着目前还没有足够的证据拒绝 H_0。比如，在 $\alpha=0.05$ 的显著性水平上检验假设：$H_0:\mu=50$，$H_1:\mu\neq50$，假定根据样本数据算出的 $P=0.02$，由于 $P<\alpha$，拒绝 H_0，表示有证据表明 $\mu\neq50$。如果 $P=0.2$ 不拒绝 H_0，我们也没有证明 $\mu=50$，所以将结论描述为：没有证据表明 μ 不等于 100。

此外，采取“不拒绝 H_0”而不是“接受 H_0”的表述方法，也规避了第Ⅱ类错误发生的风险，因为“接受 H_0”所得结论的可靠性由第Ⅱ类错误的概率 β 来度量，而 β 的控制又相对复杂，有时根本无法知道 β 的值（除非你能确切给出 β，否则就不宜表述成“接受”原假设）。当然，不拒绝 H_0 并不意味着 H_0 为真的概率很高，只意味着拒绝 H_0 需要更多的证据。

7.2　总体均值的检验

在对总体均值进行检验时，采用什么检验统计量取决于所抽取的样本是大样本（$n \geqslant 30$）还是小样本（$n < 30$），此外还需要考虑总体是否服从正态分布、总体方差 σ^2 是否已知等几种情形。

7.2.1　大样本的检验

在大样本（$n \geqslant 30$）情形下，样本均值的抽样分布近似服从正态分布，其标准误为 $\sigma/\sqrt{n}$。将样本均值 $\bar{x}$ 标准化后即可得到检验的统计量。由于样本均值标准化后服从标准正态分布，因而采用正态分布的检验统计量。

设假设的总体均值为 μ_0，当总体方差 σ^2 已知时，总体均值检验的统计量为：

$$z = \frac{\bar{x} - \mu_0}{\sigma/\sqrt{n}} \tag{7.2}$$

当总体方差 σ^2 未知时，可以用样本方差 s^2 来代替，此时总体均值检验的统计量为：

$$z = \frac{\bar{x} - \mu_0}{s/\sqrt{n}} \tag{7.3}$$

例 7-4

一种罐装饮料采用自动生产线生产，每罐的容量是 255 毫升，标准差为 5 毫升。为检验每罐容量是否符合要求，质检人员在某天生产的饮料中随机抽取 40 罐进行检验，测得每罐平均容量为 255.8 毫升。取显著性水平 $\alpha = 0.05$，检验该天生产的饮料容量是否符合标准要求。

解： 此时关心的是饮料容量是否符合要求，也就是 μ 是否为 255 毫升，大于或小于 255 毫升都不符合要求，因而属于双侧检验问题。提出的原假设和备择假设为：

$H_0: \mu = 255$；$H_1: \mu \neq 255$

检验统计量为：

$$z = \frac{255.8 - 255}{5/\sqrt{40}} = 1.01$$

检验统计量数值的含义是：与假设的总体均值相比，样本均值相差 1.01 个标准误。利用 Excel 中的【NORM.S.DIST】函数①得到的双尾检验 $P = 2 \times (1 -$

① 【NORM.S.DIST】函数给出的是标准正态分布从 $-\infty$ 到 z 值的概率，用 1 减去该值即为单尾检验的 P 值，乘以 2 即为双尾检验的 P 值。

NORM. S. DIST（1.01，1）)，由于 $P>\alpha=0.05$，不拒绝原假设，表明样本提供的证据还不足以推翻原假设，因此没有证据表明该天生产的饮料不符合标准要求。

例 7－5

一种袋装牛奶的外包装标签上标示：每 100 克牛奶的蛋白质含量 ≥ 3 克。有消费者认为，标签上的说法不属实。为检验消费者的说法是否正确，一家研究机构随机抽取 50 袋进行检验，得到的检测结果如表 7－1 所示。

表 7－1　50 袋牛奶蛋白质含量的检测数据

2.96	2.96	2.92	3.01	2.96
2.95	3.07	2.86	2.95	2.96
2.98	2.91	2.95	3.04	2.86
2.94	2.93	2.91	2.95	2.91
2.84	3.13	3.02	3.02	2.94
2.98	2.92	3.06	3.06	2.89
3.05	2.99	3.00	3.00	3.02
2.88	3.03	3.01	3.05	2.98
2.98	3.00	2.93	2.98	3.05
2.97	2.81	2.90	3.04	3.03

检验每 100 克牛奶中的蛋白质含量是否低于 3 克：

（1）假定总体标准差为 0.07 克，显著性水平为 0.01。

（2）假定总体标准差未知，显著性水平为 0.05。

解：（1）这里想支持的观点是每 100 克牛奶中的蛋白质含量低于 3 克，也就是 μ 小于 3，属于左侧检验。提出的假设为：

$H_0:\mu\geqslant 3$（消费者的说法不正确）；$H_1:\mu<3$（消费者的说法正确）

根据样本数据计算得

$$\bar{x}=2.970\,8$$

根据式（7.2）得检验统计量为：

$$z=\frac{2.970\,8-3}{0.07/\sqrt{50}}=-2.949\,645$$

由 Excel 中的【NORM. S. DIST】函数得

P=NORM. S. DIST($-2.949\,645$) $=0.001\,591$

由于 $P<\alpha=0.01$，拒绝原假设，表明每 100 克牛奶中的蛋白质含量显著低于 3 克。上述决策过程可用图 7－4 来表示。

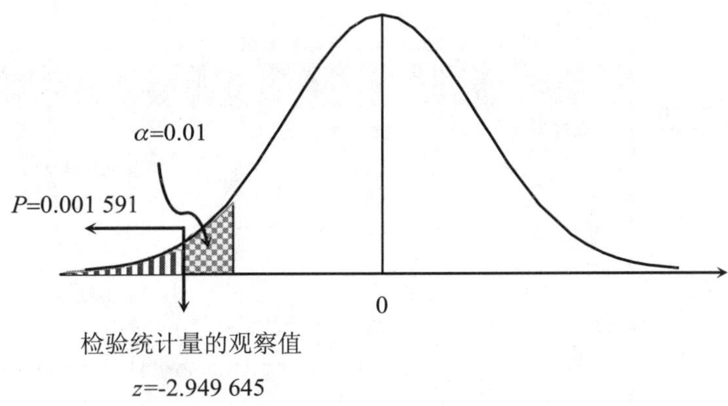

图7-4　例7-5检验的拒绝域和P值

(2) 由于总体标准差未知，用样本标准差代替，使用式（7.3）作为检验的统计量。根据样本数据计算得

$$s=0.065\ 647$$

检验统计量为：

$$z=\frac{2.970\ 8-3}{0.065\ 647/\sqrt{50}}=-3.145\ 264$$

由Excel中的【NORM. S. DIST】函数得

$$P=\text{NORM. S. DIST}(-3.145\ 264)=0.000\ 830$$

由于$P<\alpha=0.05$，拒绝原假设，表明每100克牛奶中的蛋白质含量显著低于3克。

使用Excel中的【Z. TEST】函数可以直接得到大样本正态检验的单尾P值。函数的语法为：Z. TEST(array，x，sigma)，其中：array为数据所在的区域；x为假设的总体均值；sigma为已知的总体标准差，当总体标准差未知时，可用样本标准差代替。

假定上面的数据在Excel工作表的单元格区域A2:A51，计算检验P值的操作步骤如文本框7-1所示。

文本框7-1　　用Excel计算大样本正态检验的P值

用【Z. TEST】函数计算大样本正态检验的P值

第1步：将光标放在任意空白单元格，然后点击【公式】，点击插入函数【fx】。

第2步：在【选择类别】中选择【统计】，并在【选择函数】中点击【Z. TEST】，单击【确定】。

第3步：在【Array】中选择数据所在的区域，在【X】中输入总体的假设值，在【Sigma】中输入已知的总体标准差（未知时可用样本标准差代替）。

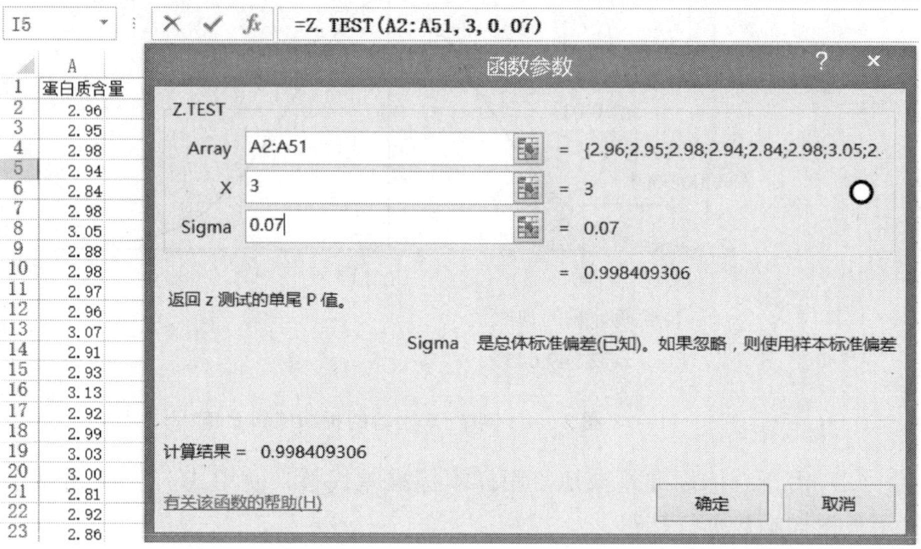

I5 =Z.TEST(A2:A51, 3, 0.07)

	A
1	蛋白质含量
2	2.96
3	2.95
4	2.98
5	2.94
6	2.84
7	2.98
8	3.05
9	2.88
10	2.98
11	2.97
12	2.96
13	3.07
14	2.91
15	2.93
16	3.13
17	2.92
18	2.99
19	3.03
20	3.00
21	2.81
22	2.92
23	2.86

函数参数

Z.TEST

Array A2:A51 = {2.96;2.95;2.98;2.94;2.84;2.98;3.05;2.

X 3 = 3

Sigma 0.07 = 0.07

= 0.998409306

返回 z 测试的单尾 P 值。

Sigma 是总体标准偏差(已知)。如果忽略，则使用样本标准偏差

计算结果 = 0.998409306

有关该函数的帮助(H) 确定 取消

单击【确定】即可得到右尾概率。用 1 减去右尾概率即可得到本例的检验 P 值。

在 Excel 工作表的任意单元格输入函数表达式的参数，得到相同的结果。比如，对于问题（1）得到 $P=1-$Z.TEST(A2：A51，3，0.06)=0.001 591。对于问题（2）得到 $P=1-$Z.TEST(A2：A51，3，0.06)=0.000 830。与前面得到的结果相同。

7.2.2 小样本的检验

在小样本（$n<30$）情形下，检验时首先假定总体服从正态分布。[①] 检验统计量的选择与总体方差是否已知有关。

当总体方差 σ^2 已知时，即使是在小样本情形下，样本均值经标准化后仍然服从标准正态分布，此时可按式（7.2）对总体均值进行检验。

当总体方差 σ^2 未知时，需要用样本方差 s^2 代替 σ^2，此时式（7.2）给出的检验统计量不再服从标准正态分布，而是服从自由度为 $n-1$ 的 t 分布。因此，需要采用 t 分布进行检验，通常称为 t 检验。检验的统计量为：

$$t=\frac{\bar{x}-\mu_0}{s/\sqrt{n}} \tag{7.4}$$

① 如果无法确定总体是否服从正态分布，可以考虑将样本量增大到 30 以上，然后按大样本的方法进行检验。当然也可以事先对总体的正态性进行检验，此部分内容超出了本书范围，有兴趣的读者可参阅《统计学——基于 SPSS（第 3 版）》（贾俊平，2019）。

例 7-6

某大学的管理人员认为，大学生每天用手机玩游戏的时间超过 2 小时。为此，该管理人员随机抽取 20 个学生做了调查，得到每天用手机玩游戏的时间如表 7-2 所示。

表 7-2　20 名大学生每天用手机玩游戏的时间　　单位：小时

2.2	2.5	2.4	1.5	0.3	3.5	2.4	0.9	3.3	2.9
2.8	1.6	2.2	3.8	4.0	1.8	3.0	1.7	0.8	3.4

假定每天用手机玩游戏的时间服从正态分布，检验大学生每天用手机玩游戏的时间是否显著超过 2 小时。

(1) 假定每天用手机玩游戏时间的标准差为 0.8 小时，显著性水平为 0.05。

(2) 假设总体标准差未知，显著性水平为 0.05。

(3) 假设总体标准差未知，显著性水平为 0.1。

解：(1) 依题意建立如下假设：

$$H_0:\mu \leqslant 2\;;\;H_1:\mu > 2$$

由于总体标准差已知，虽然为小样本，但样本均值经标准化后仍服从正态分布，因此可使用式 (7.2) 作为检验统计量。根据样本数据计算得

$$\bar{x} = 2.35$$

由式 (7.2) 得到统计量为：

$$z = \frac{2.35-2}{0.8/\sqrt{20}} = 1.956\,559$$

由 Excel 中的【NORM. S. DIST】函数得

$$P = \text{NORM. S. DIST}(1.956\,559) = 0.025\,200$$

由于 $P < \alpha = 0.05$，拒绝原假设，有证据表明大学生每天用手机玩游戏的时间显著超过 2 小时。

(2) 由于总体标准差未知，样本均值经标准化后服从自由度为 $n-1$ 的 t 分布，因此需要用式 (7.4) 作为检验统计量。根据样本数据计算得：$s = 1.022\,638$，由式 (7.4) 得到统计量为：

$$t = \frac{2.35-2}{1.022\,638/\sqrt{20}} = 1.530\,597$$

由 Excel 中的【T. DIST. RT】函数得到右尾检验的 $P = \text{T. DIST. RT}(1.530\,597) = 0.071\,175$。由于 $P > \alpha = 0.05$，不拒绝原假设，没有证据表明大学生每天用手机玩游戏的时间显著超过 2 小时。

(3) 根据问题 (2) 的计算结果，由于 $P = 0.071\,175 < \alpha = 0.1$，拒绝原假设，有证据表明大学生每天用手机玩游戏的时间显著超过 2 小时。

由本例的检验结论可以看出，即使是对同一问题，由于给定的检验条件不同，也可能得出不同的结论。本例使用正态分布的检验结果与 t 检验的结果就不相同。此外，即使使用同一分布进行检验，由于事先设定的显著性水平不同，也可能得出不同的结论。比如，本例使用 0.05 和 0.01 显著性水平的 t 检验就得出了不同的结论。

图 7－5 给出了一个总体均值检验的基本流程，作为不同情形下检验统计量选择的总结。

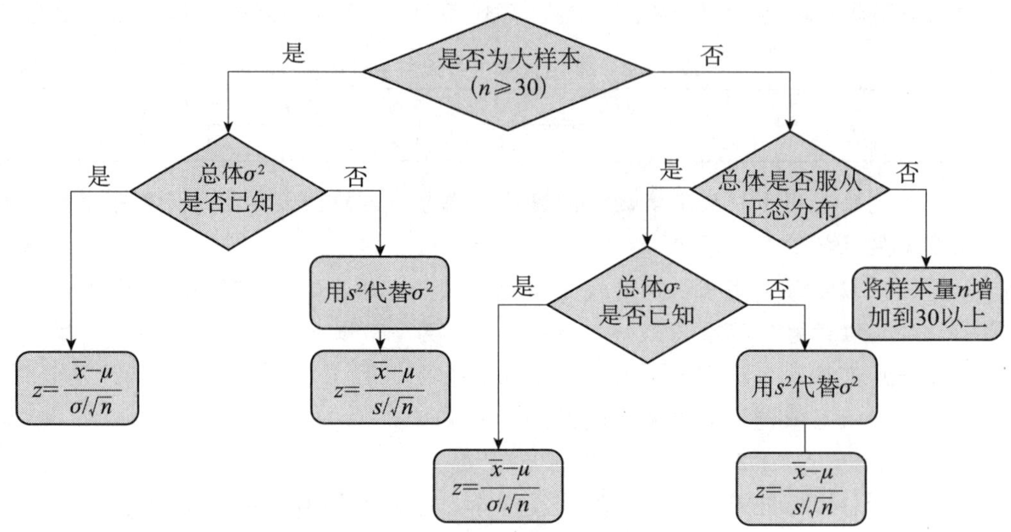

图 7－5　一个总体均值检验的基本流程

7.3　总体比例的检验

总体比例的检验程序与总体均值的检验类似，本节只介绍大样本①情形下的总体比例检验方法。在构造检验统计量时，仍然利用样本比例 p 与总体比例 π 之间的距离等于多少个标准误 σ_p 来衡量。由于在大样本情形下统计量 p 近似服从正态分布，而样本比例经标准化后近似服从标准正态分布，因此检验的统计量为：

$$z=\frac{p-\pi_0}{\sqrt{\frac{\pi_0(1-\pi_0)}{n}}} \tag{7.5}$$

例 7－7

一家网络游戏公司声称，它制作的某款网络游戏的玩家中女性超过 80%。为验证这一说法是否属实，该公司管理人员随机抽取了 200 个玩家进行调查，发现有170 个女性经常玩该款游戏。分别取显著性水平 $\alpha=0.05$ 和 $\alpha=0.01$，检验该款网络游戏的玩家中女性的比例是否超过 80%。

解：该公司想证明的是该款游戏的玩家中女性的比例是否超过 80%，因此提出的原假设和备择假设为：

$$H_0:\mu\leqslant 80\%\ ;\ H_1:\mu>80\%$$

① 进行总体比例检验时，确定样本量是否“足够大”的方法与总体比例的区间估计一样，参见第 6 章。

根据抽样结果计算得：

$$p=170/200=85\%$$

检验统计量为：

$$z=\frac{0.85-0.8}{\sqrt{\frac{0.8\times(1-0.8)}{200}}}=1.767\ 767$$

由 Excel 中的【NORM. S. DIST】函数得到右尾检验的 $P=1-$NORM. S. DIST(1.767 767，1)=0.038 55。显著性水平为 0.05 时，由于 $P<0.05$，拒绝 H_0，样本提供的证据表明该款网络游戏的玩家中女性的比例超过 80%；显著性水平为 0.01 时，由于 $P>0.01$，不拒绝 H_0，样本提供的证据表明尚不能推翻原假设，没有证据表明该款网络游戏的玩家中女性的比例超过 80%。这个例子表明，对于同一个检验，不同的显著性水平将会得出不同的结论。

7.4　总体方差的检验

在生产和生活的许多领域，仅仅保证所观测到的样本均值维持在特定水平范围内并不意味着整个过程就是正常的，方差的大小是否适度是需要考虑的另一个重要因素。一个方差大的产品自然意味着其质量或性能不稳定。相同均值的产品，方差小的自然要好些。与总体方差的区间估计类似，总体方差的检验也使用 χ^2 分布。此外，进行总体方差的检验，不论样本量 n 是大还是小，都要求总体服从正态分布。设假设的总体方差为 σ_0^2，检验的统计量为：

$$\chi^2=\frac{(n-1)s^2}{\sigma_0^2} \tag{7.6}$$

对于给定的显著性水平 α，双侧检验的拒绝域如图 7－6 所示，单侧检验的拒绝域在分布一侧的尾部。

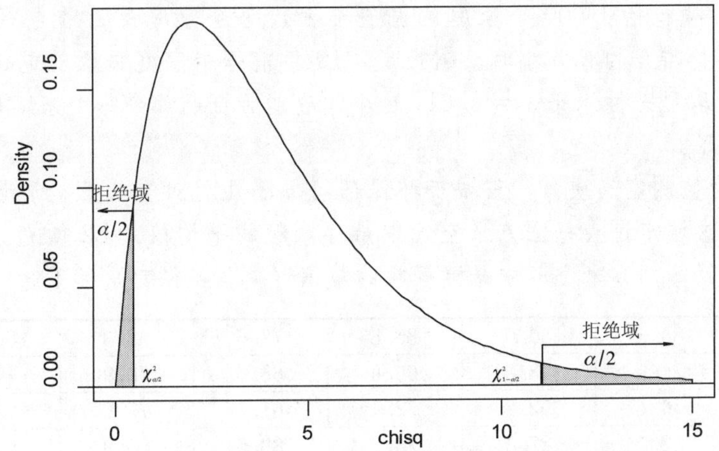

图 7－6　显著性水平为 α 时双侧检验的临界值和拒绝域

 **例 7-8**

啤酒生产企业采用自动生产线灌装啤酒，每瓶的装填量为 640mL，但由于受某些不可控因素的影响，每瓶的装填量会有差异。此时，不仅每瓶的平均装填量很重要，装填量的方差 σ^2 同样很重要。如果 σ^2 很大，会出现装填量太多或太少的情况，这样，要么生产企业不划算，要么消费者不满意。假定生产标准规定每瓶装填量的标准差不应超过 4mL。企业质检部门抽取了 10 瓶啤酒进行检验，得到样本标准差 $s=3.8$ mL。以 0.05 的显著性水平检验装填量的标准差是否符合要求。

解： 依题意提出如下假设：

$$H_0: \sigma^2 \leqslant 4^2; \ H_1: \sigma^2 > 4^2$$

检验统计量为：

$$\chi^2 = \frac{(10-1)\times 3.8^2}{4^2} = 8.1225$$

由于本题为右侧检验，需要计算出 χ^2 分布的右尾概率，由 Excel 中的【CHISQ. DIST. RT】函数得

$$P = \text{CHISQ. DIST. RT}(8.1225, 9) = 0.52185$$

由于 $P > 0.05$，不拒绝原假设。样本提供的证据还不足以推翻原假设，没有证据表明啤酒装填量的标准差不符合要求。

□ 习题

7.1 某种果汁饮料瓶的标签上标明：每 100mL 中维生素 C 的含量≥45mg。

(1) 为验证这一标识是否属实，建立适当的原假设和备择假设。

(2) 当拒绝原假设时，你会得到什么结论？

(3) 当不能拒绝原假设时，你会得到什么结论？

7.2 一项包括 1 000 个家庭的调查显示，每个家庭每天看电视的平均时间为 7.25 小时，标准差为 2.5 小时。据报道，10 年前每个家庭每天看电视的平均时间是 6.70 小时。取显著性水平 $\alpha=0.01$，这个调查能否证明如今每个家庭每天看电视的平均时间增加了？

7.3 为监测空气质量，某城市环保部门每隔几周对空气烟尘质量进行一次随机检测。已知该城市过去每立方米空气中悬浮颗粒的平均值是 82 微克。在最近一段时间的检测中，每立方米空气中悬浮颗粒的数值（单位：微克）如下。

81.6	86.6	80.0	85.8	78.6	58.3	68.7	73.2
96.6	74.9	83.0	66.6	68.6	70.9	71.7	71.6
77.3	76.1	92.2	72.4	61.7	75.6	85.5	72.5
74.0	82.5	87.0	73.2	88.5	86.9	94.9	83.0

根据最近的测量数据，当显著性水平 $\alpha=0.05$ 时，能否认为该城市空气中悬浮颗

粒的平均值显著低于过去的平均值？

7.4　安装在一种联合收割机上的金属板的平均重量为25kg。对某企业生产的20块金属板进行测量，得到的重量数据（单位：kg）如下。

22.6	26.6	23.1	23.5
27.0	25.3	28.6	24.5
26.2	30.4	27.4	24.9
25.8	23.2	26.9	26.1
22.2	28.1	24.2	23.6

假设金属板的重量服从正态分布，检验该企业生产的金属板是否符合要求。(1)假设总体方差为5kg，$\alpha=0.01$。(2) 假设总体方差未知，$\alpha=0.05$。

7.5　针对消费者的一项调查表明，17%的人早餐饮用牛奶。某城市的牛奶生产商认为，该城市居民早餐饮用牛奶的比例更高。为验证这一说法，生产商随机抽取550人的一个样本，其中115人早餐饮用牛奶。在$\alpha=0.05$显著性水平下，检验该生产商的说法是否属实。

7.6　沿用习题7.4，检验金属板重量的方差是否为5kg，$\alpha=0.05$。

第 8 章 相关与回归分析

Chapter 8

思考一下

➢ 同一种商品在不同的购物网站上的销售价格有差异，人们认为销售价格略贵的电商配送速度更快，也就是配送时间更短。你认为销售价格和配送时间有关系吗？如果有关系，它们的关系有多强？

➢ 如果有人问你：身高和体重有关系吗？你的回答是什么？怎样让人信服你的回答？

➢ 如果你想用收入来预测支出，你认为该怎么做？假定你的支出总是大于收入，用收入预测支出的结果是错误的吗？如果你的支出的误差中只有45%是由收入决定的，你的预测是哪里出了问题？

研究某些实际问题时往往涉及多个变量。如果着重分析关系变量之间的关系，就是相关分析；如果想利用变量间的关系建立模型来预测某个特别关注的变量，则属于回归分析。本章首先介绍相关分析，然后介绍一元线性回归。

8.1 变量间关系的度量

相关分析的侧重点在于考察变量之间的关系形态，并分析其关系强度。内容主要包括：(1) 变量之间是否存在关系？(2) 如果存在，它们之间是什么关系？(3) 变量之间的关系强度如何？(4) 样本所反映的变量之间的关系能否代表总体变量之间的关系？

8.1.1　变量间的关系

身高与体重有关系吗？一个人的收入水平同他的受教育程度有关系吗？商品的销售收入与广告支出有关系吗？如果有，又是什么样的关系？怎样度量它们之间关系的强度呢？

从统计角度看，变量之间的关系大体上可分为两种类型，即函数关系和相关关系。函数关系是人们比较熟悉的。设有两个变量 x 和 y，变量 y 随变量 x 一起变化，并完全依赖于 x，当 x 取某个值时，y 依确定的关系取相应的值，则称 y 是 x 的函数，记为 $y=f(x)$。

在实际问题中，有些变量间的关系并不像函数关系那么简单。例如，家庭储蓄与家庭收入这两个变量之间不存在完全确定的关系。也就是说，收入水平相同的家庭，它们的储蓄额往往不同，而储蓄额相同的家庭，它们的收入水平也可能不同。这意味着家庭储蓄并不能完全由家庭收入一个因素确定，还受到银行利率、消费水平等其他因素的影响。正是由于影响一个变量的因素有多个，才造成了它们之间关系的不确定性。变量之间这种不确定的关系称为**相关关系**（correlation）。

相关关系的特点是：一个变量的取值不能由另一个变量唯一确定，当变量 x 取某个值时，变量 y 的取值可能有多个，或者说，当 x 取某个固定的值时，y 的取值对应着一个分布。

例如，身高（y）与体重（x）的关系。一般情形下，较高的人一般也较重。但实际情况不完全是这样，因为体重不完全由身高一个因素决定，还受到其他许多因素的影响，比如每天摄取的热量、每天的运动时间等，因此二者之间属于相关关系。这意味着身高相同的人，其体重的取值有多个，即身高取某个值时，体重对应着一个分布。

再比如，一个人的收入水平（y）同其受教育年限（x）的关系。收入水平相同的人，他们受教育的年限可能不同，而受教育年限相同的人，他们的收入水平也往往不同。因为收入水平虽然与受教育年限有关系，但并不是由受教育年限一个因素决定，还受到职业、工作年限等诸多因素的影响，二者之间是相关关系。因此，当受教育年限取某个值时，收入的取值对应着一个分布。

8.1.2　相关关系的描述

描述相关关系的一个常用工具就是**散点图**（scatter diagram）。对于两个变量 x 和 y，散点图是在二维坐标中画出它们的 n 对数据点（x_i，y_i），并通过 n 个点的分布、形状等判断两个变量之间有没有关系、有什么关系及大体的关系强度等。图 8-1 显示了不同形态的散点图。

从图 8-1 可以看出，图（a）和图（b）是典型的线性相关关系形态，两个变量的观测点分布在一条直线周围，其中图（a）显示一个变量的数值增加，另一个变量的数值也随之增加，因而称为正线性相关。图（b）显示一个变量的数值增加，另一个变量的数值则随之减少，因而称为负线性相关。图（c）和图（d）显示两个变量的观测点完全落在直线上，称为完全线性相关（这实际上就是函数关系），其中图（c）称为完全正线性相关，图（d）称为完全负线性相关。图（e）显示两个变量之间是非线性关系。图（f）中观测点很分散，无任何规律，表示变量之间没有相关关系。

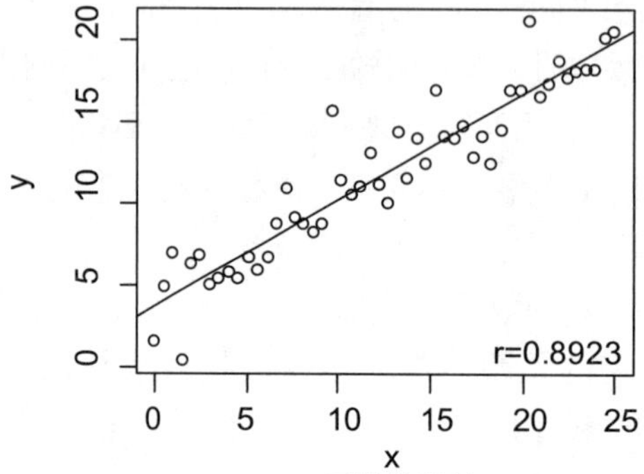

(a) 正线性相关

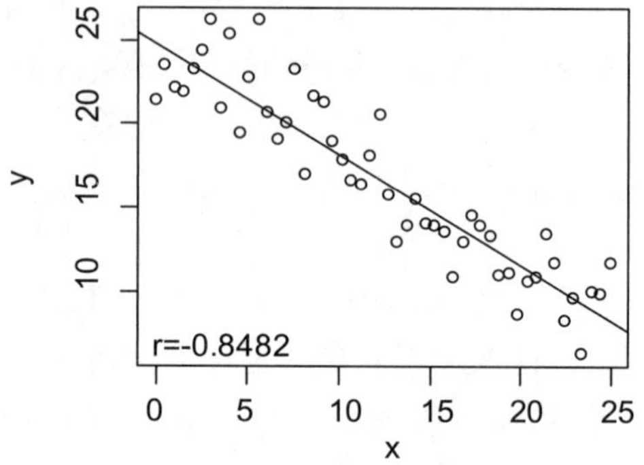

(b) 负线性相关

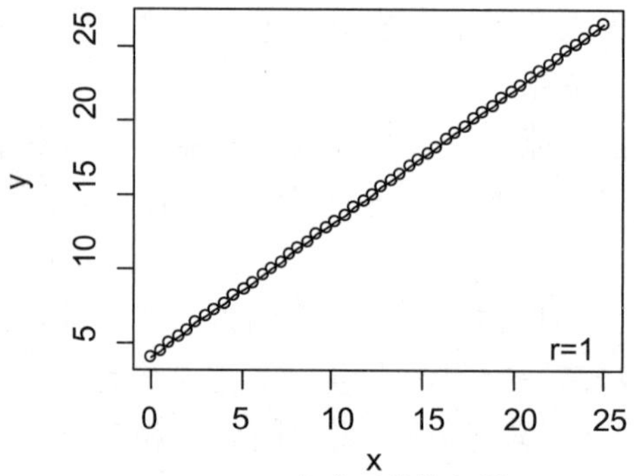

(c) 完全正线性相关

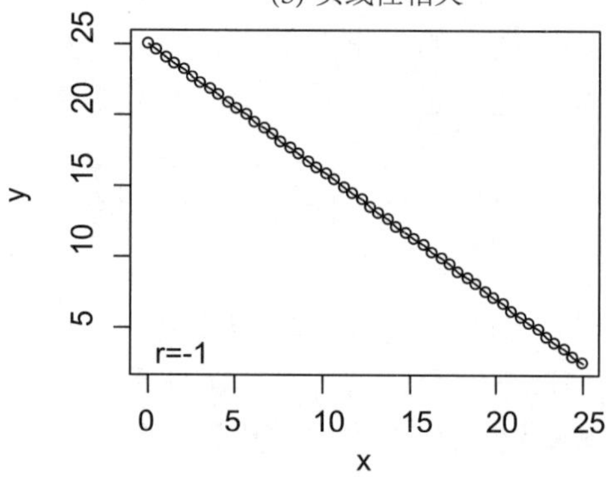

(d) 完全负线性相关

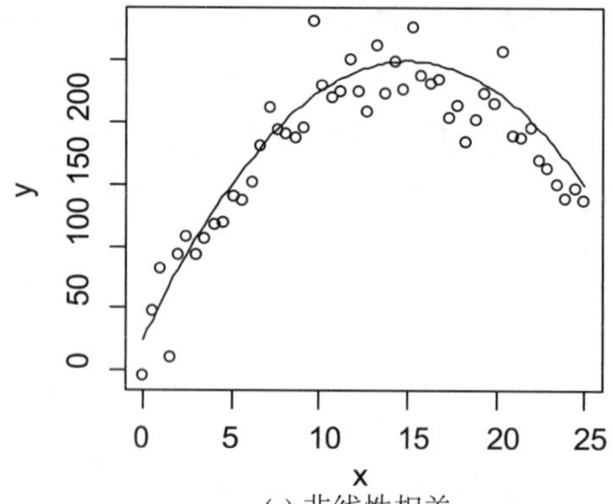

(e) 非线性相关

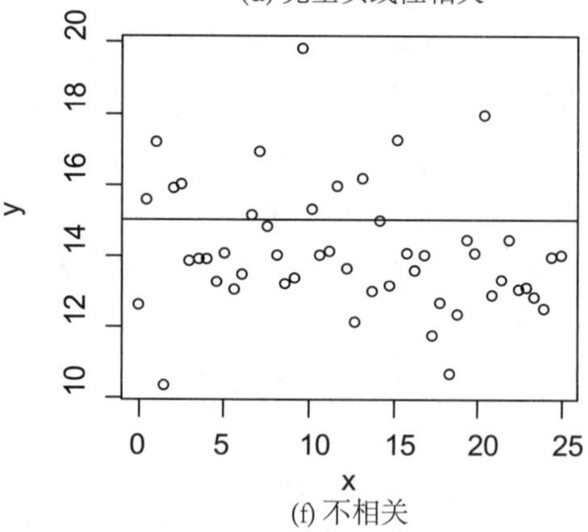

(f) 不相关

图 8-1　不同形态的散点图

例 8-1

为研究销售收入、广告支出和销售网点之间的关系，随机抽取 25 家药品生产企业，得到它们的销售收入和广告支出数据，如表 8-1 所示。绘制散点图描述销售收入与广告支出之间的关系。

表 8-1　25 家药品生产企业的销售收入和广告支出数据

企业编号	销售收入（万元）	广告支出（万元）
1	538.9	65.0
2	315.5	60.4
3	586.9	70.8
4	527.6	81.3
5	697.6	91.7
6	635.7	102.1
7	834.5	112.5
8	908.3	122.9
9	1 140.3	133.3
10	1 384.9	143.8
11	1 053.7	154.2
12	1 117.8	164.6
13	1 306.5	175.0
14	1 343.7	185.4
15	1 663.9	195.8
16	969.1	100.0
17	1 366.8	216.7
18	1 705.1	227.1
19	1 785.8	237.5
20	1 530.9	247.9
21	2 227.6	258.3
22	1 921.4	268.8
23	1 966.0	279.2
24	2 079.0	289.6
25	2 354.4	298.0

解： 销售收入与广告支出的散点图如图 8-2 所示。

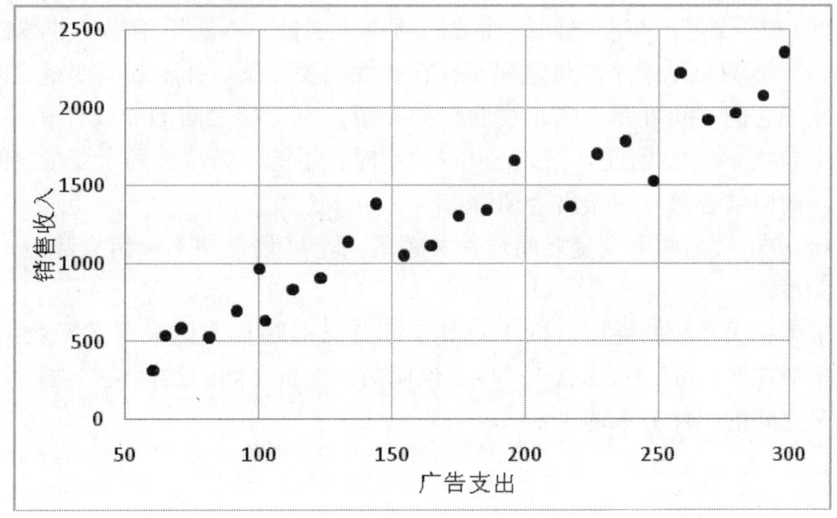

图 8-2　销售收入与广告支出的散点图

从散点图可以看出，随着广告支出的增加，销售收入也随之增加，二者的数据点分布在一条直线的周围，具有正线性相关关系。

8.1.3 相关关系的度量

散点图可以判断两个变量之间有无相关关系，并对关系形态做出大致描述，但要准确度量变量间的关系强度，则需要计算相关系数。

相关系数（correlation coefficient）是度量两个变量之间线性关系强度的统计量。样本相关系数记为 r，计算公式为：

$$r=\frac{\sum(x-\bar{x})(y-\bar{y})}{\sqrt{\sum(x-\bar{x})^2\cdot\sum(y-\bar{y})^2}} \tag{8.1}$$

按式（8.1）计算的相关系数也称为 **Pearson 相关系数**[①]（Pearson's correlation coefficient）。

相关系数具有如下性质：

（1）r 的取值范围在 -1 和 $+1$ 之间，即 $-1\leqslant r\leqslant 1$。$r>0$ 表明 x 与 y 之间存在正线性相关关系；$r<0$ 表明 x 与 y 之间存在负线性相关关系；$|r|=1$ 表明 x 与 y 之间为完全相关关系（实际上就是函数关系），其中 $r=+1$ 表示 x 与 y 之间为完全正线性相关关系，$r=-1$ 表示 x 与 y 之间为完全负线性相关关系；$r=0$ 表明 x 与 y 之间不存在线性相关关系。

（2）r 具有对称性。x 与 y 之间的相关系数 r_{xy} 和 y 与 x 之间的相关系数 r_{yx} 相等，即 $r_{xy}=r_{yx}$。

（3）r 数值的大小与 x 和 y 的原点及尺度无关。改变 x 和 y 的数据原点或计量尺度，并不改变 r 数值的大小。

（4）r 仅仅是 x 与 y 之间线性关系的一个度量，不能用于描述非线性关系。这意味着，$r=0$ 只表示两个变量之间不存在线性相关关系，并不表明变量之间没有任何关系，比如它们之间可能存在非线性相关关系。当变量之间的非线性相关程度较强时，可能会导致 $r=0$。因此，当 $r=0$ 或很小时，不能轻易得出两个变量之间没有关系的结论，而应结合散点图做出合理解释。

（5）r 虽然是两个变量之间线性关系的一个度量，却不一定意味着 x 与 y 一定有因果关系。

了解相关系数的性质有助于对其实际意义的解释。但根据实际数据计算出的 r，取值一般在 -1 和 $+1$ 之间。$|r|\to 1$ 说明两个变量之间的线性关系强；$|r|\to 0$ 说明两个变量之间的线性关系弱。

---

① 相关和回归的概念是 1877—1888 年间由费朗西斯·高尔顿（Francis Galton）提出的。但真正使其理论系统化的是卡尔·皮尔逊，为纪念他的贡献，将相关系数也称为 Pearson 相关系数。

例 8－2

沿用例 8－1。计算销售收入与广告支出之间的相关系数，并分析其关系强度。

解：使用 Excel 中的【CORREL】函数或【PEARSON】函数可以计算相关系数，具体的操作步骤如文本框 8－1 所示。

文本框 8－1　　用 Excel 计算相关系数

用【CORREL】函数或【PEARSON】函数计算相关系数

第 1 步：将光标放在任意空白单元格，然后点击【公式】，点击插入函数【fx】。

第 2 步：在【选择类别】中选择【统计】，并在【选择函数】中点击【CORREL】（或【PEARSON】，两个函数的语法相同），单击【确定】。

第 3 步：在【Array1】中选择一个变量的数据所在的区域，在【Array2】中选择另一个变量的数据所在的区域，界面如下图所示。

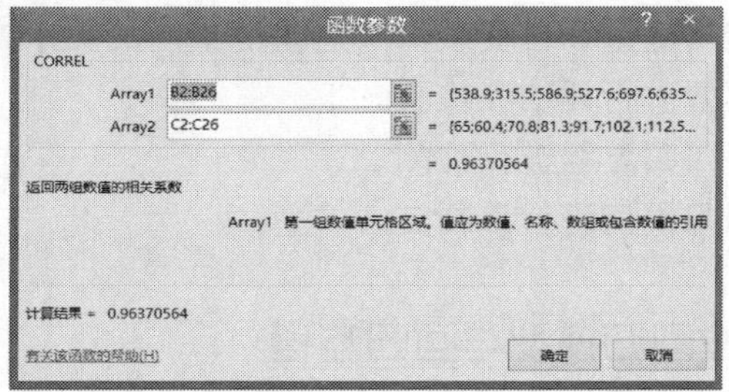

点击【确定】，即得到相关系数。

用【数据分析】工具计算相关系数

用 Excel【数据分析】工具中的【相关系数】可以计算多个变量的相关系数。步骤如下：

第 1 步：将光标放在任意空白单元格，然后点击【数据】→【数据分析】。在弹出的对话框中选择【相关系数】，点击【确定】。

第 2 步：在【输入区域】中选择计算相关系数的数据区域，并在【输出区域】中选择结果放置的位置，界面如下图所示。

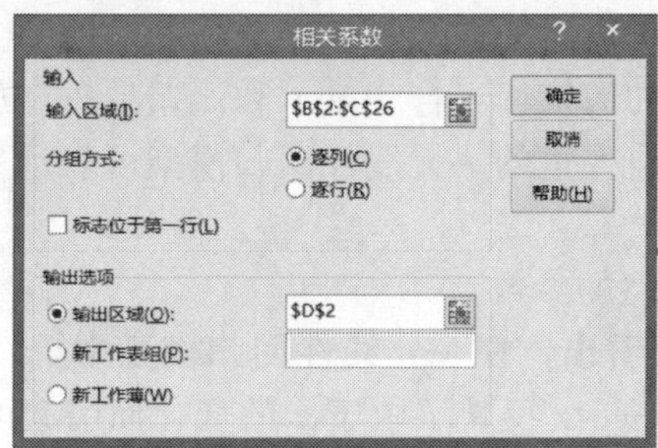

点击【确定】，得到相关系数。

按上述步骤得到的销售收入与广告支出之间的相关系数 $r=0.963\ 706$，表示销售收入与广告支出之间有较强的正线性相关，即随着广告支出的增加，销售收入也相应增加。

8.2 回归模型及其参数估计

回归分析（regression analysis）重点考察一个特定的变量（因变量），而把其他变量（自变量）看作影响这一变量的因素，并通过适当的数学模型将变量间的关系表达出来，进而通过一个或几个自变量的取值来预测因变量的取值。在回归分析中，只涉及一个自变量时称为一元回归，涉及多个自变量时则称为多元回归。如果因变量与自变量之间是线性关系，则称为**线性回归**（linear regression）；如果因变量与自变量之间是非线性关系，则称为**非线性回归**（nonlinear regression）。回归建模的大致思路如下：

第 1 步：确定变量间的关系。

第 2 步：确定因变量和自变量，并建立变量间的关系模型。

第 3 步：对模型进行评估和检验。

第 4 步：利用回归方程进行预测。

第 5 步：对回归模型进行诊断。

8.2.1 一元线性回归模型与回归方程

1. 回归模型

进行回归分析时，首先需要确定因变量和自变量，然后确定因变量与自变量之间的关系（见 8.1 节）。在回归分析中，被预测或被解释的变量称为**因变量**（dependent variable），也称**响应变量**（response variable），用 y 表示。用来预测或解释因变量的一个或多个变量称为**自变量**（independent variable），也称**解释变量**（explaining variable），用 x 表示。例如，在分析广告支出对销售收入的影响时，目的是要预测一定广告支出条件下的销售收入是多少，因此，销售收入是被预测的变量，称为因变量，而用来预测销售收入的广告支出就是自变量。

当回归中只涉及一个自变量时称为一元回归，若 y 与 x 之间为线性关系则称为一元线性回归。对于具有线性关系的两个变量，可以用一个线性方程来表示它们之间的关系。描述因变量 y 如何依赖于自变量 x 和误差项 ε 的方程称为**回归模型**（regression model）。只涉及一个自变量的一元线性回归模型可表示为：

$$y=\beta_0+\beta_1 x+\varepsilon \tag{8.2}$$

式中，β_0 和 β_1 称为模型的参数。

由式（8.2）可以看出，在一元线性回归模型中，y 是 x 的线性函数（$\beta_0+\beta_1 x$ 部分）加上误差项 ε。$\beta_0+\beta_1 x$ 反映了由于 x 的变化而引起的 y 的线性变化；ε 是称为误差项的随机变量，它是除 x 和 y 之间的线性关系以外的随机因素对 y 的影响，是不能由 x 和 y 之间的线性关系所解释的 y 的变异。

2. 估计的回归方程

回归模型中的参数 β_0 和 β_1 是未知的，需要用样本数据去估计。当用样本统计量 $\hat{\beta}_0$ 和 $\hat{\beta}_1$ 估计模型中的参数 β_0 和 β_1 时，就得到了**估计的回归方程**（estimated regression equation），它是对根据样本数据求出的回归方程的估计。对于一元线性回归，估计的回归方程为：

$$\hat{y}=\hat{\beta}_0+\hat{\beta}_1 x \tag{8.3}$$

式中，$\hat{\beta}_0$ 是估计的回归直线在 y 轴上的截距；$\hat{\beta}_1$ 是直线的斜率，也称回归系数，它表示 x 每改变一个单位时 y 的平均改变量。

8.2.2　参数的最小平方估计

对于 x 和 y 的 n 对观测值，用于描述其关系的直线有多条，究竟用哪条直线来代表两个变量之间的关系呢？我们自然会想到距离各观测点最近的那条直线，用它来代表 x 与 y 之间的关系与实际数据的误差比用其他任何直线都小。德国科学家高斯提出用最小化图中垂直方向的离差平方和来估计参数 β_0 和 β_1，据此确定参数的方法称为**最小平方法**（method of least squares），也称最小二乘法，它使因变量的观测值 y_i 与估计值 $\hat{y}_i$ 之间的离差平均和达到最小来估计 β_0 和 β_1，因此也称参数的最小平方估计。最小平方法的思想可用图 8－3 表示。

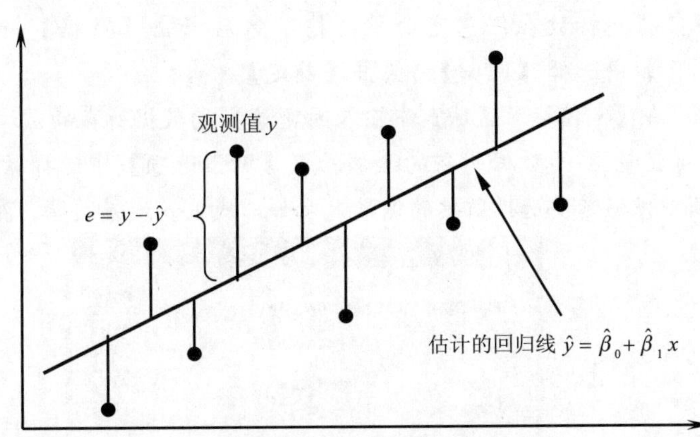

图 8－3　最小平方法示意图

用最小平方法拟合的直线有一些优良的性质。首先，根据最小平方法得到的回归直线能使离差平方和达到最小，虽然这并不能保证它就是拟合数据的最佳直线[①]，但这毕竟是一条与数据拟合良好的直线所应有的性质。其次，由该回归直线可知 β_0 和 β_1 的估计量的抽样分布。再次，在一定条件下，β_0 和 β_1 的最小平方估计量具有性质

① 许多其他的拟合直线也具有这种性质。

$E(\hat{\beta}_0)=\beta_0$，$E(\hat{\beta}_1)=\beta_1$，而且同其他估计量相比，其抽样分布具有较小的标准差。正是基于上述性质，最小平方法广泛用于回归模型参数的估计。

根据最小平方法有：

$$\sum (y_i - \hat{y}_i)^2 = \sum (y_i - \hat{\beta}_0 - \hat{\beta}_1 x_i)^2 = \min \tag{8.4}$$

解得

$$\begin{cases} \hat{\beta}_1 = \dfrac{\sum (x_i - \bar{x})(y_i - \bar{y})}{\sum (x_i - \bar{x})^2} \\ \hat{\beta}_0 = \bar{y} - \hat{\beta}_1 \bar{x} \end{cases} \tag{8.5}$$

由式（8.5）可知，当 $x=\bar{x}$ 时，$\hat{y}=\bar{y}$，即回归直线 $\hat{y}_i=\hat{\beta}_0+\hat{\beta}_1 x_i$ 通过点（$\bar{x}$，$\bar{y}$）。

例 8－3

根据例 8－1 的数据，求销售收入与广告支出的回归方程。

解： 使用 Excel 的【数据分析】工具可以得到线性回归的部分结果，操作步骤如文本框 8－2 所示。

文本框 8－2　　用 Excel 进行线性回归

用【数据分析】工具进行线性回归

第 1 步：将光标放在任意空白单元格，然后点击【数据】→【数据分析】，并在【分析工具】中选择【回归】。点击【确定】。

第 2 步：在【Y 值输入区域】中输入因变量 Y 的数据所在的区域，在【X 值输入区域】中输入自变量 X 的数据所在的区域。在【输出选项】中选择结果的放置位置。在【残差】选项中根据需要选择所要的结果，比如，残差、残差图等。界面如下图所示：

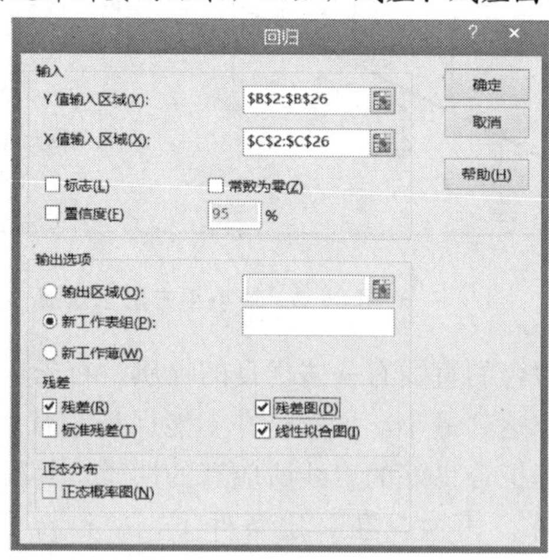

点击【确定】，得到回归结果。

文本框 8-2 给出的回归结果主要包括以下几部分：

第 1 部分是分析的一些主要统计量，包括相关系数（Multiple R）、决定系数（R Square）、调整的决定系数（Adjusted R Square）、估计标准误（标准误差）等，如表 8-2 所示。

表 8-2　销售收入与广告支出的线性回归结果

SUMMARY OUTPUT						
回归统计						
Multiple R	0.9637056					
R Square	0.9287286					
Adjusted R Square	0.9256298					
标准误差	157.9733					
观测值	25					
方差分析						
	df	SS	MS	F	Significance F	
回归分析	1	7479429.6	7479429.6	299.70992	1.09551E-14	
残差	23	573977.94	24955.563			
总计	24	8053407.5				
	Coefficient	标准误差	t Stat	P-value	下限 95.0%	上限 95.0%
Intercept	32.567132	78.597245	0.4143546	0.6824534	-130.0236575	195.15792
X Variable 1	7.2742758	0.4201837	17.312132	1.096E-14	6.40505961	8.1434921

第 2 部分是回归分析的方差分析表，包括回归平方和、残差平方和、总平方和（SS）及相应的自由度（df）、回归均方和残差均方（MS）、检验统计量（F）、*F* 检验的显著性水平（Significance F）。这部分主要用于对回归模型的线性关系进行显著性检验。

第 3 部分是模型中参数估计的有关内容。包括回归方程的截距（Intercept）、回归系数（X Variable 1）、截距和回归系数检验的统计量（t Stat）、检验的显著性水平（P-value）、截距和回归系数的 95%的置信区间下限（下限 95.0%）以及置信区间上限（上限 95.0%）等。

第 4 部分包括回归的预测值（预测 Y）、残差和标准残差等。

此外，本例还给出了回归的残差图（X Variable 1 Residual Plot）、线性拟合图（X Variable 1 Line Fit Plot）和 y 的正态概率图（Normal Probability Plot）等。

对于本章内容所涉及的一些结果，将在后面陆续介绍。

由表 8-2 的回归结果可知，销售收入与广告支出的估计方程为 $\hat{y}=32.567\ 1+7.274\ 3$。回归系数 7.274 3 表示，广告支出每改变（增加或减少）1 万元，销售收入平均变动（增加或减少）7.274 3 万元。截距 32.567 1 表示，广告支出为 0 时，销售收入为 32.567 1 万元。但在回归分析中，对截距 $\hat{\beta}_0$ 通常不作实际意义上的解释，除非 $x=0$ 有实际意义。

将 x_i 的各个取值代入上述估计方程，可以得到销售收入的各个估计值 $\hat{y}_i$。回归的预测值（预测 Y）、残差和标准残差如表 8－3 所示。

表 8－3　25 家企业销售收入的预测值

观测值	销售收入	广告支出	预测 Y
1	538.9	65.0	505.3951
2	315.5	60.4	471.9334
3	586.9	70.8	547.5859
4	527.6	81.3	623.9658
5	697.6	91.7	699.6182
6	635.7	102.1	775.2707
7	834.5	112.5	850.9232
8	908.3	122.9	926.5756
9	1140.3	133.3	1002.2281
10	1384.9	143.8	1078.6080
11	1053.7	154.2	1154.2605
12	1117.8	164.6	1229.9129
13	1306.5	175.0	1305.5654
14	1343.7	185.4	1381.2179
15	1663.9	195.8	1456.8703
16	969.1	100.0	759.9947
17	1366.8	216.7	1608.9027
18	1705.1	227.1	1684.5552
19	1785.8	237.5	1760.2076
20	1530.9	247.9	1835.8601
21	2227.6	258.3	1911.5126
22	1921.4	268.8	1987.8925
23	1966.0	279.2	2063.5449
24	2079.0	289.6	2139.1974
25	2354.4	298.0	2200.3013

图 8－4 给出了线性拟合图。

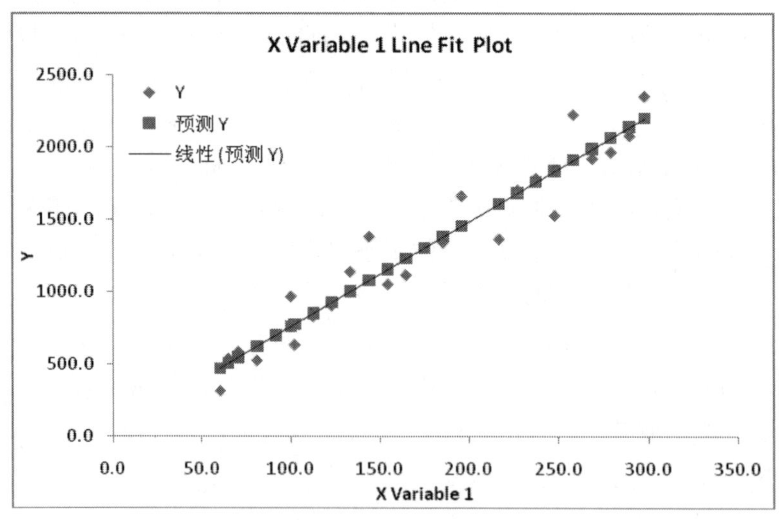

图 8－4　销售收入与广告支出的线性拟合图

8.3　模型评估和检验

回归直线 $\hat{y}_i=\hat{\beta}_0+\hat{\beta}_1x_i$ 在一定程度上描述了变量 x 与 y 之间的关系，根据这一方程，可用自变量 x 的取值来预测因变量 y 的取值，但预测的精度将取决于回归直线对观测数据的拟合程度。可以想象，如果各观测数据的散点都落在这一直线上，那么这条直线就是对数据的完全拟合，直线充分代表了各个点，此时用 x 来估计 y 是没有误差的。各观测点越是紧密围绕直线，说明直线对观测数据的拟合程度越高，反之则越低。回归直线与各观测点的接近程度称为回归模型的**拟合优度**（goodness of fit）。评价拟合优度的一个重要统计量就是**决定系数**（coefficient of determination）。

8.3.1　模型评估

1. 决定系数

决定系数是对回归方程拟合优度的度量。为说明它的含义，需要考察因变量 y 取值的误差。

因变量 y 的取值是不同的，y 取值的这种波动称为误差。误差的产生源于两个方面：一是自变量 x 的取值不同；二是 x 以外的其他随机因素的影响。对一个具体的观测值来说，误差的大小可以用实际观测值 y 与其均值 $\bar{y}$ 之差 $(y-\bar{y})$ 来表示，如图 8-5 所示。而 n 次观测值的总误差可由这些离差的平方和来表示，称为**总平方和**（total sum of squares），记为 SST，即 $SST=\sum(y_i-\bar{y})^2$。

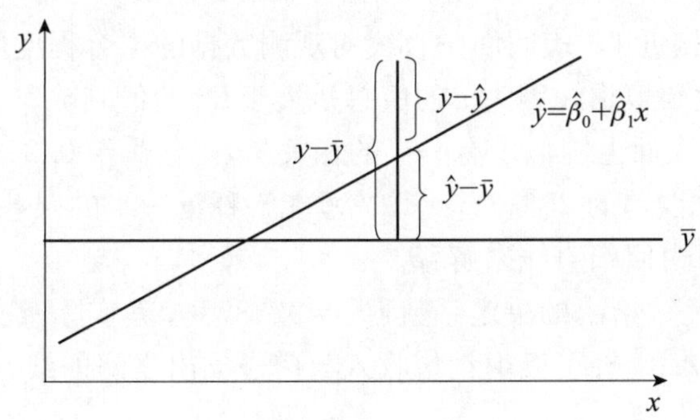

图 8-5　误差分解图

从图 8-5 可以看出，每个观测点的离差都可以分解为：$y-\bar{y}=(y-\hat{y})+(\hat{y}-\bar{y})$，两边平方并对所有 n 个点求和，有：

$$\sum(y_i-\bar{y})^2=\sum(y_i-\hat{y}_i)^2+\sum(\hat{y}_i-\bar{y})^2+2\sum(y_i-\hat{y}_i)(\hat{y}_i-\bar{y}) \tag{8.6}$$

可以证明，$\sum(y_i-\hat{y}_i)(\hat{y}_i-\bar{y})=0$，因此有

$$\sum (y_i - \bar{y})^2 = \sum (y_i - \hat{y}_i)^2 + \sum (\hat{y}_i - \bar{y})^2 \tag{8.7}$$

式（8.7）的左边称为总平方和 SST，它被分解为两部分：其中，$\sum (\hat{y}_i - \bar{y})^2$ 是回归值 $\hat{y}_i$ 与均值 $\bar{y}$ 的离差平方和，根据回归方程，估计值 $\hat{y}_i = \hat{\beta}_0 + \hat{\beta}_1 x_i$，因此可以把 $\hat{y}_i - \bar{y}$ 看作由于自变量 x 的变化引起的 y 的变化，其平方和 $\sum (\hat{y}_i - \bar{y})^2$ 则反映了 y 的总误差中由于 x 与 y 之间的线性关系引起的 y 的变化部分，它是可以由回归直线来解释的 y_i 的误差部分，称为**回归平方和**（regression sum of squares），记为 SSR。另一部分 $\sum (y_i - \hat{y}_i)^2$ 是实际观测点与回归值的离差平方和，它是除了 x 对 y 的线性影响之外的其他随机因素对 y 的影响，是不能由回归直线来解释的 y_i 的误差部分，称为**残差平方和**（residual sum of squares），记为 SSE。三个平方和的关系为：

$$总平方和(SST) = 回归平方和(SSR) + 残差平方和(SSE) \tag{8.8}$$

从图 8-5 可以直观地看出，回归直线拟合得好坏取决于回归平方和占总平方和的比例 SSR/SST 的大小。各观测点越靠近直线，SSR/SST 越大，直线拟合得越好。回归平方和占总平方和的比例称为决定系数或判定系数，记为 R^2，其计算公式为：

$$R^2 = \frac{SSR}{SST} = \frac{\sum (\hat{y}_i - \bar{y})^2}{\sum (y_i - \bar{y})^2} \tag{8.9}$$

决定系数 R^2 测度了回归直线对观测数据的拟合程度。若所有观测点都落在直线上，残差平方和 $SSE=0$，$R^2=1$，拟合是完全的；如果 y 的变化与 x 无关，此时 $\hat{y} = \bar{y}$，则 $R^2 = 0$。可见 R^2 的取值范围是 $[0，1]$。R^2 越接近 1，回归直线的拟合程度就越高；R^2 越接近 0，回归直线的拟合程度就越低。

在一元线性回归中，相关系数 r 是决定系数的平方根。这一结论可以帮助人们进一步理解相关系数的含义。实际上，相关系数 r 也从另一个角度说明了回归直线的拟合优度。$|r|$ 越接近 1，表明回归直线对观测数据的拟合程度就越高。但用 r 说明回归直线的拟合优度要慎重，因为 r 的值总是大于 R^2 的值（除非 $r=0$ 或 $|r|=1$）。比如，当 $r=0.5$ 时，表面上看似乎有一半的相关了，但 $R^2=0.25$，这表明自变量 x 只能解释因变量 y 的总误差的 25%。$r=0.7$ 才能解释近一半的误差，$r<0.3$ 意味着只有很少一部分误差可由回归直线来解释。

例如，表 8-2 给出的决定系数 $R^2=92.87\%$，其实际意义是：在销售收入取值的总误差中，有 92.87 %可以由销售收入与广告支出之间的线性关系来解释，可见回归方程的拟合程度较高。

2. 估计标准误

估计标准误（standard error of estimate）是残差的标准差，也称估计标准误差，用 s_e 表示。一元线性回归的估计标准误的计算公式为：

$$s_e = \sqrt{\frac{\sum (y_i - \hat{y}_i)^2}{n-2}} = \sqrt{\frac{SSE}{n-2}} \tag{8.10}$$

s_e 是度量各观测点在直线周围分散程度的一个统计量，反映了实际观测值 y_i 与回归估计值 $\hat{y}_i$ 之间的差异程度。s_e 也是对误差项 ε 的标准差 σ 的估计，它可以看作在排除了 x 对 y 的线性影响后，y 随机波动大小的一个估计量。从实际意义看，s_e 反映了用回归方程预测因变量 y 时预测误差的大小。各观测点越靠近直线，回归直线对各观测点的代表性越好，s_e 就会越小，根据回归方程进行预测也就越准确；若各观测点全部落在直线上，则 $s_e=0$，此时用自变量来预测因变量是没有误差的。可见，s_e 也从另一个角度说明了回归直线的拟合优度。

例如，表 8-2 给出的估计标准误 $s_e=157.9733$ 的实际意义是：根据广告支出来预测销售收入时，平均的预测误差为 157.973 3 万元。

8.3.2　显著性检验

在建立回归模型之前，已经假定 x 与 y 是线性关系，但这种假定是否成立，需要检验后才能证实。回归分析中的显著性检验主要包括线性关系检验和回归系数检验两个方面的内容。

1. 线性关系检验

线性关系检验简称 F 检验，它用于检验自变量 x 和因变量 y 之间的线性关系是否显著，或者说，它们之间能否用一个线性模型 $y=\beta_0+\beta_1x+\varepsilon$ 来表示。检验统计量的构造是以回归平方和（SSR）以及残差平方和（SSE）为基础的。将 SSR 除以其相应自由度（SSR 的自由度是自变量的个数 k，一元线性回归中自由度为 1）后的结果称为**回归均方**（mean square），记为 MSR；将 SSE 除以其相应自由度（SSE 的自由度为 $n-k-1$，一元线性回归中自由度为 $n-2$）后的结果称为残差均方，记为 MSE。如果原假设成立（H_0：$\beta_1=0$，两个变量之间的线性关系不显著），则比值 MSR/MSE 的抽样分布服从分子自由度为 1、分母自由度为 $n-2$ 的 F 分布，即

$$F=\frac{SSR/1}{SSE/(n-2)}=\frac{MSR}{MSE}\sim F(1,n-2) \tag{8.11}$$

当原假设 H_0：$\beta_1=0$ 成立时，MSR/MSE 的值应接近 1，但如果原假设不成立，MSR/MSE 的值将变得无穷大。因此，较大的 MSR/MSE 值将导致拒绝 H_0，此时就可以断定 x 与 y 之间存在显著的线性关系。线性关系检验的具体步骤如下：

第 1 步：提出假设。

H_0：$\beta_1=0$（两个变量之间的线性关系不显著）

H_1：$\beta_1\neq0$（两个变量之间的线性关系显著）

第 2 步：计算检验统计量 F。

第 3 步：做出决策。确定显著性水平 α，并根据分子自由度 $df_1=1$ 和分母自由度 $df_2=n-2$ 求出统计量的 P 值。若 $P<\alpha$，则拒绝 H_0，表明两个变量之间的线性关系显著。

例如，表 8 - 2 给出各个平方和、均方、检验统计量 F 及其相应的 P 值（Sig.）。由于实际显著性水平 Sig. ＝1.095 51E-14，接近 0，因此拒绝 H_0，表明销售收入与广告支出之间的线性关系显著。

2. 回归系数检验

回归系数检验简称 t 检验，它用于检验自变量对因变量的影响是否显著。在一元线性回归中，由于只有一个自变量，因此回归系数检验与线性关系检验是等价的（在多元线性回归中这两种检验不再等价）。回归系数检验的步骤为：

第 1 步：提出假设。

$H_0: \beta_1=0$（自变量对因变量的影响不显著）

$H_1: \beta_1\neq 0$（自变量对因变量的影响显著）

第 2 步：计算检验统计量。检验统计量的构造是以回归系数 β_1 的抽样分布为基础的。① 统计证明，$\hat{\beta}_1$ 服从正态分布，期望值为 $E(\hat{\beta}_1)=\beta_1$，标准差的估计量为：

$$s_{\hat{\beta}_1}=\frac{s_e}{\sqrt{\sum x_i^2-\frac{1}{n}\left(\sum x_i\right)^2}} \tag{8.12}$$

将回归系数标准化，就可以得到用于检验回归系数 β_1 的统计量 t。在原假设成立的条件下，$\hat{\beta}_{11}-\beta_1=\hat{\beta}_1$，因此检验统计量为：

$$t=\frac{\hat{\beta}_1}{s_{\hat{\beta}_1}}\sim t(n-2) \tag{8.13}$$

第 3 步：做出决策。确定显著性水平 α，并根据自由度 $df=n-2$ 计算出统计量的 P 值。若 $P<\alpha$，则拒绝 H_0，表明 x 对 y 的影响是显著的。

例如，表 8 - 2 给出了检验统计量 $t=17.312\ 132$。由于显著性水平 Sig. 接近 0，因此拒绝 H_0，表明广告支出是影响销售收入的一个显著性因素。

除对回归系数进行检验外，还可以对其进行估计。回归系数 β_1 在 $1-\alpha$ 置信水平下的置信区间为：

$$\hat{\beta}_1\pm t_{\alpha/2}(n-2)\frac{s_e}{\sqrt{\sum_{i=1}^{n}(x_i-\bar{x})^2}} \tag{8.14}$$

回归模型中的常数 β_0 在 $1-\alpha$ 置信水平下的置信区间为：

$$\hat{\beta}_0\pm t_{\alpha/2}(n-2)s_e\sqrt{\frac{1}{n}+\frac{\bar{x}}{\sum_{i=1}^{n}(x_i-\bar{x})^2}} \tag{8.15}$$

表 8 - 2 给出的回归结果中，β_1 的 95%的置信区间为（6.405 06，8.143 49），β_0

---

① 回归方程 $\hat{y}_1=\hat{\beta}_0+\hat{\beta}_1x_i$ 是根据样本数据计算的。抽取不同的样本，会得出不同的估计方程。实际上，$\hat{\beta}_0$ 和 $\hat{\beta}_1$ 是根据最小平方法得到的用于估计参数 β_0 和 β_1 的统计量，它们都是随机变量，也都有自己的分布。

的 95%的置信区间为（−130.023 66，195.157 92）。其中，β_1 的置信区间表示，广告费用每变动 1 万元，销售收入的平均变动量在 6.405 06 万～8.143 49 万元之间。

8.4 利用回归方程进行预测

回归分析的主要目的是根据所建立的回归方程，用给定的自变量来预测因变量。如果对于 x 的一个给定值 x_0，求出 y 的一个预测值 $\hat{y}_0$，就是点估计。在点估计的基础上，可以求出 y 的一个估计区间。估计区间有两种类型：平均值的置信区间和个别值的预测区间。

8.4.1 平均值的置信区间

平均值的**置信区间**（confidence interval）是对 x 的一个给定值 x_0，求出 y 的平均值的估计区间。比如，在例 8－1 中，根据销售收入与广告支出的估计回归方程 $\hat{y}=32.5671+7.2743$，求出广告支出为 100 万元时所有企业销售收入平均值的估计区间，这个区间就是置信区间。

设 x_0 为自变量 x 的一个给定值，$E(y_0)$ 为给定 x_0 时因变量 y 的期望值。当 $x=x_0$ 时，$\hat{y}_0=\hat{\beta}_0+\hat{\beta}_1x_0$ 就是 $E(y_0)$ 的点估计值。一般来说，不能期望点估计值 $\hat{y}_0$ 精确地等于 $E(y_0)$，因此要用 $\hat{y}_0$ 推断 $E(y_0)$ 的区间。根据参数估计的原理，y 的平均值的置信区间等于点估计值±估计误差，即 $\hat{y}_0\pm E$。E 是由所要求的置信水平的分位数值和点估计量（$\hat{y}_0$）的标准误构成的。对于给定的 x_0，平均值 $E(y_0)$ 在 $1-\alpha$ 置信水平下的置信区间为：

$$\hat{y}_0\pm t_{\alpha/2}s_e\sqrt{\frac{1}{n}+\frac{(x_0-\bar{x})^2}{\sum_{i=1}^{n}(x_i-\bar{x})^2}} \tag{8.16}$$

当 $x_0=\bar{x}$ 时，$\hat{y}_0$ 的标准差的估计量最小，此时有 $s_{\hat{y}_0}=s_e\sqrt{1/n}$。也就是说，当 $x_0=\bar{x}$ 时，估计是最准确的。x_0 偏离 $\bar{x}$ 越远，y 的平均值的置信区间就越宽，估计的效果也就越差。

8.4.2 个别值的预测区间

个别值的**预测区间**（prediction interval）是对 x 的一个给定值 x_0，求出 y 的一个个别值的估计区间。比如，在例 8－1 中，如果不是想估计广告支出为 100 万元时所有企业销售收入平均值的区间，而只是想估计广告支出为 100 万元的那家企业（编号为 16 的那家企业）销售收入的区间，这个区间就是个别值的预测区间。

与置信区间类似，y 的个别值的预测区间等于点估计值±估计误差，即 $\hat{y}_0 \pm E$。E 是由所要求的置信水平的分位数值和点估计量（$\hat{y}_0$）的标准误构成的。对于给定的 x_0，y 的一个个别值 y_0 在 $1-\alpha$ 置信水平下的预测区间为：

$$\hat{y}_0 \pm t_{\alpha/2} s_e \sqrt{1+\frac{1}{n}+\frac{(x_0-\bar{x})^2}{\sum_{i=1}^{n}(x_i-\bar{x})^2}} \tag{8.17}$$

与式（8.16）相比，式（8.17）的根号内多了一个 1。因此，即使是对同一个 x_0，这两个区间的宽度也不一样，预测区间要比置信区间宽一些。这两个区间的示意图如图 8-6 所示。

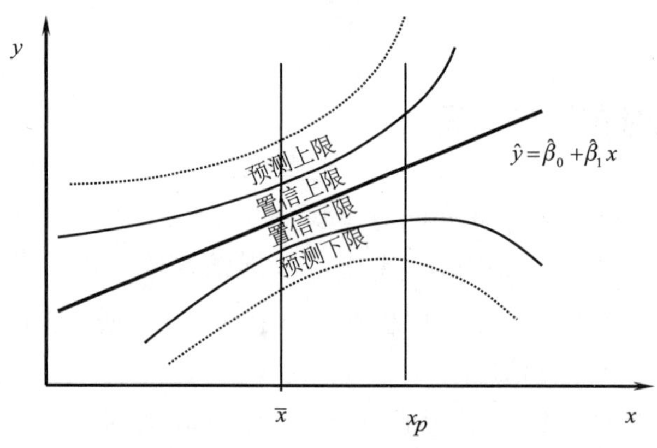

图 8-6　置信区间和预测区间示意图

从图 8-6 可以看出，两个区间的宽度不太一样，y 的个别值的预测区间要宽一些。二者的差别表明，估计 y 的平均值比预测 y 的一个个别值更准确。同样，当 $x_0=\bar{x}$ 时，两个区间也都是最准确的。

 **例 8-4**

沿用例 8-1。求 25 家企业销售收入的 95%的置信区间和预测区间。

解： 按式（8.16）和式（8.17）计算出的 95%的置信区间和预测区间如表 8-4 所示。

表 8-4　25 家企业销售收入的置信区间和预测区间

观测值	销售收入	预测 Y	置信下限	置信上限	预测下限	预测上限
1	538.9	505.395	392.235	618.555	159.565	851.225
2	315.5	471.933	355.486	588.380	125.014	818.853
3	586.9	547.586	438.502	656.669	203.068	892.104
4	527.6	623.966	522.043	725.889	281.648	966.284
5	697.6	699.618	604.455	794.782	359.252	1039.985
6	635.7	775.271	686.461	864.081	436.625	1113.916
7	834.5	850.923	767.966	933.880	513.766	1188.081
8	908.3	926.576	848.859	1004.292	590.669	1262.482
9	1140.3	1002.228	929.007	1075.449	667.333	1337.123

10	1384.9	1078.608	1009.023	1148.193	744.489	1412.727
11	1053.7	1154.260	1087.238	1221.283	820.666	1487.855
12	1117.8	1229.913	1164.297	1295.529	896.598	1563.228
13	1306.5	1305.565	1240.127	1371.004	972.285	1638.846
14	1343.7	1381.218	1314.716	1447.719	1047.727	1714.708
15	1663.9	1456.870	1388.123	1525.617	1122.925	1790.816
16	969.1	759.995	669.939	850.051	421.021	1098.969
17	1366.8	1608.903	1532.544	1685.262	1273.308	1944.498
18	1705.1	1684.555	1603.154	1765.957	1347.777	2021.334
19	1785.8	1760.208	1673.114	1847.301	1422.008	2098.407
20	1530.9	1835.860	1742.545	1929.175	1496.006	2175.715
21	2227.6	1911.513	1811.545	2011.480	1569.771	2253.254
22	1921.4	1987.892	1880.852	2094.933	1644.016	2331.769
23	1966.0	2063.545	1949.212	2177.877	1717.329	2409.761
24	2079.0	2139.197	2017.338	2261.057	1790.424	2487.971
25	2354.4	2200.30133	2072.21978	2328.38288	1849.30514	2551.29752

图 8-7 显示了销售收入的 95%的置信区间和预测区间。图中的点是销售收入与广告支出的散点图，中间的实线是拟合的回归直线，其两侧的虚线是销售收入平均值的 95%的置信区间；最外面的两条虚线是销售收入个别值的 95%的预测区间。

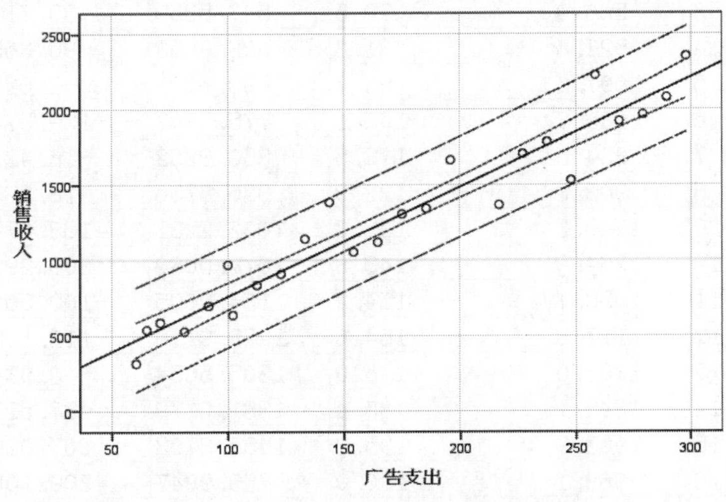

图 8-7　销售收入的 95%的置信区间和预测区间

8.5　残差分析

在建立回归模型 $y=\beta_0+\beta_1 x+\varepsilon$ 时，除了假定因变量与自变量之间为线性关系外，还假定误差项 ε 是期望值为 0、方差相等且服从正态分布的一个独立随机变量。如果这些假定不成立，那么，对模型所做的检验以及预测也就站不住脚。确定有关 ε

的假定是否成立的方法之一就是进行**残差分析**（residual analysis）。

8.5.1 残差与标准化残差

残差（residual）是因变量的观测值 y_i 与根据回归方程求出的预测值 $\hat{y}_i$ 之差，用 e 表示，它反映了用回归方程预测 y_i 引起的误差。第 i 个观测值的残差可以写为：

$$e_i = y_i - \hat{y}_i \tag{8.18}$$

标准化残差（standardized residual）是残差除以它的标准误后的结果，用 z_e 表示。第 i 个观测值的标准化残差可以表示为：

$$z_{e_i} = \frac{e_i}{s_e} = \frac{y_i - \hat{y}_i}{s_e} \tag{8.19}$$

式中，s_e 是残差的标准误的估计。

表 8-5 给出了 25 家企业销售收入与广告支出线性回归的预测值、残差和标准化残差。

表 8-5 25 家企业销售收入与广告支出线性回归的预测值、残差和标准化残差

观测值	销售收入	广告支出	预测 Y	残差	标准化残差
1	538.9	65.0	505.3951	33.5049	0.2167
2	315.5	60.4	471.9334	-156.4334	-1.0116
3	586.9	70.8	547.5859	39.3141	0.2542
4	527.6	81.3	623.9658	-96.3658	-0.6231
5	697.6	91.7	699.6182	-2.0182	-0.0131
6	635.7	102.1	775.2707	-139.5707	-0.9025
7	834.5	112.5	850.9232	-16.4232	-0.1062
8	908.3	122.9	926.5756	-18.2756	-0.1182
9	1140.3	133.3	1002.2281	138.0719	0.8928
10	1384.9	143.8	1078.6080	306.2920	1.9806
11	1053.7	154.2	1154.2605	-100.5605	-0.6503
12	1117.8	164.6	1229.9129	-112.1129	-0.7250
13	1306.5	175.0	1305.5654	0.9346	0.0060
14	1343.7	185.4	1381.2179	-37.5179	-0.2426
15	1663.9	195.8	1456.8703	207.0297	1.3387
16	969.1	100.0	759.9947	209.1053	1.3521
17	1366.8	216.7	1608.9027	-242.1027	-1.5655
18	1705.1	227.1	1684.5552	20.5448	0.1328
19	1785.8	237.5	1760.2076	25.5924	0.1655
20	1530.9	247.9	1835.8601	-304.9601	-1.9720
21	2227.6	258.3	1911.5126	316.0874	2.0439
22	1921.4	268.8	1987.8925	-66.4925	-0.4300
23	1966.0	279.2	2063.5449	-97.5449	-0.6308
24	2079.0	289.6	2139.1974	-60.1974	-0.3893
25	2354.4	298.0	2200.3013	154.0987	0.9965

表 8-5 是 Excel 给出的标准化残差，其计算公式为：

$$z_{e_i}=\frac{y_i-\hat{y}_i}{s_e\sqrt{1-\left[\frac{1}{n}+\frac{(x_i-\bar{x})^2}{\sum(x_i-\bar{x})^2}\right]}}\tag{8.20}$$

式（8.20）称为**学生化删除残差**（studentized deleted residuals），而不是式（8.19）所说的标准化残差。

8.5.2　残差图及其解读

检验误差项 ε 的假定是否成立，可以通过残差图的分析来完成。常用的残差图有关于 x 的残差图、标准化残差图等。关于 x 的残差图用横轴表示自变量 x_i 的值，纵轴表示对应的残差 e_i，每个 x_i 的值与对应的残差 e_i 用图中的一个点来表示。

为解读残差图，首先考察一下残差图的形态及其反映的信息。图 8-8 给出了几种不同形态的残差图。

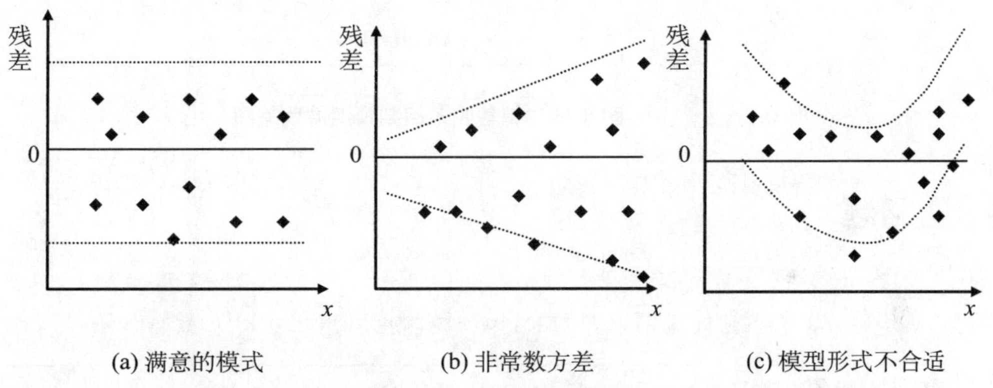

图 8-8　不同形态的残差图

若关于 ε 等方差的假定成立，而且假定描述变量 x 和 y 之间关系的回归模型是合理的，那么残差图中的所有点都应以均值 0 为中心随机分布在一条水平带中间，如图 8-8（a）所示。但如果对所有的 x 值，ε 的方差是不同的，例如，对于较大的 x 值相应的残差也较大（或对于较大的 x 值相应的残差较小），如图 8-8（b）所示，这就意味着违背了 ε 方差相等的假设。如果残差图如图 8-8（c）所示的那样，表明所选择的回归模型不合理，这时应考虑非线性回归模型。

例 8-5

沿用例 8-1。绘制 25 家企业销售收入预测的残差图，判断所建立的回归模型是否合理。

解：根据表 8-5 中的残差绘制的残差图如图 8-9 所示。

从图 8-9 可以看出，各残差基本上位于一条水平带中间，而且没有任何固定的模式，呈随机分布。这表明销售收入与广告支出的一元线性回归模型是合理的，关于模型的各种假定也都是成立的。

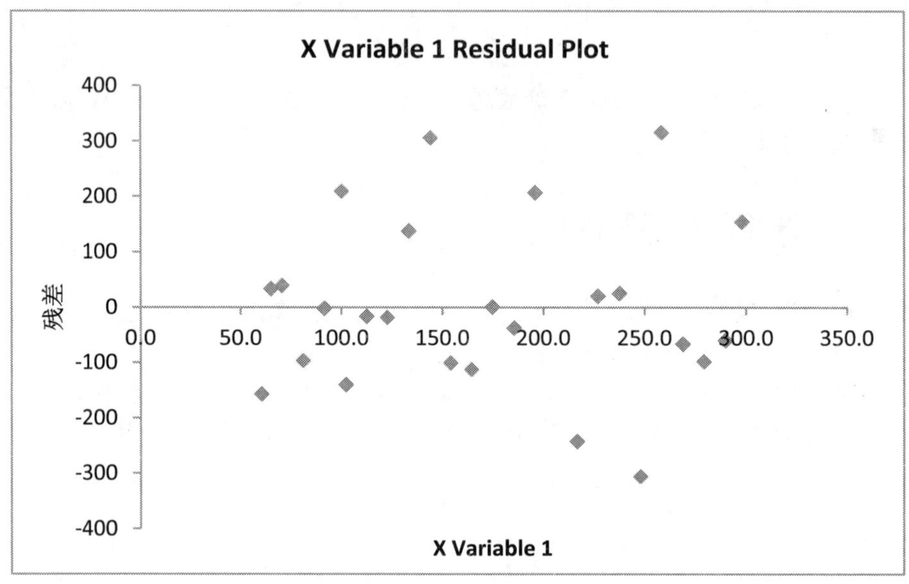

图 8－9　销售收入回归预测的残差图

□ 习题

8.1　20 个学生的身高（单位：cm）和体重（单位：kg）数据如下：

身高	体重	身高	体重
161.3	53.7	168.4	62.2
162.2	55.3	170.1	62.4
164.9	57.5	170.1	62.8
165.3	57.5	171.2	63.0
165.5	58.3	171.3	63.3
166.5	58.6	172.1	64.4
166.6	58.8	172.6	64.7
168.0	58.8	174.4	64.9
168.1	59.2	175.3	66.1
168.3	61.4	175.5	67.5

（1）绘制身高与体重的散点图，判断二者之间的关系形态。

（2）计算身高与体重之间的线性相关系数，分析说明二者之间的关系强度。

8.2　随机抽取 10 家航空公司，对其最近一年的航班正点率和顾客投诉次数进行调查，所得数据如下：

航空公司编号	航班正点率（%）	投诉次数（次）
1	81.8	21
2	76.6	58
3	76.6	85
4	75.7	68
5	73.8	74
6	72.2	93
7	71.2	72
8	70.8	122
9	91.4	18
10	68.5	125

（1）以航班正点率为自变量，顾客投诉次数为因变量，求出回归方程，并解释回归系数的意义。

（2）检验回归系数的显著性（$\alpha=0.05$）。

（3）如果航班正点率为 80%，估计顾客的投诉次数。

8.3　下面是 20 个城市写字楼出租率和每平方米月租金的数据：

地区编号	出租率（%）	每平方米月租金（元）
1	70.6	99
2	69.8	74
3	73.4	83
4	67.1	70
5	70.1	84
6	68.7	65
7	63.4	67
8	73.5	105
9	71.4	95
10	80.7	107
11	71.2	86
12	62.0	66
13	78.7	106
14	69.5	70
15	68.7	81
16	69.5	75
17	67.7	82
18	68.4	94
19	72.0	92
20	67.9	76

（1）绘制散点图，并计算相关系数，说明二者之间的关系。

（2）以月租金为自变量，出租率为因变量，利用最小平方法求出回归方程，并解释回归系数的实际意义。

（3）计算决定系数和估计标准误，并解释其意义。

（4）检验回归方程线性关系的显著性（$\alpha=0.05$）。

（5）如果月租金为每平方米 100 元，预测出租率及其预测区间和置信区间。

8.4　随机抽取 15 家快递公司，得到它们的日配送量与配送人员的数据如下：

配送人员	日配送量	配送人员	日配送量
66	640	171	1 310
85	680	184	1 460
92	940	197	1 530
105	950	211	1 590
118	960	224	1 780
132	1 000	237	1 800
145	1 060	260	1 850
158	1 300		

（1）以配送量为因变量，配送人员为自变量建立回归模型。

（2）对模型进行评估和检验（$\alpha=0.05$）。

（3）预测配送人员为 200 人时，配送量的置信区间和预测区间。

（4）计算残差和标准化残差，绘制残差图，分析模型是否合理。

第 9 章 Chapter 9 时间序列分析和预测

思考一下

- 如果某品牌汽车每个月的销售量都增加 200 辆，连续 12 个月的销售量的环比增长率是上升的还是下降的？
- 如果一个人的收入每年都增加 1 000 元，将连续 10 年的收入数据画出的图形是什么样的？如果每年的收入都增长 5%，将连续 10 年的收入数据画出的图形是什么样的？
- 可以准确地预测出一个弹道导弹的运行轨迹，但无法准确预测出某个社会经济现象的趋势。你同意这一观点吗？

时间序列（times series）是按时间顺序记录的一组数据。其中，观察的时间可以是年份、季度、月份或其他任何时间形式。为便于表述，本章用 t 表示所观察的时间，$Y_t(t=1, 2, \cdots, n)$表示在时间 t 上的观测值。对于时间序列数据，人们通常关心其未来的变化，也就是要对未来做出预测。比如，明年的企业销售额会达到多少？下个月的住房销售价格会下降吗？这只股票明天会上涨吗？要对未来的结果做出预测，就需要知道它们在过去的一段时间里是如何变化的，这就需要考察时间序列的变化形态，进而建立恰当的模型进行预测。本章首先介绍增长率的计算与分析，然后介绍时间序列的一些简单预测方法。

9.1 增长率分析

在一些经济报道中常使用增长率。增长率是对现象在不同时间的变化状况所做的描述。由于对比的基期不同，增长率有不同的计算方法。这里主要介绍增长率、平均增长率和年化增长率的计算方法。

9.1.1 增长率与平均增长率

增长率（growth rate）是时间序列中报告期观测值与基期观测值之比减 1 后的结果，也称增长速度，用百分比（%）表示。

由于对比的基期不同，增长率可以分为环比增长率和定基增长率。环比增长率是报告期观测值与前一时期观测值之比减 1，说明观测值逐期增长变化的程度；定基增长率是报告期观测值与某一固定时期观测值之比减 1，说明观测值在整个观察期内总的增长变化程度。设增长率为 G，则环比增长率和定基增长率可表示为：

环比增长率：

$$G_i = \frac{Y_i - Y_{i-1}}{Y_{i-1}} \times 100\% = \left(\frac{Y_i}{Y_{i-1}} - 1\right) \times 100, \quad i = 1,2,\cdots,n \tag{9.1}$$

定基增长率：

$$G_i = \frac{Y_i - Y_0}{Y_0} \times 100\% = \left(\frac{Y_i}{Y_0} - 1\right) \times 100, \quad i = 1,2,\cdots,n \tag{9.2}$$

式中，Y_0 表示用于对比的固定基期的观测值。

平均增长率（average rate of increase）是时间序列中各逐期环比值（也称环比发展速度）的几何平均数（n 个观测值连乘的 n 次方根）减 1 后的结果，也称平均发展速度。

平均增长率用于描述观测值在整个观察期内平均增长变化的程度，计算公式为：

$$\bar{G} = \left(\sqrt[n]{\frac{Y_1}{Y_0} \times \frac{Y_2}{Y_1} \times \cdots \times \frac{Y_n}{Y_{n-1}}} - 1\right) \times 100 = \left(\sqrt[n]{\frac{Y_n}{Y_0}} - 1\right) \times 100 \tag{9.3}$$

式中，$\bar{G}$ 表示平均增长率；n 为环比值的个数。

例 9-1

表 9-1 是 2005—2014 年我国的 GDP 数据，计算：(1) 2005—2014 年的环比增长率；(2) 以 2005 年为固定基期的定基增长率；(3) 2005—2014 年的年平均增长率，并根据年平均增长率预测 2015 年和 2016 年的 GDP。

表 9-1　2005—2014 年中国的 GDP 数据　　单位：亿元

年份	GDP
2005	187 318.9
2006	219 438.5
2007	270 232.3
2008	319 515.5
2009	349 081.4
2010	413 030.3
2011	489 300.6
2012	540 367.4
2013	595 244.4
2014	643 974.0

解：（1）根据式（9.1）计算环比增长率时，首先在 Excel 工作表中第 2 个观测值的右侧单元格输入公式：=B3/B2*100，然后向下复制，直至最后一个观测值的右侧单元格。

（2）根据式（9.2）计算定基增长率时，首先在 Excel 工作表中第 2 个观测值的右侧单元格输入公式：=B3/$B$2*100，公式中的符号“$”表示对单元格的绝对引用。然后向下复制，直至最后一个观测值的右侧单元格。得到的结果如表 9-2 所示。

表 9-2　2005—2014 年中国 GDP 的环比增长率和定基增长率

年份	GDP	环比增长率（%）	定基增长率（%）
2005	187 318.9	—	—
2006	219 438.5	117.15	117.15
2007	270 232.3	123.15	144.26
2008	319 515.5	118.24	170.57
2009	349 081.4	109.25	186.36
2010	413 030.3	118.32	220.50
2011	489 300.6	118.47	261.21
2012	540 367.4	110.44	288.47
2013	595 244.4	110.16	317.77
2014	643 974.0	108.19	343.78

（3）根据式（9.3）得

$$\bar{G}=\left(\sqrt[n]{\frac{Y_n}{Y_0}}-1\right)\times 100=\left(\sqrt[9]{\frac{187\ 318.9}{643\ 974.0}}-1\right)\times 100=14.706\%$$

即 2005—2014 年 GDP 的年平均增长率为 14.706%，或者说，GDP 平均每年按 14.706%的增长率增长。

根据年平均增长率预测 2015 年和 2016 年的 GDP 分别为：

$$\hat{Y}_{2015}=2014\text{ 年 GDP}\times(1+\bar{G})=643\ 974.0\times(1+14.706\%)$$
$$=738\ 678.82\text{（亿元）}$$

$$\hat{Y}_{2016}=2014\text{ 年 GDP}\times(1+\bar{G})^2=643\ 974.0\times(1+14.706\%)^2$$
$$=847\ 306.63\text{（亿元）}$$

9.1.2 年化增长率

增长率可根据年度数据计算，例如本年与上年相比计算的增长率，称为年增长率；也可以根据月份数据或季度数据计算，例如本月与上月相比或本季度与上季度相比计算的增长率，称为月增长率或季增长率。当所观察的时间跨度多于一年或少于一年时，用年化增长率进行比较就很有用。也就是将月或季增长率换算成年增长率，从而使各增长率具有相同的比较基础。当增长率以年来表示时称为**年化增长率**（annualized growth rate）。

年化增长率的计算公式为：

$$G_A=\left[\left(\frac{Y_i}{Y_{i-1}}\right)^{m/n}-1\right]\times 100 \tag{9.4}$$

式中，G_A 为年化增长率；m 为一年中的时期个数；n 为所跨的时期总数。

如果月增长率被年度化，则 $m=12$（一年有 12 个月），如果季度增长率被年度化，则 $m=4$，依此类推。显然，当 $m=n$ 时即为年增长率。

例 9－2

已知某企业的如下数据，计算年化增长率。

（1）2016 年 1 月份净利润为 25 亿元，2017 年 1 月份净利润为 30 亿元。

（2）2014 年 3 月份销售收入为 240 亿元，2016 年 6 月份销售收入为 300 亿元。

（3）2016 年第 1 季度出口额为 5 亿元，第 2 季度出口额为 5.1 亿元。

（4）2013 年第 4 季度工业增加值为 28 亿元，2016 年第 4 季度工业增加值为 35 亿元。

解：（1）由于是月份数据，因此 $m=12$；从 2016 年 1 月到 2017 年 1 月所跨的月份总数为 12，因此 $n=12$。根据式（9.4），年化增长率为：

$$G_A=\left[\left(\frac{30}{25}\right)^{12/12}-1\right]\times 100=20\%$$

这实际上就是年增长率，因为所跨的时期总数为一年。可见，该企业净利润的年增长率为 20%。

（2）$m=12$，$n=27$，年化增长率为：

$$G_A=\left[\left(\frac{300}{240}\right)^{12/27}-1\right]\times 100=10.43\%$$

结果表明，该地区企业销售收入增长率按年计算为 10.43%。

（3）由于是季度数据，因此 $m=4$；从第 1 季度到第 2 季度所跨的时期总数为 1，因此 $n=1$。年化增长率为：

$$G_A=\left[\left(\frac{5.1}{5.0}\right)^{4/1}-1\right]\times 100=8.24\%$$

结果表明，第 2 季度的出口额增长率按年计算为 8.24%。

（4）$m=4$，从 2013 年第 4 季度到 2016 年第 4 季度所跨的季度总数为 12，因此

$n=12$。年化增长率为：

$$G_A=\left[\left(\frac{35}{28}\right)^{4/12}-1\right]\times 100=7.72\%$$

结果表明，工业增加值的增长率按年计算为 7.72%，这实际上就是工业增加值的年平均增长率。

本节介绍了几种增长率的计算方法。对于社会经济现象的时间序列或企业经营管理方面的时间序列，通常利用增长率来描述其增长状况。但实际应用中，有时也会出现误用乃至滥用的情况。因此，在用增长率分析实际问题时，应注意以下几点：

首先，当时间序列中的观测值出现 0 或负数时，不宜计算增长率。例如，假定某企业连续 5 年的利润额分别为 5 000 万元、2 000 万元、0、−3 000 万元、2 000 万元，对这一序列计算增长率，要么不符合数学公理，要么无法解释其实际意义。在这种情况下，适宜直接用绝对数进行分析。

其次，在有些情况下，不能单纯就增长率论增长率，要注意将增长率与绝对水平相结合进行分析。由于对比的基数不同，大的增长率背后所隐含的绝对值可能很小，小的增长率背后所隐含的绝对值可能很大。在这种情况下，不能简单地用增长率进行比较分析，而应将增长率与绝对水平结合起来进行分析。

9.2　时间序列的成分和预测方法

时间序列预测的关键是找出其过去的变换模式，也就是确定一个时间序列所包含的成分，在此基础上选择恰当的模型进行预测。

9.2.1　时间序列的成分

时间序列的变化可能受一种或几种因素的影响，导致它在不同时间上取值的差异，这些影响因素就是时间序列的**组成要素**（components）。一个时间序列通常由 4 种要素组成：趋势、季节变动、循环波动和不规则波动。

趋势（trend）是时间序列在一段较长时期内呈现的持续向上或持续向下的变动。比如，你可以想象一个地区的 GDP 是逐年增长的，一个企业的生产成本是逐年下降的，这些都是趋势。趋势在一定观察期内可能呈线性变化，但随着时间的推移也可能呈非线性变化。

季节变动（seasonal fluctuation）是时间序列呈现的以年为周期长度的固定变动模式，这种模式年复一年重复出现。它是诸如气候条件、生产条件、节假日或人们的风俗习惯等各种因素影响的结果。农业生产、交通运输、旅游、商品销售等都有明显的季节变动特征。比如，一个商场在节假日的打折促销会使销售额增加，铁路和航空客运在节假日会迎来客流高峰，一个水力发电企业会因水流高峰的到来而发电量猛增，这些都是季节变化引起的。

循环波动（cyclical fluctuation）是时间序列呈现的非固定长度的周期性变动。比如，人们经常听到的景气周期、加息周期这类术语就与循环波动有关。循环波动的周期可能会持续一段时间，但与趋势不同，它不是单一方向的持续变动，而是涨落相间的交替波动，比如经济从低谷到高峰，又从高峰慢慢滑入低谷，尔后又慢慢回升；它也不同于季节变动，季节变动有比较固定的规律，且变动周期大多为一年，循环波动则无固定规律，变动周期多在一年以上，且周期长短不一。

不规则波动（irregular variations）是时间序列中除去趋势、季节变动和循环波动之后的随机波动。不规则波动总是夹杂在时间序列中，致使时间序列产生一种波浪形或振荡式变动。

时间序列的 4 个组成部分——趋势（T）、季节变动（S）、循环波动（C）和不规则波动（I）——与观测值的关系可以用**乘法模型**（additive model）表示，也可以用**加法模型**（multiplicative model）表示。其中较常用的是乘法模型，其表现形式为：

$$Y_t = T_t \times S_t \times C_t \times I_t \tag{9.5}$$

观察时间序列的成分可以从图形分析入手。下面的图 9-1 是含有不同成分的时间序列图。

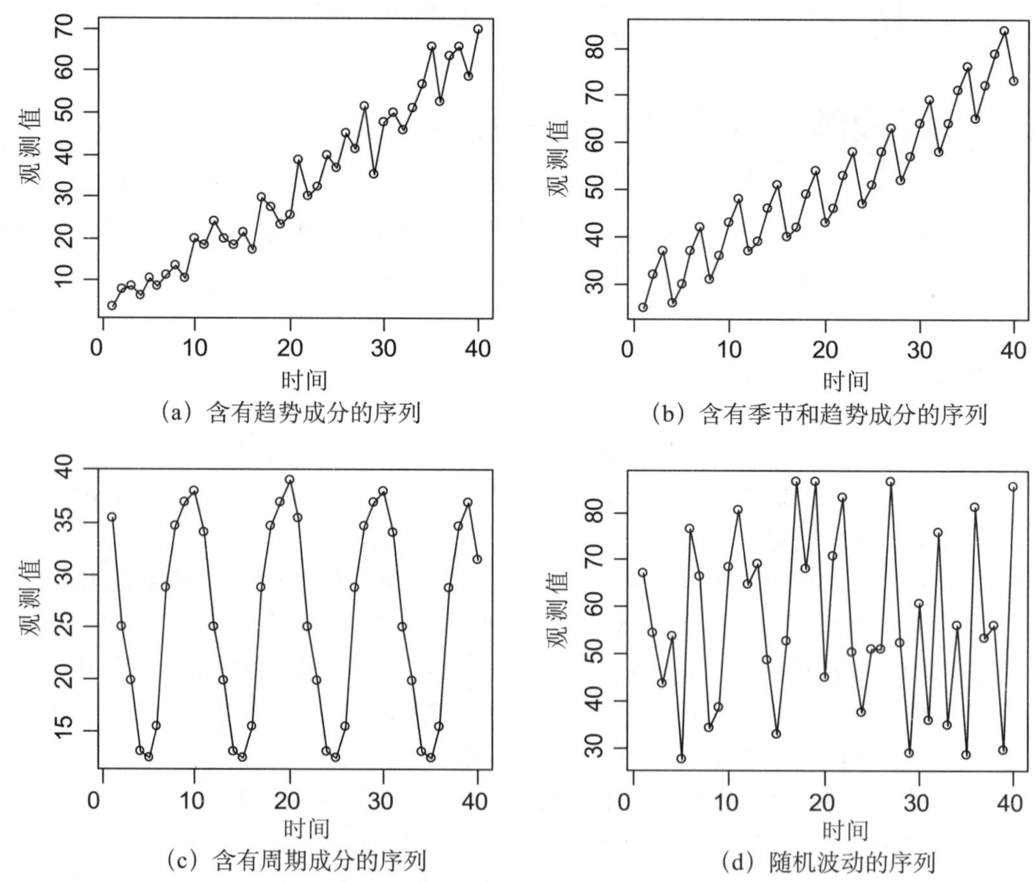

(a) 含有趋势成分的序列
(b) 含有季节和趋势成分的序列
(c) 含有周期成分的序列
(d) 随机波动的序列

图 9-1 含有不同成分的时间序列

一个时间序列可能由一种成分组成，也可能由几种成分组成。观察时间序列的图形就可以大致判断时间序列所包含的成分，为选择适当的预测模型奠定基础。

9.2.2　预测方法的选择与评估

一个具体的时间序列可能只含有一种成分，也可能同时含有几种成分。含有不同成分的时间序列所用的预测方法是不同的。对时间序列进行预测时通常包括以下几个步骤：

第 1 步，确定时间序列包含的成分。

第 2 步，找出适合该时间序列的预测方法。

第 3 步，对可能的预测方法进行评估，以确定最佳预测方案。

第 4 步，利用最佳预测方案进行预测，并分析其预测的残差，以检查模型是否合适。

下面通过几个时间序列来观察其包含的成分。

例 9－3

表 9－3 是某智能产品制造公司 2001—2016 年的净利润、产量、管理成本和销售价格的时间序列。绘图观察其包含的成分。

表 9－3　某智能产品制造公司 2001—2016 年的经营数据

年份	净利润（万元）	产量（台）	管理成本（万元）	销售价格（万元）
2001	1 200	25	27	189
2002	1 750	84	60	233
2003	2 938	124	73	213
2004	3 125	214	121	230
2005	3 250	216	126	223
2006	3 813	354	172	240
2007	4 616	420	218	208
2008	4 125	514	227	209
2009	5 386	626	254	208
2010	5 313	785	223	198
2011	6 250	1 006	226	223
2012	5 623	1 526	232	195
2013	6 000	2 156	200	202
2014	6 563	2 927	181	227
2015	6 682	4 195	153	254
2016	7 500	6 692	119	222

解： 4 个时间序列的图形如图 9－2 所示。

图 9－2 显示，净利润呈现一定的线性趋势；产量呈现一定的指数变化趋势；管理成本呈现一定的抛物线变化形态；销售价格则没有明显的趋势，呈现一定的随机波动。

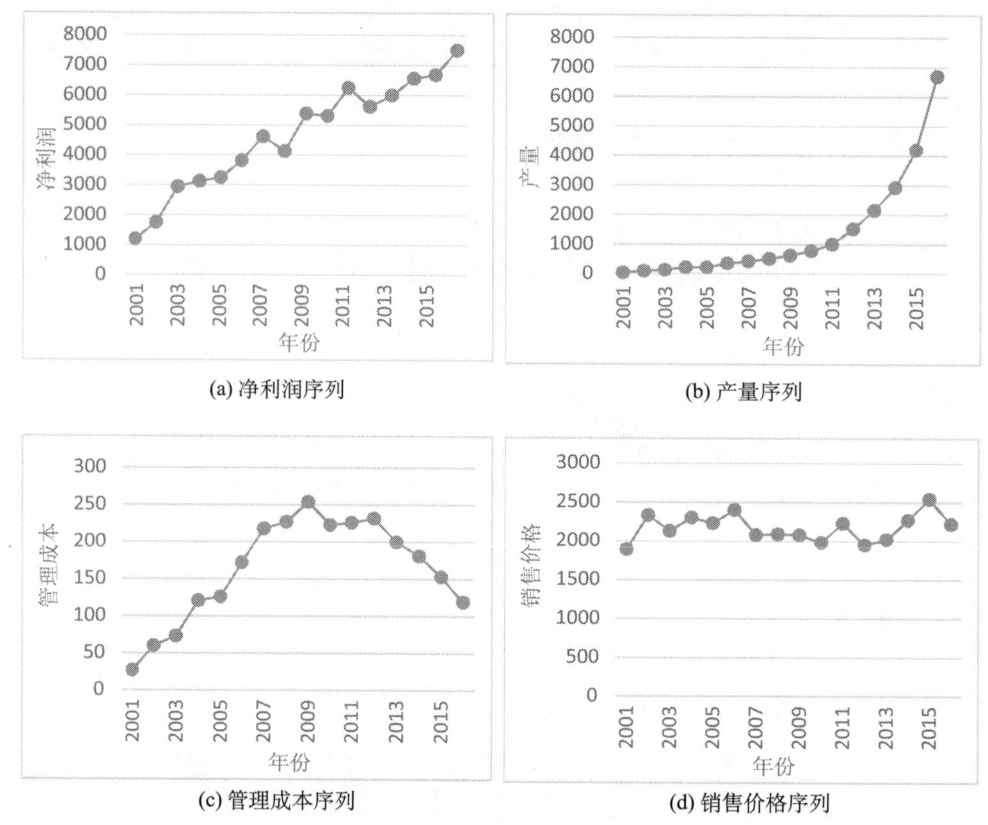

(a) 净利润序列　(b) 产量序列

(c) 管理成本序列　(d) 销售价格序列

图 9－2　表 9－1 的 4 个时间序列的线图

选择什么样的方法进行预测，除了受时间序列所包含的成分影响外，还取决于所能获得的历史数据的多少。有些方法只有少量的数据就能进行预测，有些方法则要求有较多数据。此外，方法的选择还取决于所要求的预测期的长短，有些方法只能进行短期预测，有些方法则可进行相对长期的预测。

下面的表 9－4 给出了本章介绍的时间序列预测方法及其适合的数据模式、对数据的要求和预测期的长短等。

表 9－4　预测方法的选择

预测方法	适合的数据模式	对数据的要求	预测期
移动平均法	平稳序列	数据个数与移动平均的步长相等	非常短
简单指数平滑法	平稳序列	5 个以上	短期
一元线性回归	线性趋势	10 个以上	短期至中期
指数模型	非线性趋势	10 个以上	短期至中期
多项式函数	非线性趋势	10 个以上	短期至中期
分解法	趋势、季节和循环成分	至少有 4 个周期的季度或月份数据	短期、中期、长期

在选择预测方法并利用该方法进行预测后，反过来需要对所选择的方法进行评估，以确定该方法是否合适。

一种预测方法的好坏取决于预测误差（也称残差）的大小。预测误差是预测值与实际值的差距。度量方法有**平均误差**（mean error）、**平均绝对误差**（mean absolute deviation）、**均方误差**（mean square error）、**平均百分比误差**（mean percentage error）和**平均绝对百分比误差**（mean absolute percentage error）等，其中较为常用的是均方误差。对于同一时间序列有几种可供选择的方法时，以预测误差最小者为宜。

均方误差是误差平方和的平均数，用 MSE 表示，计算公式为：

$$MSE=\frac{\sum_{i=1}^{n}(Y_i-F_i)^2}{n} \tag{9.6}$$

式中，Y_i 是第 i 期的实际值；F_i 是第 i 期的预测值；n 为预测误差的个数。

此外，为考察所选择的模型是否合适，还可以通过绘制残差图来分析。如果模型是正确的，那么，用该模型预测所产生的残差应该以零轴为中心随机分布。残差越接近零轴且随机分布，说明所选择的模型越好。

9.3 平滑法预测

如果时间序列是指不含趋势、季节变动和循环波动的序列，其波动主要是随机成分所致，则序列的平均值不随时间的推移而变化，这类序列的预测方法主要有**移动平均**（moving average）、**简单指数平滑**（simple exponential smoothing）等。这些方法是通过对时间序列进行平滑来消除其随机波动的，因而也称平滑法。

9.3.1 移动平均预测

移动平均预测是选择固定长度的移动间隔，对时间序列逐期移动求得平均数作为下一期的预测值。设移动间隔长度为 $k(1<k<t)$，则 $t+1$ 期的移动平均预测值为：

$$F_{t+1}=\bar{Y}_t=\frac{Y_{t-k+1}+Y_{t-k+2}+\cdots+Y_{t-1}+Y_t}{k} \tag{9.7}$$

移动平均法只使用最近 k 期的数据，每次计算移动平均值时移动的间隔都为 k。至于多长的移动间隔较为合理，预测时可采用不同的移动步长进行预测，然后选择一个使均方误差达到最小的移动步长。

9.3.2 简单指数平滑预测

简单指数平滑预测是加权平均的一种特殊形式，它是把 t 期的实际值 Y_t 和 t 期的平滑值 S_t 加权平均作为 $t+1$ 期的预测值。观测值的时间离现时期越远，其权数随之呈现指数的下降，因而称为指数平滑。

就简单指数平滑而言，$t+1$ 期的预测值是 t 期实际值 Y_t 和 t 期平滑值 S_t 的线性组合，其预测模型为：

$$F_{t+1} = \alpha Y_t + (1-\alpha) S_t \tag{9.8}$$

式中，F_{t+1} 为 $t+1$ 期的预测值；Y_t 为 t 期的实际值；S_t 为 t 期的平滑值；α 为平滑系数($0<\alpha<1$)。

由于在开始计算时还没有第 1 期的平滑值 S_1，通常可以设 S_1 等于第 1 期的实际值，即 $S_1 = Y_1$。

使用简单指数平滑法预测的关键是确定一个合适的平滑系数 α，因为不同的 α 对预测结果会产生不同的影响。当 $\alpha = 0$ 时，预测值仅仅是重复上一期的预测结果；当 $\alpha = 1$ 时，预测值就是上一期的实际值。α 越接近 1，模型对时间序列变化的反应就越及时，因为它对当前的实际值赋予了比预测值更大的权数。同样，α 越接近 0，意味着对当前的预测值赋予更大的权数，因此模型对时间序列变化的反应就越慢。一般而言，当时间序列有较大的随机波动时，宜选较小的 α；如果注重使用近期的值进行预测，宜选较大的 α。但实际应用时还应考虑预测误差。预测时可选择几个 α 进行比较，找出预测误差最小的作为最后的 α 值。α 的取值一般不大于 0.5。若 α 大于 0.5 才能接近实际值，通常说明序列有某种趋势或波动过大，不适合用简单指数平滑法进行预测。

简单指数平滑法的优点是只需要少数几个观测值就能进行预测，方法相对简单，其缺点是预测值往往滞后于实际值，而且无法考虑趋势和季节成分。

例 9-4

沿用例 9-3。根据表 9-3 中的销售价格序列，分别用移动平均法($k=3$)和简单指数平滑法($\alpha=0.3$)预测 2017 年的销售价格，计算预测误差，并将实际值和预测后的序列绘图进行比较。

解：使用 Excel 的【数据分析】工具可以进行移动平均和简单指数平滑预测，操作步骤如文本框 9-1 所示。

文本框 9-1　　用 Excel 进行移动平均和简单指数平滑预测

移动平均预测

第 1 步：点击【数据】→【数据分析】。在出现的对话框中选择【移动平均】，点击【确定】。

第 2 步：在出现的对话框中，在【输入区域】中输入要预测的数据所在的区域。在【间隔】中输入移动平均的间隔长度（本例为 3)。在【输出区域】中选择结果的输出位置（通常选择与第 2 期数值对应的右侧单元格)。选择【图表输出】。界面如下图所示。

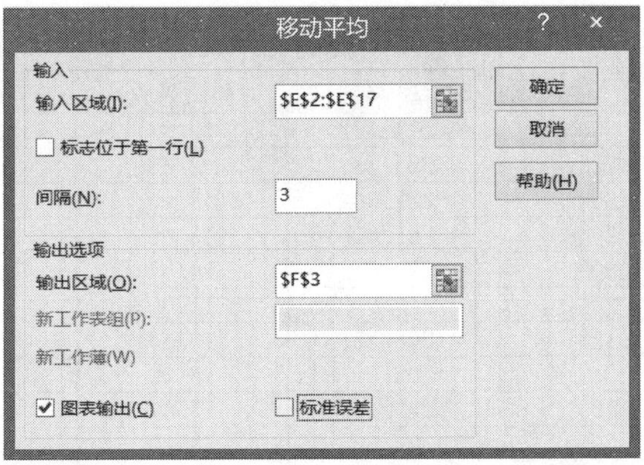

移动平均
输入
输入区域(I): $E$2:$E$17
标志位于第一行(L)
间隔(N): 3
输出选项
输出区域(O): $F$3
新工作表组(P):
新工作薄(W)
图表输出(C)　标准误差
确定　取消　帮助(H)

点击【确定】。

简单指数平滑预测

第 1 步：点击【数据】→【数据分析】。在出现的对话框中选择【指数平滑】，点击【确定】。

第 2 步：在出现的对话框中，在【输入区域】中输入要预测的数据所在的区域。在【阻尼系数】中输入 $1-\alpha$ 的值（本例为 0.7）。在【输出区域】中选择结果的输出位置（选择与第 1 期数值对应的右侧单元格）。选择【图表输出】。界面如下图所示。

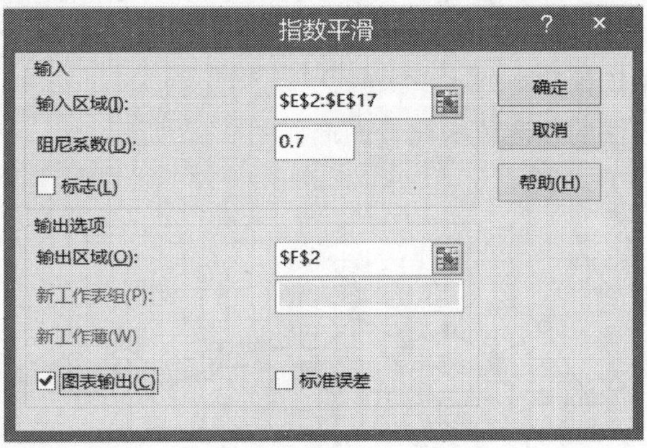

指数平滑
输入
输入区域(I): $E$2:$E$17
阻尼系数(D): 0.7
标志(L)
输出选项
输出区域(O): $F$2
新工作表组(P):
新工作薄(W)
图表输出(C)　标准误差
确定　取消　帮助(H)

点击【确定】。

按文本框 9－1 的步骤得到的预测结果如表 9－5 所示（表中的#N/A 表示没有数值）。

表 9－5　销售价格的移动平均预测和简单指数平滑预测

年份	销售价格	移动平均预测		简单指数平滑预测	
		$k=3$	预测误差	$\alpha=0.3$	预测误差
2001	189	# N/A	# N/A	# N/A	# N/A
2002	233	# N/A	# N/A	189.00	44.00
2003	213	# N/A	# N/A	202.20	10.80

续表

年份	销售价格	移动平均预测		简单指数平滑预测	
		$k=3$	预测误差	$\alpha=0.3$	预测误差
2004	230	211.67	18.33	205.44	24.56
2005	223	225.33	−2.33	212.81	10.19
2006	240	222.00	18.00	215.87	24.13
2007	208	231.00	−23.00	223.11	−15.11
2008	209	223.67	−14.67	218.57	−9.57
2009	208	219.00	−11.00	215.70	−7.70
2010	198	208.33	−10.33	213.39	−15.39
2011	223	205.00	18.00	208.77	14.23
2012	195	209.67	−14.67	213.04	−18.04
2013	202	205.33	−3.33	207.63	−5.63
2014	227	206.67	20.33	205.94	21.06
2015	254	208.00	46.00	212.26	41.74
2016	222	227.67	−5.67	224.78	−2.78
2017	# N/A	234.33	# N/A	223.95	# N/A

根据表 9－5 的预测误差计算得到移动平均预测的均方误差：

$$MSE=\frac{4\ 749.09}{13}=365.315$$

简单指数平滑预测的均方误差为：

$$MSE=\frac{6\ 711.08}{15}=447.405$$

从均方误差看，移动平均预测的误差小于简单指数平滑预测，因此，就本例而言，采用移动平均预测更好。

两种预测方法的预测值的比较图形如图 9－3 所示。

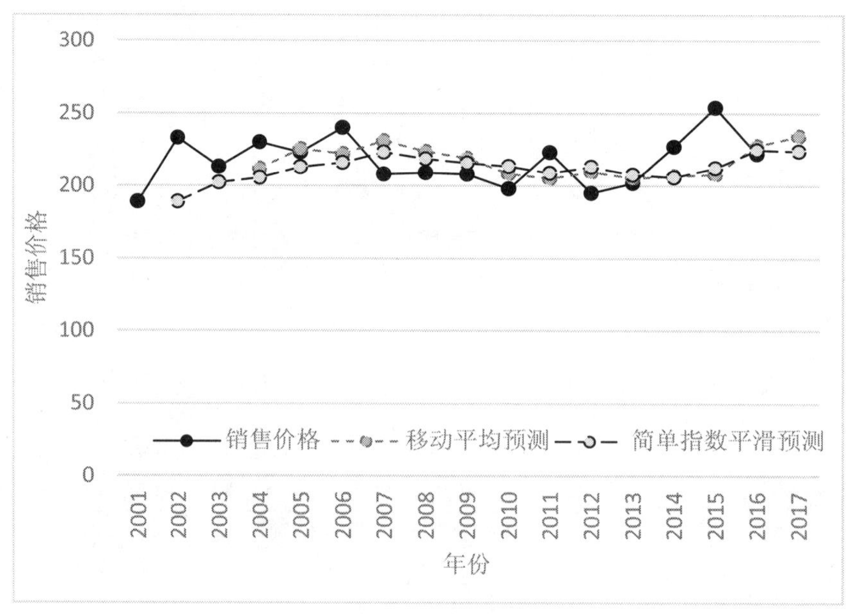

图 9－3　移动平均预测和简单指数平滑预测结果的比较

图 9－4 显示了移动平均预测和简单指数平滑预测误差的散点图。

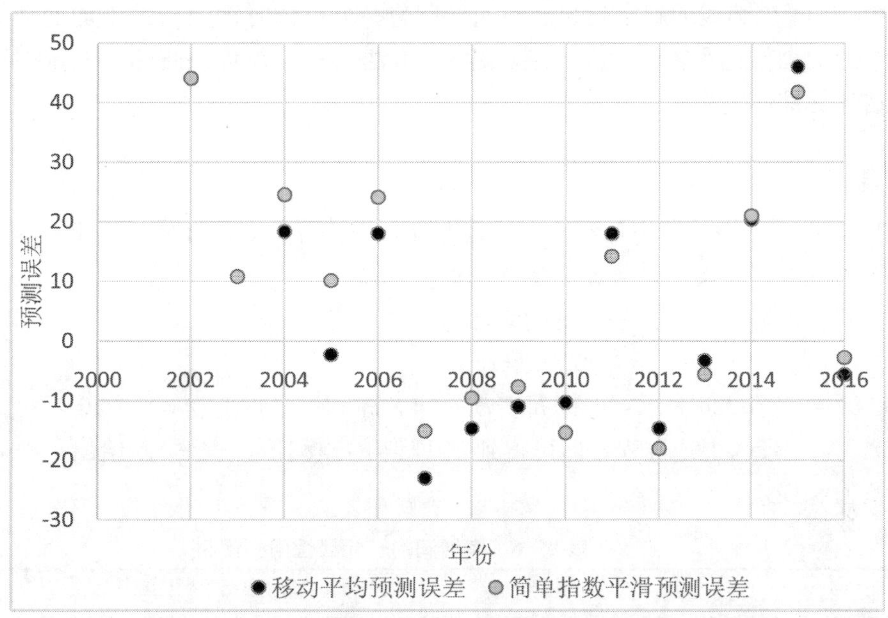

图 9－4　移动平均预测和简单指数平滑预测误差的散点图

从图 9－4 可以看出，简单指数平滑预测 2002 年的误差较大（3 期移动平均不能预测 2002 年的值），而其他年份的预测误差与移动平均预测的误差相差不大，说明两种方法的预测效果差不多。从残差的分布看，基本上在零轴附近随机分布，没有明显的固定模式，说明所选的预测方法基本上是合理的（读者可选择不同的移动平均步长和平滑系数进行预测，比较不同方法的预测效果）。

9.4　趋势预测

时间序列的趋势可能是线性的，也可能是非线性的。当序列存在明显的线性趋势时，可使用线性趋势模型进行预测。如果序列存在某种非线性变化形态，则可以使用非线性模型进行预测。

9.4.1　线性趋势预测

线性趋势（linear trend）是指时间序列按一个固定的常数（不变的斜率）增长或下降。例如，观察图 9－2（a）的净利润序列图就会发现有明显的线性趋势。序列中含有线性趋势时，可使用一元线性回归模型进行预测。

用 $\hat{y}_t$ 表示 Y_t 的预测值，t 表示时间变量，一元线性回归的预测方程可表示为：

$$\hat{y}_t = b_0 + b_1 t \tag{9.9}$$

式中，b_1 是趋势线的斜率，表示时间 t 变动一个单位时观测值的平均变动量。趋势方程中的两个待定系数 b_0 和 b_1 根据最小平方法求得。趋势预测的误差可用线性回归中的估计标准误差来衡量。

例 9-5

沿用例 9-3。用一元线性回归方程预测 2017 年的净利润，并计算各年的预测值和预测误差，将实际值和预测值绘图进行比较。

解：根据最小平方法求得的线性趋势方程为：

$$y = 1\ 426.95 + 377.226t$$

$b_1 = 377.226$ 表示：时间每变动一年，净利润平均变动 377.226 万元。将时间 17（2017 年）带入上述方程，即可得到 2017 年的预测值。表 9-6 给出了净利润各年的预测值和残差。

表 9-6　净利润的一元线性回归预测

年份	净利润	预测值	残差
2001	1 200	1 804.18	−604.18
2002	1 750	2 181.40	−431.40
2003	2 938	2 558.63	379.37
2004	3 125	2 935.86	189.14
2005	3 250	3 313.08	−63.08
2006	3 813	3 690.31	122.69
2007	4 616	4 067.54	548.46
2008	4 125	4 444.76	−319.76
2009	5 386	4 821.99	564.01
2010	5 313	5 199.21	113.79
2011	6 250	5 576.44	673.56
2012	5 623	5 953.67	−330.67
2013	6 000	6 330.89	−330.89
2014	6 563	6 708.12	−145.12
2015	6 682	7 085.35	−403.35
2016	7 500	7 462.57	37.43
2017	—	7 839.80	—

图 9-5 是净利润的观测值及其线性预测值的比较。

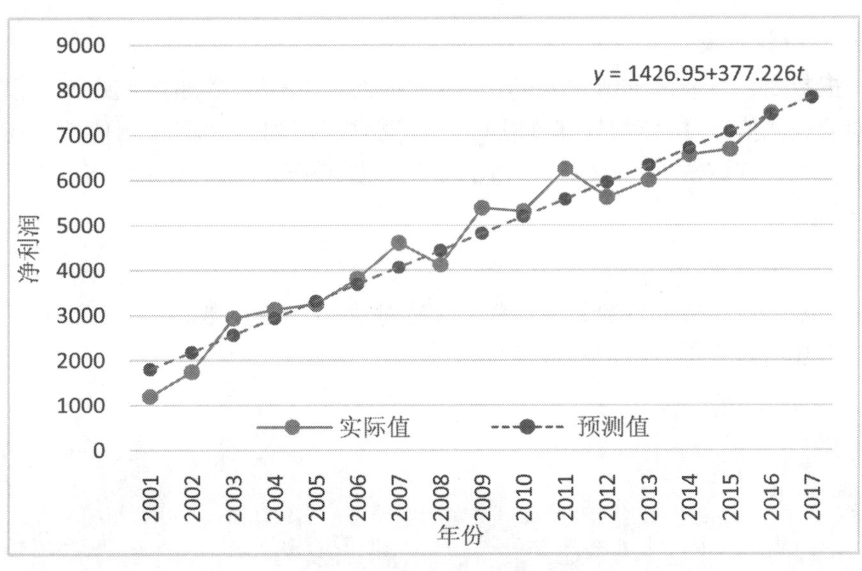

图 9-5　净利润的一元线性回归预测

图 9-6 显示了净利润一元线性回归预测的残差图。

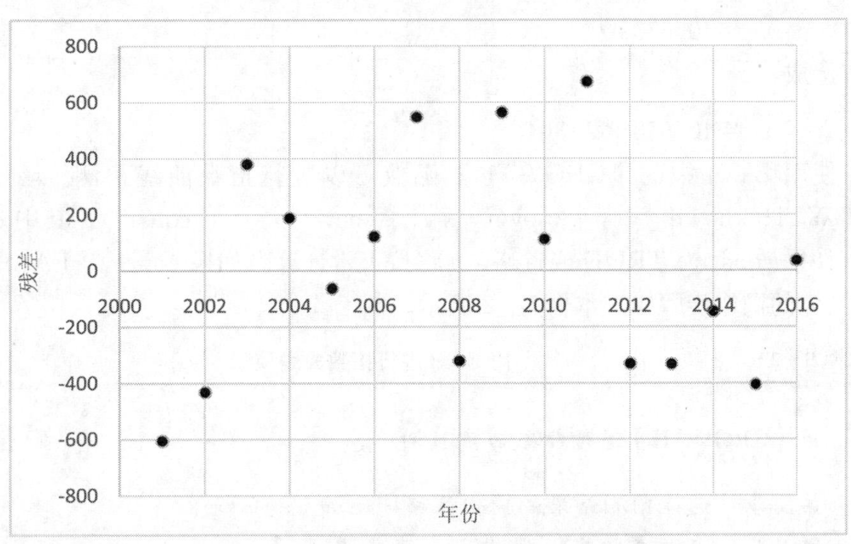

图 9-6　净利润一元线性回归预测的残差图

9.4.2　非线性趋势预测

非线性趋势（non-linear trend）有各种复杂的形态。例如，观察图 9-2（b）和图 9-2（c）就会发现有明显的非线性形态。下面只介绍指数曲线和多阶曲线两种预测方法。

1. 指数曲线

指数曲线（exponential curve）用于描述以几何级数递增或递减的现象，即时间序列的观测值 Y_t 按指数规律变化，或者说时间序列的逐期观测值按一定的增长率增大或减小。观察图 9－2（b）产量的变化趋势就会发现呈现某种指数变化形态。指数曲线的方程为：

$$\hat{y}_t = b_0 \exp(b_1 t) = b_0 e^{b_1 t} \tag{9.10}$$

式中，b_0，b_1 为待定系数；exp 表示自然对数 ln 的反函数；e = 2.718 281 828 459。

指数曲线模型也可以写成下面的形式：

$$\hat{y}_t = b_0 b_1^t \tag{9.11}$$

例 9－6

沿用例 9－3。用指数曲线预测 2017 年的产量，并将实际值和预测值绘图进行比较。

解：式（9.10）中的 b_0 和 b_1 可以通过线性化转为对数直线形式，然后根据回归中的最小平方法来求解，也可以直接使用 Excel 来求解。由 Excel 求得的指数曲线方程为：

$$\hat{Y} = 40.633\,e^{0.310\,6}$$

或表达成：

$$\hat{Y} = 40.633 \times 1.364^t$$

使用 Excel 中的【GROWTH】函数可以进行指数曲线预测。函数的语法为：GROWTH(known _ y's，[known _ x's]，[new _ x's]，[const])，其中 const 为逻辑值，如果 const 为 TRUE 或省略，b 将按正常计算。如果 const 为 FALSE，b 将设为 1。具体的操作步骤如文本框 9－2 所示。

文本框 9－2　　用 Excel 进行指数曲线预测

用【GROWTH】进行指数曲线预测

第 1 步：选择预测结果的输出区域，比如 C2：C17。

第 2 步：点击【公式】，点击插入函数【 *fx* 】。

第 3 步：在【选择类别】中选择【统计】，并在【选择函数】中点击【GROWTH】，单击【确定】。

第 4 步：在出现的对话框中，在【Known _ y's】中输入已知的观测值 Y 的区域（本例为 B2：B17）。在【Known _ x's】中输入已知的时间值所在的区域（本例为 A2：A17，即 2001：2016）。在【New _ x's】中输入所要预测的时间值（本例为 A2：A18，即 2001：2017）。在【Const】中输入 TRUE 或省略。界面如下图所示。

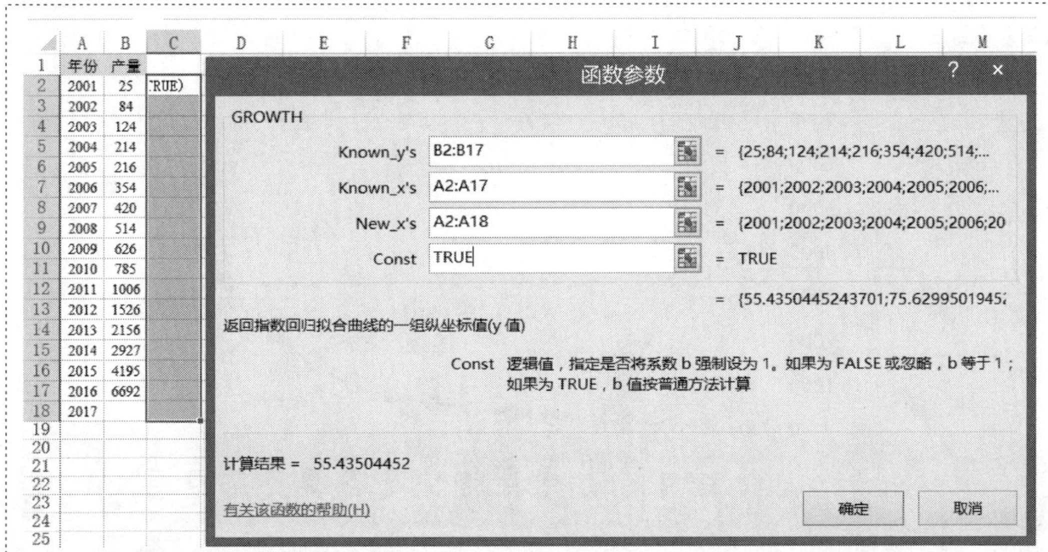

第 5 步：同时按住【Ctrl】＋【Shift】＋【Enter】键。得到的结果如表 9－6 的预测值一列所示。

表 9－7 给出了产量各年的预测值和残差。

表 9－7　产量的指数曲线预测

年份	产量	预测值	残差
2001	25	55.44	—30.44
2002	84	75.63	8.37
2003	124	103.18	20.82
2004	214	140.77	73.23
2005	216	192.05	23.95
2006	354	262.02	91.98
2007	420	357.47	62.53
2008	514	487.70	26.30
2009	626	665.36	—39.36
2010	785	907.76	—122.76
2011	1 006	1 238.45	—232.45
2012	1 526	1 689.62	—163.62
2013	2 156	2 305.14	—149.14
2014	2 927	3 144.90	—217.90
2015	4 195	4 290.58	—95.58
2016	6 692	5 853.63	838.37
2017	—	7 986.11	—

图 9－7 是产量及其指数曲线预测。

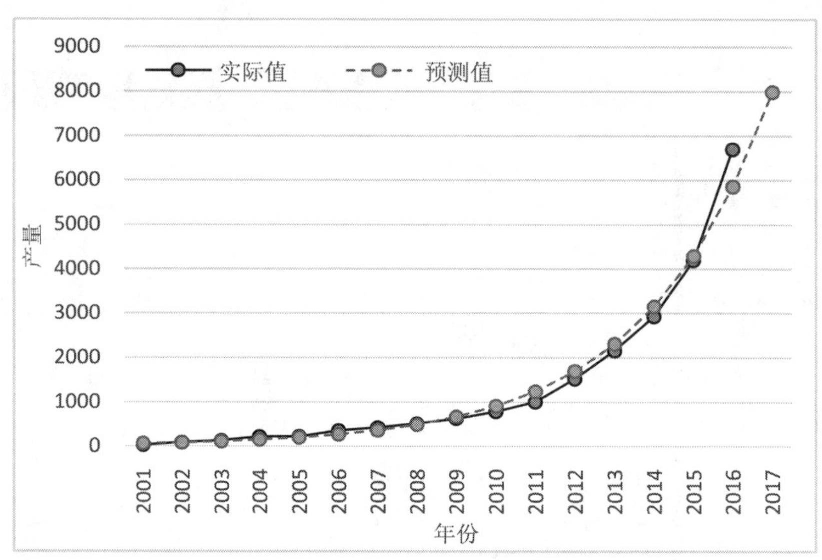

图 9-7 产量及其指数曲线预测

2. 多阶曲线

有些现象的变化形态比较复杂，它们不是按照某种固定的形态变化，而是有升有降，在变化过程中可能有几个拐点，这时就需要拟合多项式函数。当只有一个拐点时，可以拟合二阶曲线，即抛物线；当有两个拐点时，需要拟合三阶曲线；当有 $k-1$ 个拐点时，需要拟合 k 阶曲线。k 阶曲线函数的一般形式为：

$$\hat{Y}_t = b_0 + b_1 t + b_2 t^2 + \cdots + b_k t^k \tag{9.12}$$

将其线性化后可根据最小平方法求得曲线中的系数 b_0，b_1，b_2，…，b_k。

例 9-7

沿用例 9-3。拟合适当的多阶曲线，预测 2017 年的管理成本，并将实际值和预测值绘图进行比较。

解：观察图 9-2（c）可以看出，管理成本的变化形态可拟合二阶曲线（即抛物线，视为有一个拐点）。设 t 和 t^2 为自变量，根据最小平方法用 Excel 做二元线性回归，得到的二阶曲线方程为：

$$\hat{Y} = -49.9893 + 56.1381t - 2.82283t^2$$

表 9-8 给出了管理成本的预测值及其残差。

表 9-8 管理成本的二阶曲线趋势预测

年份	t	t^2	管理成本	预测值	残差
2001	1	1	27	3.33	23.67
2002	2	4	60	51.00	9.00
2003	3	9	73	93.02	−20.02

续表

年份	t	t^2	管理成本	预测值	残差
2004	4	16	121	129.40	−8.40
2005	5	25	126	160.13	−34.13
2006	6	36	172	185.22	−13.22
2007	7	49	218	204.66	13.34
2008	8	64	227	218.45	8.55
2009	9	81	254	226.60	27.40
2010	10	100	223	229.11	−6.11
2011	11	121	226	225.97	0.03
2012	12	144	232	217.18	14.82
2013	13	169	200	202.75	−2.75
2014	14	196	181	182.67	−1.67
2015	15	225	153	156.95	−3.95
2016	16	256	119	125.58	−6.58
2017	17	289	—	88.56	—

图 9－8 给出了管理成本的实际值和二阶曲线的预测值，图 9－9 给出了预测的残差图。

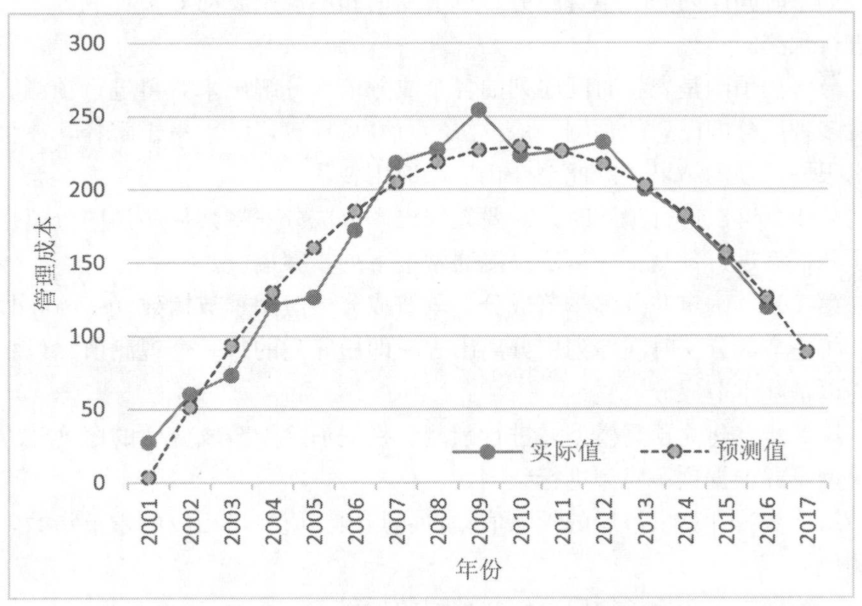

图 9－8　管理成本的二阶曲线预测

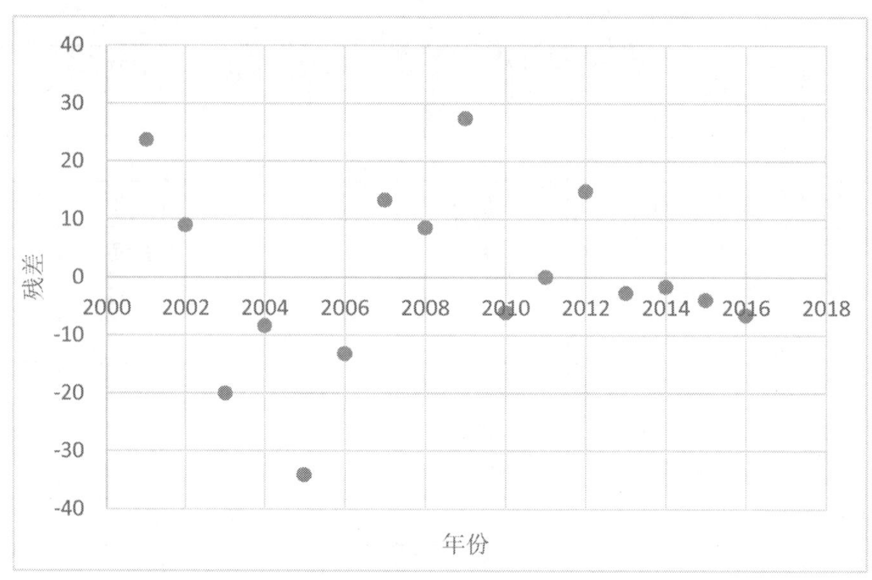

图 9-9　管理成本的二阶曲线残差图

9.5　分解法预测

如果时间序列同时包含趋势、季节变动和不规则波动等多种成分，可以使用分解法进行预测。

分解法预测是先将时间序列的各个成分依次分解出来，再进行预测。该方法适合含有多种成分的序列的预测。该方法相对容易理解，结果易于解释，在很多情况下能给出很好的预测结果，因此至今仍广泛应用。

采用分解法进行预测时，需要先找出季节成分并将其从序列中分离出去，然后建立预测模型进行预测。分解法预测通常按下列步骤进行。

第 1 步：确定并分离季节成分。季节成分一般用**季节指数**（seasonal index）来表示。将季节成分从时间序列中分离出去，即用序列的每一个观测值除以相应的季节指数，以消除季节成分。

第 2 步：建立预测模型并进行预测。根据消除季节成分后的序列建立线性回归预测模型，并根据这一模型进行预测。

第 3 步：计算出最后的预测值。将回归预测值乘以相应的季节指数，得到最终的预测值。

下面通过一个例子说明分解法预测的过程。

例 9-8

表 9-9 是一家饮料生产企业 2011—2016 年各季度的销售量数据。采用分解法预

测 2017 年的销售量，并将实际值和预测值绘图进行比较。

表 9-9　某饮料生产企业 2011—2016 年各季度的销售量数据　　单位：万吨

年份	季度			
	1	2	3	4
2011	20.3	21.2	21.7	20.6
2012	21.0	21.8	22.2	21.2
2013	21.8	22.1	23.0	21.7
2014	22.3	22.7	23.8	22.3
2015	22.7	23.3	24.6	23.1
2016	23.9	24.3	25.4	24.1

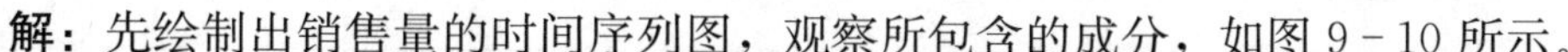

解：先绘制出销售量的时间序列图，观察所包含的成分，如图 9-10 所示。

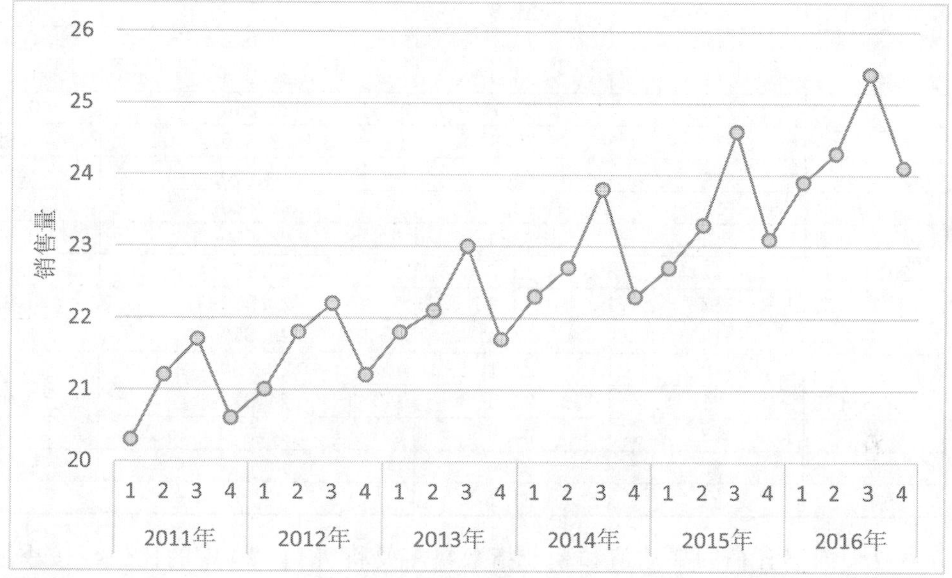

图 9-10　饮料销售量的走势图

图 9-10 显示，饮料销售量的变化具有明显的季节成分，而且随时间的推移具有线性上升趋势。因此，可以采用分解法进行预测，具体步骤如下。

第 1 步：确定并分离季节成分。季节成分用季节指数表示。季节指数的计算方法有多种，这里只介绍移动平均趋势剔除法。该方法的基本步骤是：

（1）计算移动平均值（季度数据采用 4 项移动平均，月份数据则采用 12 项移动平均），并将其结果进行中心化处理，也就是将移动平均的结果再进行一次 2 项的移动平均，即得出中心化移动平均值（CMA）。

（2）计算移动平均的比值，也称季节比率，即将序列的各观测值除以相应的中心化移动平均值，然后计算出各比值的季度（或月份）平均值。

（3）调整季节指数。由于各季节指数的平均数应等于 1 或 100%，若根据第 2 步计算的季节比率的平均值不等于 1，则需要进行调整。具体方法是：将第 2 步计算的每个季节比率的平均值除以它们的总平均值。

下面举例说明分解法预测的第 1 步。首先，计算季节指数。销售量的中心化移动平均值及比值见表 9－10。

表 9－10　销售量的中心化移动平均值及比值

年份/季度	时间标号（t）	销售量（Y）	中心化移动平均值（CMA）	比值（Y/CMA）
2011/1	1	20.3	—	—
2	2	21.2	—	—
3	3	21.7	21.038	1.031 5
4	4	20.6	21.200	0.971 7
2012/1	5	21.0	21.338	0.984 2
2	6	21.8	21.475	1.015 1
3	7	22.2	21.650	1.025 4
4	8	21.2	21.788	0.973 0
2013/1	9	21.8	21.925	0.994 3
2	10	22.1	22.088	1.000 6
3	11	23.0	22.213	1.035 5
4	12	21.7	22.350	0.970 9
2014/1	13	22.3	22.525	0.990 0
2	14	22.7	22.700	1.000 0
3	15	23.8	22.825	1.042 7
4	16	22.3	22.950	0.971 7
2015/1	17	22.7	23.125	0.981 6
2	18	23.3	23.325	0.998 9
3	19	24.6	23.575	1.043 5
4	20	23.1	23.850	0.968 6
2016/1	21	23.9	24.075	0.992 7
2	22	24.3	24.300	1.000 0
3	23	25.4	—	—
4	24	24.1	—	—

为计算各比值的平均值和季节指数，需要将表 9－10 中的比值再按季度重新排列，结果如表 9－11 所示。

表 9－11　各季节指数计算表

年份	季度			
	1	2	3	4
2011	—	—	1.031 5	0.971 7
2012	0.984 2	1.015 1	1.025 4	0.973 0
2013	0.994 3	1.000 6	1.035 5	0.970 9
2014	0.990 0	1.000 0	1.042 7	0.971 7
2015	0.981 6	0.998 9	1.043 5	0.968 6
2016	0.992 7	1.000 0	—	—
合计	4.942 8	5.014 6	5.178 5	4.855 9
同季平均	0.988 6	1.002 9	1.035 7	0.971 2
季节指数（%）	98.900 0	100.330 0	103.610 0	97.160 0

其次，分离季节成分。将各实际观测值分别除以相应的季节指数，结果即为季节成分分离后的序列，见表 9-12 中的（5）列，它反映了在没有季节因素影响的情况下时间序列的变化形态。实际值与季节成分分离后的图形如图 9-11 所示。

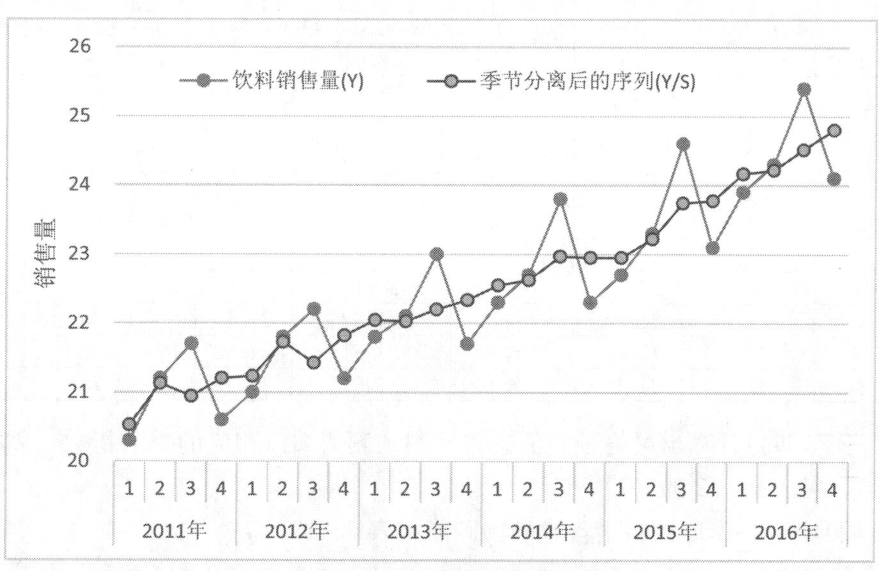

图 9-11 饮料销售量的季节变动图

图 9-11 显示，剔除季节成分后的饮料销售量具有明显的线性趋势。因此，可用一元线性模型来预测各季度的饮料销售量。

第 2 步：建立预测模型并进行预测。根据分离季节因素的序列确定的线性趋势方程为 $\hat{Y}=20.43+0.169t$。根据这一趋势方程计算的各期预测值见表 9-12 中的（6）列。

表 9-12 饮料销售量的预测值

年份/季度	时间编号 t	饮料销售量 (Y)	季节指数 (S)	季节分离后的序列 (Y/S)	回归趋势值	最终预测值	预测误差
(1)	(2)	(3)	(4)	(5)=(3)/(4)	(6)	(7)=(6)×(4)	(8)=(3)−(7)
2011/1	1	20.3	98.90	20.53	20.60	20.37	−0.07
2	2	21.2	100.33	21.13	20.77	20.84	0.36
3	3	21.7	103.61	20.94	20.94	21.70	0.00
4	4	20.6	97.16	21.20	21.11	20.51	0.09
2012/1	5	21.0	98.90	21.23	21.28	21.04	−0.04
2	6	21.8	100.33	21.73	21.45	21.52	0.28
3	7	22.2	103.61	21.43	21.62	22.40	−0.20
4	8	21.2	97.16	21.82	21.79	21.17	0.03
2013/1	9	21.8	98.90	22.04	21.95	21.71	0.09
2	10	22.1	100.33	22.03	22.12	22.20	−0.10
3	11	23.0	103.61	22.20	22.29	23.10	−0.10
4	12	21.7	97.16	22.33	22.46	21.82	−0.12
2014/1	13	22.3	98.90	22.55	22.63	22.38	−0.08

续表

年份/季度	时间编号 t	饮料销售量（Y）	季节指数（S）	季节分离后的序列（Y/S）	回归趋势值	最终预测值	预测误差
(1)	(2)	(3)	(4)	(5)=(3)/(4)	(6)	(7)=(6)×(4)	(8)=(3)−(7)
2	14	22.7	100.33	22.62	22.80	22.88	−0.18
3	15	23.8	103.61	22.97	22.97	23.80	0.00
4	16	22.3	97.16	22.95	23.14	22.48	−0.18
2015/1	17	22.7	98.90	22.95	23.31	23.05	−0.35
2	18	23.3	100.33	23.22	23.48	23.55	−0.25
3	19	24.6	103.61	23.74	23.65	24.50	0.10
4	20	23.1	97.16	23.78	23.81	23.14	−0.04
2016/1	21	23.9	98.90	24.17	23.98	23.72	0.18
2	22	24.3	100.33	24.22	24.15	24.23	0.07
3	23	25.4	103.61	24.51	24.32	25.20	0.20
4	24	24.1	97.16	24.81	24.49	23.79	0.31

第 3 步：计算出最终预测值。将回归预测值乘以相应的季节指数，就得到最终预测值，见表 9－12 的（7）列。

2017 年各季度饮料销售量的预测值如表 9－13。

表 9－13　2017 年饮料销售量的预测值

年份/季度	时间编号	季节指数	回归预测值	最终预测值
2017/1	25	98.90	24.66	24.39
2	26	100.33	24.83	24.91
3	27	103.61	25.00	25.90
4	28	97.16	25.17	24.45

图 9－12 绘制了饮料销售量的实际值和预测值，可以看出，预测效果非常好。

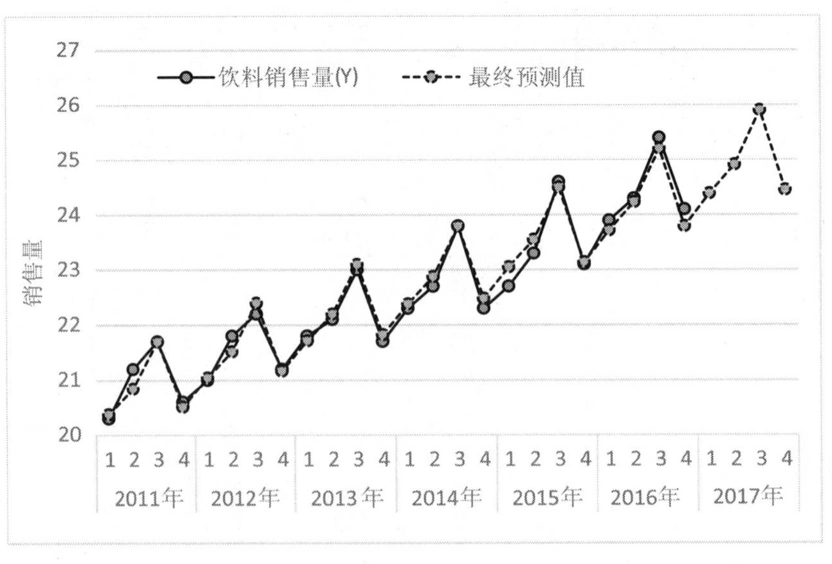

图 9－12　饮料销售量的分解法预测

□ 习题

9.1　下表是2000—2014年我国的CPI（居民消费价格指数，上年=100）数据。

年份	CPI（%）	年份	CPI（%）
2000	100.4	2008	105.9
2001	100.7	2009	99.3
2002	99.2	2010	103.3
2003	101.2	2011	105.4
2004	103.9	2012	102.6
2005	101.8	2013	102.6
2006	101.5	2014	102.0
2007	104.8		

（1）选择适当的移动间隔，用移动平均法预测2015年的CPI。

（2）选择适当的平滑系数α，用简单指数平滑法预测2015年的CPI。

（3）将两种方法的预测值与原时间序列绘图进行比较。

（4）绘制预测的残差图，分析预测效果。

9.2　下表是2000—2014年我国的啤酒产量数据（单位：万吨）。

年份	啤酒产量	年份	啤酒产量
2000	2 231.3	2008	4 156.9
2001	2 288.9	2009	4 162.2
2002	2 402.7	2010	4 490.2
2003	2 540.5	2011	4 834.5
2004	2 948.6	2012	4 778.6
2005	3 126.1	2013	4 982.8
2006	3 543.6	2014	4 936.3
2007	3 954.1		

（1）计算啤酒产量的环比增长率、定基增长率和年平均增长率。

（2）用一元线性回归预测2015年的啤酒产量，并将实际值和预测值绘图进行比较。

（3）绘制残差图分析预测误差，说明所使用的方法是否合适。

9.3　下表是2000—2014年我国的居民消费水平数据（单位：元）。

年份	居民消费水平	年份	居民消费水平
2000	3 721	2004	5 138
2001	3 987	2005	5 771
2002	4 301	2006	6 416
2003	4 606	2007	7 572

续表

年份	居民消费水平	年份	居民消费水平
2008	8 707	2012	14 699
2009	9 514	2013	16 190
2010	10 919	2014	17 778
2011	13 134		

（1）计算居民消费水平的环比增长率、定基增长率和年平均增长率。

（2）用指数曲线预测 2015 年的居民消费水平，并将实际值和预测值绘图进行比较。

（3）绘制残差图分析预测误差，说明所使用的方法是否合适。

9.4 下表是 2000—2014 年我国的人均煤炭生活消费量数据（单位：千克）。

年份	人均煤炭生活消费量	年份	人均煤炭生活消费量
2000	67.0	2008	69.1
2001	66.1	2009	68.5
2002	65.7	2010	68.5
2003	69.9	2011	68.5
2004	75.4	2012	69.0
2005	77.0	2013	68.0
2006	76.6	2014	67.8
2007	74.1		

（1）用多阶曲线预测 2015 年的人均煤炭生活消费量，并将实际值和预测值绘图进行比较。

（2）绘制残差图分析预测误差，说明所使用的方法是否合适。

9.5 下表是 2010—2013 年我国社会消费品零售总额数据（单位：亿元）。

月份	2010 年	2011 年	2012 年	2013 年
1	12 718.1	15 249.0	17 479.9	19 629.9
2	12 334.2	13 769.1	16 188.7	18 179.9
3	11 321.7	13 588.0	15 650.2	17 641.2
4	11 510.4	13 649.0	15 603.1	17 600.3
5	12 455.1	14 696.8	16 714.8	18 886.3
6	12 329.9	14 565.1	16 584.9	18 826.7
7	12 252.8	14 408.0	16 314.9	18 513.2
8	12 569.8	14 705.0	16 658.9	18 886.2
9	13 536.5	15 865.1	18 226.6	20 653.3
10	14 284.8	16 546.4	18 933.8	21 491.3
11	13 910.9	16 128.9	18 476.7	21 011.9
12	15 329.5	17 739.7	20 334.2	23 059.7

（1）用分解法预测 2014 年各月份的社会消费品零售总额，并将实际值和预测值绘图进行比较。

（2）绘制残差图分析预测的效果。

附录 1　Excel 中的统计函数

本附录列出了本书用到的 Excel 中的统计函数，使用时可随时查看函数的帮助。

函数	语法	参数的含义	返回结果
AVERAGE	AVERAGE (number1，[number2]，…)	number1 为计算平均值的数据区域	平均数
BINOM. DIST	BINOM. DIST (number _ s，trials，probability _ s，cumulative)	number _ s 为试验的成功次数；trials 为试验总次数；probability _ s 为每次试验成功的概率；cumulative 为逻辑值，如果为 TRUE，返回累积分布函数，如果为 FALSE，则返回概率密度函数，即存在 number _ s 次成功的概率	二项分布概率
CHISQ. DIST	CHISQ. DIST (x，Deg _ freedom，cumulative)	x 为 χ^2 值；Deg _ freedom 为自由度；cumulative 为逻辑值，如果为 TRUE，返回累积分布函数，如果为 FALSE，则返回概率密度函数	χ^2 分布左尾概率
CHISQ. DIST. RT	CHISQ. DIST. RT (x，Deg _ freedom)	同上	χ^2 分布右尾概率
CHISQ. INV	CHISQ. INV (probability，Deg _ freedom)	probability 为 χ^2 分布的累积概率	χ^2 分布左尾函数值
CHISQ. INV. RT	CHISQ. INV. RT (probability，Deg _ freedom)	同上	χ^2 分布右尾函数值
CONFIDENCE. NORM	CONFIDENCE. NORM (alpha，standard _ dev，size)	alpha 为用来计算置信水平的显著性水平，置信水平等于 100 * (1－alpha)%；standard _ dev 为已知的总体标准差，未知时用样本标准差代替；size 为样本量	正态分布总体均值的置信区间
CONFIDENCE. T	CONFIDENCE. T (alpha，standard _ dev，size)	alpha 为用来计算置信水平的显著性水平，置信水平等于 100 * (1－alpha)%；standard _ dev 为样本标准差；size 为样本量	t 分布总体均值的置信区间
CORREL	CORREL(array1，array2)	array1 为变量 1 的数据区域；array2 为变量 2 的数据区域	相关系数

续表

函数	语法	参数的含义	返回结果
F. DIST	F. DIST (x，Deg _ freedom1， Deg _ freedom2，cumulative)	x 为用来计算函数的值；Deg _ freedom1 为分子自由度；Deg _ freedom2 为分母自由度；cumulative 为逻辑值，如果为 TRUE，返回累积分布函数，如果为 FALSE，则返回概率密度函数	*F* 分布左尾概率
F. DIST. RT	F. DIST. RT (x，Deg _ freedom1， Deg _ freedom2)	同上	*F* 分布右尾概率
F. INV	F. INV (probability，Deg _ freedom1， Deg _ freedom2)	probability 为 *F* 分布的累积概率	*F* 分布左尾函数值
F. INV. RT	F. INV. RT (probability，Deg _ freedom1， Deg _ freedom2)	同上	*F* 分布右尾函数值
GROWTH	GROWTH (known _ y's，[known _ x's]， [new _ x's]，[const])	known _ y's 为已知的观测值 *Y* 的区域；known _ x's 为已知的时间值所在的区域；new _ x's 为要预测的时间区域；const 为可选逻辑值，用于指定是否将常量 b 强制设为 1，如果为 TRUE 或省略，b 将按正常计算	指数曲线预测值
KURT	KURT (number1，[number2]，…)	number1，number2，…为用于计算峰度系数的数据区域	峰度系数
MEDIAN	MEDIAN (number1，[number2]，…)	number1，number2，…为用于计算中位数的数据区域	中位数
MODE. SNGL	MODE. SNGL (number1，[number2]，…)	Number1，Number2，…为用于计算众数的数据区域	众数
NORM. DIST	NORM. DIST (x，mean，standard _ dev， cumulative)	x 为计算分布的数值；mean 为分布的均值；standard _ dev 为分布的标准偏差；cumulative 为逻辑值，如果为 TRUE，返回累积分布函数，如果为 FALSE，则返回概率密度函数	正态分布的累积概率
NORM. INV	NORM. INV (probability，mean， standard _ dev)	probability 为正态分布的累积概率；mean 为分布的均值；standard _ dev 为分布的标准差	正态累积分布函数的反函数值
NORM. S. DIST	NORM. S. DIST (z，cumulative)	z 为需要计算其分布的数值；cumulative 为逻辑值，如果为 TRUE，返回累积分布函数，如果为 FALSE，则返回概率密度函数	标准正态分布的累积概率

续表

函数	语法	参数的含义	返回结果
NORM. S. INV	NORM. S. INV(probability)	probability 为对应于正态分布的概率	标准正态累积分布函数的反函数值
PEARSON	PEARSON(array1，array2)	array1 为自变量的数据区域；array2 为因变量的数据区域	PEARSON 相关系数
PERCENTILE. EXC	PERCENTILE. EXC(array，k)	array 为用于计算百分位数的数组或数据区域；k 为 0～1 之间的百分点值，包含 0 和 1	第 k 个百分点的值
QUARTILE. INC	QUARTILE. INC (array，quart)	array 为用于计算四分位数值的数组或数据区域；quart 指定返回哪一个值	四分位数
SKEW	SKEW (number1，[number2]，…)	number1，number2，…为用于计算偏度系数的数据区域	偏度系数
STANDARDIZE	STANDARDIZE (x，mean，standard _ dev)	x 为需要进行正态化的数值；mean 为分布的均值；standard _ dev 为分布的标准差	标准分数
STDEV. S	STDEV. S (number1，[number2]，…)	number1 为用于计算标准差的数组区域	样本标准差
T. DIST	T. DIST (X，Deg _ freedom，cumulative)	X 为计算分布的数值 t；Deg _ freedom 为自由度；cumulative 为逻辑值，如果为 TRUE，返回累积分布函数，如果为 FALSE，则返回概率密度函数	t 分布左尾概率
T. DIST. 2T	T. DIST. 2T (X，Deg _ freedom)	同上	t 分布双尾概率
T. DIST. RT	T. DIST. RT (X，Deg _ freedom)	同上	t 分布右尾概率
T. INV	T. INV (probability，Deg _ freedom)	probability 为 t 分布的概率	t 分布左尾函数值
T. INV. 2T	T. INV. 2T (probability，Deg _ freedom)	同上	t 分布双尾函数值
VAR. S	VAR. S (number1，[number2]，…)	number1，number2，…为用于计算方差的数组	样本方差
Z. TEST	Z. TEST (array，x，sigma)	array 用来检验 x 的数组或数据区域；x 为假设的总体均值	z 检验的单尾 P 值

附录 2　用 Excel 生成概率分布表

表 1　标准正态分布累积概率表

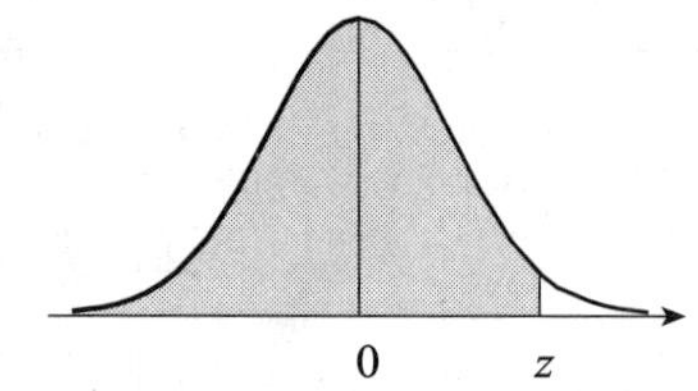

用【NORM. S. DIST】函数生成标准正态分布的累积概率 $P(Z \leqslant z)$ 表

第 1 步：将 z 的值（可根据需要确定）输入工作表的 A 列，将 z 取值的尾数输入第 1 行，形成标准正态分布累积概率表的表头，如下图所示：

	A	B	C	D	E	F	G	H	I	J
1	**z**	**0.00**	**0.01**	**0.02**	**0.03**	**0.04**	**0.05**	**0.06**	**0.07**	**0.08**
2	**0.0**									
3	**0.1**									
4	**0.2**									
5	**0.3**									
6	**0.4**									
7	**0.5**									
8	**0.6**									

第 2 步：在 B2 单元格输入公式：＝NORM. S. DIST（＄A2＋B＄1，1），然后将其向下、向右复制即可得到标准正态分布的累积概率表，部分结果如下图所示（可根据需要生成不同 z 的标准正态分布累积概率表）。

	A	B	C	D	E	F	G	H	I	J
1	**z**	**0.00**	**0.01**	**0.02**	**0.03**	**0.04**	**0.05**	**0.06**	**0.07**	**0.08**
2	**0.0**	0.5000	0.5040	0.5080	0.5120	0.5160	0.5199	0.5239	0.5279	0.5319
3	**0.1**	0.5398	0.5438	0.5478	0.5517	0.5557	0.5596	0.5636	0.5675	0.5714
4	**0.2**	0.5793	0.5832	0.5871	0.5910	0.5948	0.5987	0.6026	0.6064	0.6103
5	**0.3**	0.6179	0.6217	0.6255	0.6293	0.6331	0.6368	0.6406	0.6443	0.6480
6	**0.4**	0.6554	0.6591	0.6628	0.6664	0.6700	0.6736	0.6772	0.6808	0.6844
7	**0.5**	0.6915	0.6950	0.6985	0.7019	0.7054	0.7088	0.7123	0.7157	0.7190
8	**0.6**	0.7257	0.7291	0.7324	0.7357	0.7389	0.7422	0.7454	0.7486	0.7517

表 2　标准正态分布分位数表

用【NORM. S. INV】函数生成标准正态分布的分位数表

表中是根据标准正态分布随机变量分布累积概率的值计算出的相应的临界值。如果有 $p(Z \leqslant z)=p$，则对于任意给定的 $p(0 \leqslant p \leqslant 1)$，可以求出相应的 z。

第 1 步：将标准正态变量累积概率的值输入工作表的 A 列，将其尾数输入第 1 行，形成标准正态分布分位数表的表头，如下图所示：

	A	B	C	D	E	F	G	H	I	J
1	**p**	**0.000**	**0.001**	**0.002**	**0.003**	**0.004**	**0.005**	**0.006**	**0.007**	**0.008**
2	**0.50**									
3	**0.51**									
4	**0.52**									
5	**0.53**									
6	**0.54**									
7	**0.55**									
8	**0.56**									
9	**0.57**									
10	**0.58**									
11	**0.59**									
12	**0.60**									
13	**0.61**									
14	**0.62**									
15	**0.63**									

第 2 步：在 B2 单元格输入公式：=NORM. S. INV($A2+B$1)，然后将其向下、向右复制即可得到标准正态分布的分位数表，部分结果如下图所示（可根据需要生成不同 z 值的标准正态分布分位数表）。

	A	B	C	D	E	F	G	H	I	J
1	**p**	**0.000**	**0.001**	**0.002**	**0.003**	**0.004**	**0.005**	**0.006**	**0.007**	**0.008**
2	**0.50**	0.0000	0.0025	0.0050	0.0075	0.0100	0.0125	0.0150	0.0175	0.0201
3	**0.51**	0.0251	0.0276	0.0301	0.0326	0.0351	0.0376	0.0401	0.0426	0.0451
4	**0.52**	0.0502	0.0527	0.0552	0.0577	0.0602	0.0627	0.0652	0.0677	0.0702
5	**0.53**	0.0753	0.0778	0.0803	0.0828	0.0853	0.0878	0.0904	0.0929	0.0954
6	**0.54**	0.1004	0.1030	0.1055	0.1080	0.1105	0.1130	0.1156	0.1181	0.1206
7	**0.55**	0.1257	0.1282	0.1307	0.1332	0.1358	0.1383	0.1408	0.1434	0.1459
8	**0.56**	0.1510	0.1535	0.1560	0.1586	0.1611	0.1637	0.1662	0.1687	0.1713
9	**0.57**	0.1764	0.1789	0.1815	0.1840	0.1866	0.1891	0.1917	0.1942	0.1968
10	**0.58**	0.2019	0.2045	0.2070	0.2096	0.2121	0.2147	0.2173	0.2198	0.2224
11	**0.59**	0.2275	0.2301	0.2327	0.2353	0.2378	0.2404	0.2430	0.2456	0.2482
12	**0.60**	0.2533	0.2559	0.2585	0.2611	0.2637	0.2663	0.2689	0.2715	0.2741
13	**0.61**	0.2793	0.2819	0.2845	0.2871	0.2898	0.2924	0.2950	0.2976	0.3002
14	**0.62**	0.3055	0.3081	0.3107	0.3134	0.3160	0.3186	0.3213	0.3239	0.3266
15	**0.63**	0.3319	0.3345	0.3372	0.3398	0.3425	0.3451	0.3478	0.3505	0.3531

表 3　χ^2 分布临界值表

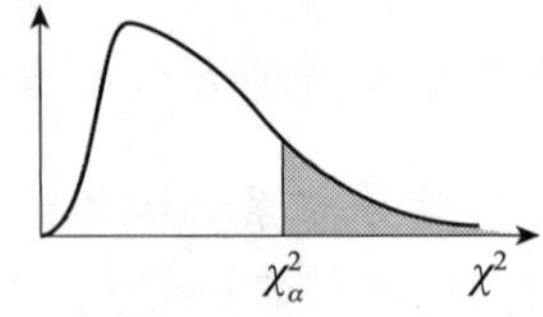

用【CHISQ. INV. RT】函数构建 χ^2 分布的临界值表

表中是根据 χ^2 分布的右尾概率 α 计算出的相应的临界值。如果 $P(\chi^2 \geqslant x)=\alpha$，则对于任意给定的概率 $p(0\leqslant\alpha\leqslant1)$，可以求出相应的 x。

第 1 步：将 χ^2 分布自由度 df 的值输入工作表的 A 列，将右尾概率 α 的取值输入第 1 行，形成 χ^2 分布临界值表的表头，如下图所示。

	A	B	C	D	E	F	G	H
1	df/α	0.995	0.990	0.975	0.950	0.900	0.100	0.050
2	1							
3	2							
4	3							
5	4							
6	5							
7	6							
8	7							
9	8							
10	9							
11	10							
12	11							
13	12							
14	13							

第 2 步：在 B2 单元格输入公式：=CHISQ. INV. RT(B$1，$A2)，然后将其向下、向右复制即可得到 χ^2 分布的临界值表，部分结果如下图所示（可根据需要生成不同 α 和不同自由度的 χ^2 分布临界值表）。

	A	B	C	D	E	F	G	H
1	df/α	0.995	0.990	0.975	0.950	0.900	0.100	0.050
2	1	0.0000	0.0002	0.0010	0.0039	0.0158	2.7055	3.8415
3	2	0.0100	0.0201	0.0506	0.1026	0.2107	4.6052	5.9915
4	3	0.0717	0.1148	0.2158	0.3518	0.5844	6.2514	7.8147
5	4	0.2070	0.2971	0.4844	0.7107	1.0636	7.7794	9.4877
6	5	0.4117	0.5543	0.8312	1.1455	1.6103	9.2364	11.0705
7	6	0.6757	0.8721	1.2373	1.6354	2.2041	10.6446	12.5916
8	7	0.9893	1.2390	1.6899	2.1673	2.8331	12.0170	14.0671
9	8	1.3444	1.6465	2.1797	2.7326	3.4895	13.3616	15.5073
10	9	1.7349	2.0879	2.7004	3.3251	4.1682	14.6837	16.9190
11	10	2.1559	2.5582	3.2470	3.9403	4.8652	15.9872	18.3070
12	11	2.6032	3.0535	3.8157	4.5748	5.5778	17.2750	19.6751
13	12	3.0738	3.5706	4.4038	5.2260	6.3038	18.5493	21.0261
14	13	3.5650	4.1069	5.0088	5.8919	7.0415	19.8119	22.3620

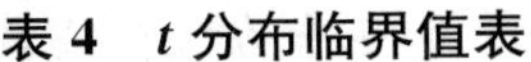

表 4　t 分布临界值表

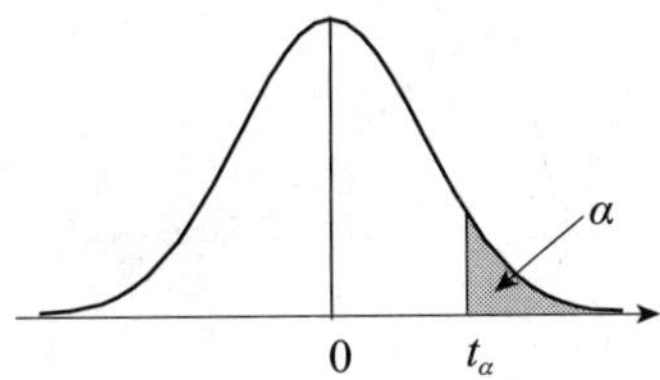

用【T. INV】函数构建 t 分布的临界值表

表中是根据 t 分布的右尾概率 α 计算出的相应的临界值。如果 $P(t \geqslant x) = \alpha$，则对于任意给定的概率 $p(0 \leqslant \alpha \leqslant 1)$，可以求出相应的 x。

第 1 步：将 t 分布自由度 df 的值输入工作表的 A 列，将右尾概率 α 的取值输入第 1 行，形成 t 分布临界值表的表头，如下图所示：

	A	B	C	D	E	F	G	H
1	**df/α**	**0.100**	**0.050**	**0.025**	**0.010**	**0.005**	**0.001**	**0.0005**
2	**1**							
3	**2**							
4	**3**							
5	**4**							
6	**5**							
7	**6**							
8	**7**							
9	**8**							
10	**9**							
11	**10**							
12	**11**							
13	**12**							

第 2 步：在 B2 单元格输入公式：＝T. INV(B＄1，＄A2)－1，然后将其向下、向右复制即可得到 t 分布的临界值表，部分结果如下图所示（可根据需要生成不同 α 和不同自由度的 t 分布临界值表）。

	A	B	C	D	E	F	G	H
1	**df/α**	**0.100**	**0.050**	**0.025**	**0.010**	**0.005**	**0.001**	**0.0005**
2	**1**	3.0777	6.3138	12.7062	31.8205	63.6567	318.3088	636.6192
3	**2**	1.8856	2.9200	4.3027	6.9646	9.9248	22.3271	31.5991
4	**3**	1.6377	2.3534	3.1824	4.5407	5.8409	10.2145	12.9240
5	**4**	1.5332	2.1318	2.7764	3.7469	4.6041	7.1732	8.6103
6	**5**	1.4759	2.0150	2.5706	3.3649	4.0321	5.8934	6.8688
7	**6**	1.4398	1.9432	2.4469	3.1427	3.7074	5.2076	5.9588
8	**7**	1.4149	1.8946	2.3646	2.9980	3.4995	4.7853	5.4079
9	**8**	1.3968	1.8595	2.3060	2.8965	3.3554	4.5008	5.0413
10	**9**	1.3830	1.8331	2.2622	2.8214	3.2498	4.2968	4.7809
11	**10**	1.3722	1.8125	2.2281	2.7638	3.1693	4.1437	4.5869
12	**11**	1.3634	1.7959	2.2010	2.7181	3.1058	4.0247	4.4370
13	**12**	1.3562	1.7823	2.1788	2.6810	3.0545	3.9296	4.3178

表 5 F 分布临界值表

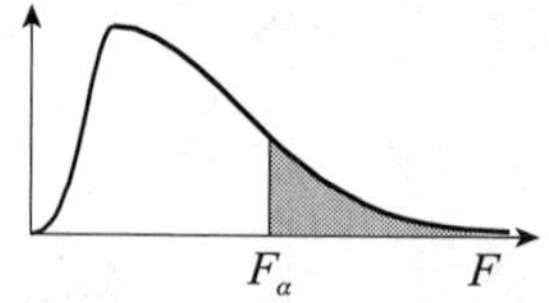

用【F. INV. RT】函数构建 F 分布的临界值表

表中是根据 F 分布的右尾概率 α 计算出的相应的临界值。如果 P（$F \geqslant x$）$=\alpha$，则对于任意给定的概率 p（$0 \leqslant \alpha \leqslant 1$），可以求出相应的 x。

第 1 步：在 B1 单元格输入 F 分布右尾概率 α 的取值（如 $\alpha = 0.05$），在第 2 行输入分子自由度 $df1$ 的值，在第 1 列输入分母自由度 $df2$ 的值，如下图所示：

	A	B	C	D	E	F	G	H	I	J	K
1	α=	0.05									
2	df2/df1	1	2	3	4	5	6	7	8	9	10
3	1										
4	2										
5	3										
6	4										
7	5										
8	6										
9	7										
10	8										
11	9										
12	10										
13	11										
14	12										
15	13										

第 2 步：在 B3 单元格输入公式：=F.INV.RT($B$1，B$2，$A3)，然后将其向下、向右复制即可得到 F 分布的临界值表。$\alpha = 0.05$ 时 F 分布临界值表的部分结果如下图所示。

	A	B	C	D	E	F	G	H	I	J	K
1	α=	0.05									
2	df2/df1	1	2	3	4	5	6	7	8	9	10
3	1	161.448	199.500	215.707	224.583	230.162	233.986	236.768	238.883	240.543	241.882
4	2	18.513	19.000	19.164	19.247	19.296	19.330	19.353	19.371	19.385	19.396
5	3	10.128	9.552	9.277	9.117	9.013	8.941	8.887	8.845	8.812	8.786
6	4	7.709	6.944	6.591	6.388	6.256	6.163	6.094	6.041	5.999	5.964
7	5	6.608	5.786	5.409	5.192	5.050	4.950	4.876	4.818	4.772	4.735
8	6	5.987	5.143	4.757	4.534	4.387	4.284	4.207	4.147	4.099	4.060
9	7	5.591	4.737	4.347	4.120	3.972	3.866	3.787	3.726	3.677	3.637
10	8	5.318	4.459	4.066	3.838	3.687	3.581	3.500	3.438	3.388	3.347
11	9	5.117	4.256	3.863	3.633	3.482	3.374	3.293	3.230	3.179	3.137
12	10	4.965	4.103	3.708	3.478	3.326	3.217	3.135	3.072	3.020	2.978
13	11	4.844	3.982	3.587	3.357	3.204	3.095	3.012	2.948	2.896	2.854
14	12	4.747	3.885	3.490	3.259	3.106	2.996	2.913	2.849	2.796	2.753
15	13	4.667	3.806	3.411	3.179	3.025	2.915	2.832	2.767	2.714	2.671

参考文献

[1] 贾俊平．统计学——基于 SPSS. 3 版．北京：中国人民大学出版社，2019.

[2] 贾俊平．统计学——基于 R. 3 版．北京：中国人民大学出版社，2019.

[3] 贾俊平．统计学——基于 R 的应用．台北：五南图书出版股份有限公司，2017.

[4] 陈正昌，贾俊平．统计分析与 R. 北京：中国人民大学出版社，2016.

[5] 贾俊平．统计学．7 版．北京：中国人民大学出版社，2018.

[6] 贾俊平．统计学基础．3 版．北京：中国人民大学出版社，2017.

[7] 吴喜之．统计学——从概念到数据分析．北京：高等教育出版社，2008.

[8] 戴维·R. 安德森，丹尼斯·J. 斯威尼，托马斯·A. 威廉姆斯．商务与经济统计．张建华，王健，冯燕奇，等译．北京：机械工业出版社，2000.

[9] Mario F. Triola. 初级统计学：第 8 版．刘立新，译．北京：清华大学出版社，2004.

[10] 肯·布莱克，戴维·L. 埃尔德雷奇．以 Excel 为决策工具的商务与经济统计．张久琴，张玉梅，杨琳，译．北京：机械工业出版社，2003.

[11] 道格拉斯·C. 蒙哥马利，乔治·C. 朗格尔，诺尔马·法里斯·于贝尔．工程统计学．代金，魏秋萍，译．北京：中国人民大学出版社，2005.

[12] 肯·布莱克. 商务统计学：第 4 版．李静萍，等译．北京：中国人民大学出版社，2006.

教师教学服务说明

中国人民大学出版社管理分社以出版经典、高品质的工商管理、统计、市场营销、人力资源管理、运营管理、物流管理、旅游管理等领域的各层次教材为宗旨。

为了更好地为一线教师服务，近年来管理分社着力建设了一批数字化、立体化的网络教学资源。教师可以通过以下方式获得免费下载教学资源的权限：

在中国人民大学出版社网站 www. crup. com. cn 进行注册，注册后进入“会员中心”，在左侧点击“我的教师认证”，填写相关信息，提交后等待审核。我们将在一个工作日内为您开通相关资源的下载权限。

如您急需教学资源或需要其他帮助，请在工作时间与我们联络：

中国人民大学出版社　管理分社

联系电话：010－82501048，62515782，62515735

电子邮箱：glcbfs@crup. com. cn

通讯地址：北京市海淀区中关村大街甲 59 号文化大厦 1501 室（100872）